나는 드라마로
시대를 기록했다

나는 드라마로 시대를 기록했다

고석만 PD 비망록

창비

목숨 걸지 않는 첨병은 없다

「수사반장」을 오랫동안 연출하며 터득한 것이 있다. '모든 증거는 현장에 있다. 현장을 혀로 핥아라.' 이 말은 초동수사의 기본 원칙이다. 나는 이 원칙을 기획과 연출, 경영과 인간사, 그밖의 모든 곳에 적용시켜 나갔다.

'검을 휘두른 사람이 전쟁사를 썼을 때 가장 진실한 전쟁사가 나온다'고 했다. 그런데 실제로 현장에서 검만 휘두른 사람은 최후의 기록자가 되지 못해왔다. 역사는 역사가, 문필가, 행정가에 의해 쓰여왔기 때문이다. 나는 그 오래된 관습을 깨고자 했다. 사건을 직접 목격한 사람이 역사를 집필해야 한다고 생각했다. 피 묻은 검을 내려놓고 잉크 묻은 펜을 들어 현장을 기록했다. 진실이 문체보다 더 중요하다고 생각했다.

엄혹했던 시절이었다. 우리나라 최초의 TV 정치드라마 「제1공화국」을 연출하며 "우리 드라마의 주인공은 민주주의다"라고 외쳤다. 방송사 내부에서는 끝을 모르게 재미만 추구하고, 방송사 외부에서는 팔짱을 낀 채 '바보상자'라 비아냥거릴 때, 나는 그럴수록 오히려 해볼 만하다며 의지를 다졌다. 「제1공화국」은 오늘의 시대정신을 끌어내고, 한국

TV 드라마의 방향성을 제시했다. 방송의 가장 중요한 책무는 민주주의를 강화하는 것이다.

언론을 억압하는 독재정권하에서 짙은 안개를 헤치고 나갈 첨병(尖兵)이 있어야 했다. 나는 그 '첨병'이 되고자 했다. 그동안 연출한 1,000회가 넘는 드라마는 한국사회의 역사적 변화에 조응하는 것이었다. 대부분은 '수난의 역사'였다. 하지만 방송사 고위층에게 첨병은 소모품일 뿐이었다. 첨병이 외부의 적을 탐지하는 데 온 힘을 기울여도 내부에 적과 내통하는 부역자가 있다면, 첨병은 속수무책일 수밖에 없다.

2009년 『한겨레』에서 원고를 청탁해왔다. 이명박 정부가 들어서고 언론통제가 거듭될 즈음, 수난의 역사와 탄압의 수법을 폭로하자 했다. 사양했다. 탄압이 현재진행형이라면 현재 상황에서 출로를 찾아야 한다. 과거의 수난을 복기할 여유가 없었다.

8년이 지난 2017년, 촛불혁명을 거치면서 방송계에서 몇몇 회고록이 나왔다. 왜곡이 심했다. 탄압의 주역, 부역자가 시대가 바뀌자 거꾸로 탄압에 저항한 희생자인 양 회고했다. 그것은 마치 일제 부역자가 해방 후에 독립운동가로 행세하는 꼴이었다. 비틀어진 회고록이 범람하는 것을 막고 싶었다.

2018년 신년 벽두부터 글을 싣기 시작했다. 1월 6일부터 12월 29일까지 꼬박 1년, 『한겨레』 토요판 '길을 찾아서'에 「고석만의 첨병」이라는 제목으로 50회를 연재했다.

신문에 연재할 때는 책으로 엮을 생각을 하지 않았다. 그런데 연재가 끝나자 여기저기서 출판을 권유했다. 이유인즉 그때와 오늘이 조금도 달라지지 않았기 때문이라 했다. 방송 환경은 그대로인데 권력 구도만 바뀌었을 뿐이라 했다. 다시 한 번 돌아보니 정말 그렇다. 몸서리가 쳐졌다. 졸문을 책으로까지 낼 염치는 없었으나 현업을 하고 있는 후배의 권유에 마음이 움직였다.

"이 글은 단순한 과거의 기록이 아닙니다. 오늘날 피디 지망생에게 좋은 지침이 됩니다. 기획에서 녹화, 제작까지 드라마가 어떻게 만들어지는지를 구체적인 사례를 통해 생생하게 전해주고 있습니다. 트렌드를 따르기에 앞서 시대를 응시하는 눈, 최악의 제작 여건 속에서도 완벽을 추구하는 치열함, 매번 익숙한 틀을 깨고 새로움을 시도하는 창의성을 프로그램마다 느낄 수 있었습니다. 피디 지망생뿐 아니라 현직 피디들에게도 좋은 자극이 될 것입니다."

『한겨레』에 연재한 글에 약간의 첨삭을 더해 엮었다. 다만 신문 연재가 아닌 단행본이기에 독자들의 편의를 위해 4부로 나눠 구성을 새로이 했다.

1부 '수난'은 외부 권력과 방송사 내부 고위층의 압력으로 인해 방송이 중지된 프로그램을 중심으로 그 과정을 기록했다. 프로그램들이 기획 단계에서부터 압박 받고 중도에 잘려나간 이유와 배경은 무엇인가. 대하드라마 「땅」을 중심으로 수난 당한 드라마들의 숨겨진 외압과 웃지 못할 내압을 두 눈 부릅뜨고 돌이켜봤다. 그 아픔을 냉철하게 기록했다.

2부 '피디로 가는 길'은 어린 시절과 청소년기의 경험, 방송에 들어와 조연출을 거쳐 본격 연출한 초기의 작품들을 다뤘다. 피디에게 주어진 시대적 책무가 있다. 방송의 본령을 찾아 나서야 한다. 외로울수록 겸손해야 했다. 힘들었지만 순례길 같은 깨우침을 얻었다.

3부 '특집'은 특집 프로그램 제작기이다. 특집은 장편드라마를 제작하는 중에 단막극 형태로 제작한 첨병 같은 작품들이다. 첨병은 마중물 물꼬 같은 것이다. 누군가 해야 하는데 나서는 사람이 없었다. 나는 아무도 가보지 않은 미지의 세계에 겁 없이 들어섰다. 특집은 단막극이기에 실험적인 시도를 보다 과감히 할 수 있다. 또한 당시의 시대정신을 반영해 주제가 뚜렷이 부각된다. 소재의 선택, 주제의식, 실험성을 눈여겨 읽을 만하다. 첨병을 위한 길은 따로 없었다. 스스로 새로운 지평을 열었다.

4부 '능선'에서는 왕성한 프로그램 제작, 끝없이 새로운 기획, 패기 넘치는 상승 커브, MBC를 떠난 사연, 영화 제작, EBS 사장, 한국콘텐츠진흥원장, 여수엑스포 총감독으로서의 경험을 다뤘다. 숨 가쁘게 인생의 산에 오르고 능선에 다다랐다. 그때의 숨 가쁨과 땀 냄새를 공유하고 싶었다. 능선을 타고 작은 봉우리를 오르내릴 때마다 매번 느낌이 다르다. 최정상에 오르면 새로운 시야가 트인다. 지형마다 사람마다 뷰 포인트가 다르다.

내가 만든 작품들은 모두가 당시에 큰 화제를 모았던 것들로 1980~90년대를 지나온 세대에게는 대부분 낯익은 프로그램일 것이다. 하지만 20대 젊은이들에게는 프로그램 이름조차 생소할지도 모르겠다. 그들에게 이 글이 어떤 의미를 가질 수 있을지 두렵기조차 하다. 그럼에도 나는 젊은이들이 이 글에 관심을 가져주길 기대한다.

허구와 판타지, 소위 막장드라마와 가벼운 예능프로그램이 대세인 요즘 트렌드에서 우리 삶과 사회 문제를 정면으로 다루는 드라마는 눈에 띄지 않는다. 온통 가볍다. 이 글을 읽으며 몇몇 독자라도 '피디란 무엇인가?' '피디는 이 시대에 어떤 역할을 해야 하는가?'를 잠시나마 생각하게 된다면 졸고를 책으로 엮은 부끄러움을 덜 수 있겠다.

이 책이 나오기까지 많은 사람의 도움이 있었다. 그중 특별히 몇 사람에게 지면을 빌려 감사의 마음을 전해야겠다. 『한겨레』의 김경애 기자는 연재 내내 여러모로 많은 도움을 주었다. 창비 관계자분들은 졸고가 책으로 나오기까지 애써주었다. 모두에게 깊은 감사를 드린다.

마지막으로 이 책의 내용에 오류가 있다면 그 책임은 전적으로 나에게 있다.

2019년 10월의 어느날 아침
고석만

들어가는 말 목숨 걸지 않는 첨병은 없다 · 004

제1부 수난

제2부 피디로 가는 길

제1부

수난

서막, 오늘의 땅

1장

MBC 대하드라마 「땅」(1991)

1991년의 첫 일요일인 1월 6일 밤 9시 30분. 문화방송(이하 MBC)의 대하드라마 「땅」이 첫 방송되었다. 1년간 주 1회씩, 50회를 도도하게 흘러갈 큰 물줄기의 시작이었다.

"새야 새야 파랑새야 녹두밭에 앉지 마라. 녹두꽃이 떨어지면 청포장수 울고 간다." 우리 가락이 처연하게 흐르다가 행진곡풍으로 바뀌면 드라마의 제목이 떠오르고 눈 덮인 우리의 산야가 펼쳐진다. 산야를 훑어가던 카메라가 머문 곳은 고즈넉한 백담사의 가건물 비닐하우스다. 100여 명의 신도들이 모여 있고 단상에는 한복 차림의 전두환 전 대통령 부부가 앉아 있다. 전두환이 말한다.

"나는 대구에서 가난하기로 둘째가라면 서러워할 움막집 아이로 태어났습니다. 그러나 내 아버님의 가르침, 가난을 남의 탓으로 돌리지 말그라, 부자가 왜 부자가 되는지 곰곰이 연구하그라 카는 아버님의 가르침 때문에 열심히 살아왔십니다. 움막집 아이인 내 혼자 노력으로 육사도 들어가고, 들어갈 때는 성적이 신통치 않았지만도… 장교 임관 뒤에는 누구보다 빨리 진급했십니다. 동기생 중에서 별도 제일 빨리 달고, 또 많이 달고, 대통령도 제일 먼저 되고… 참으로 안타까운 일은 88올림픽을 치르고 나면 선진국이 되는 길이 보장되어 있다고 국내외 전문가들이 이구동성으로 장담 안 했십니까? 그런데 나라 경제가 이 모양으로 물가는 오르고… 정치인들, 지도자들이 제대로 정치를 몬 하고 서로 싸우고… 큰일입니다. 땅값은 하늘 높은 줄 모르고 뛰어올라 집 없는 서민들…"

전두환의 얼굴 위에 생경한 뉴스 장면들 —3당 합당 조인식, 국회 몸싸움 등 —이 덮여진다. 장면 장면이 파편처럼 퍼지고 꽂힌다.

이 프롤로그는 시청자들에게 충격이었을 것이다. 이 컷들은 대본에도 없는 의도를 명백히 가진 편집이었다. 이 편집은 세 가지 목적을 가지고 있었다. 우선 시대 배경을 직접적으로 보여줌으로써 실감나게 표현하고자 했다. 그다음은 더 중요한 점인데, 이 드라마가 허구가 아니라 우리의 살아 있는 현실임을 부각시키기 위한 의도였다. 마지막으로 당시의 정치 상황, 즉 신군부의 승계자이면서도 직선제 개헌을 통해 국민의 선택을 받은 노태우 정부의 민주화 진전과 이에 저항하는 전두환 전 정부와의 갈등관계를 드러내고자 함이었다. 이 장면에서 전두환은 후임자인 노태우를 비판하고 있다. 6월 민주항쟁의 산물로 6·29선언이 나왔지만 한국의 민주화 과정은 여전히 절름발이 행보 속에 머물러 있음을 암시하는 것이었다.

다시 만난 김기팔 – 고석만 콤비

대하드라마 「땅」은 1990년 11월 기획 발표 때부터 언론의 뜨거운 관심을 받았다. 모든 언론이 요동칠 때 방송가는 실눈을 뜨고 김기팔 작가와 나의 만남을 유심히 지켜보고 있었다. 1989년 방송된 특집 드라마 「백범일지」를 빼면 실로 5년 만의 만남이었다.

1985년 김기팔 – 고석만 콤비는 광복 40주년 특별기획 대하드라마 「억새풀」을 성공시켰다. 「억새풀」은 여인 3대를 통해 한국 100년의 애환을 가슴 아프게 그려 '서민 정신의 성공'으로 기록되었다. 대하드라마 「땅」은 「억새풀」과는 접근을 달리하여 '땅의 변천으로 본 현대사 확대편'으로 기획되었다. 1991년, 우리는 와해되어가는 87년체제를 보며 속죄의 무릎을 꿇고 있었다. 죽 쑤어 개 주는 꼴 아닌가. 박종철은 아직도 대공분실에 있었다. 그들에게 빚지고 있는 우리였다. 5·18광주민주화운동부터 6월항쟁의 87년체제까지, 와해되어가는 민주주의의 불씨를 호호 불어 살려내는 마음으로 「땅」을 기획했다.

동북아에서 평화와 민주주의를 떳떳하고 일관되게 말할 수 있는 나라는 우리밖에 없다. 드라마를 기획하면서 한국의 민주주의에서 많은 영감을 받았다. 대하드라마 「땅」은 한국의 민주주의를 증명해 보이는 작품이 되고자 했다. 우리의 민주주의 역사가 드라마 전체에 흐르고,

서막에서는 그 기승전결을 압축적으로 보여주면 좋겠다고 생각했다.

「땅」의 기획의도

프롤로그와 광고가 끝나고 전개되는 대하드라마 「땅」의 시작을 패기 있게 열고자 했다. 첫 장면에서 이 땅에 사는 모든 이들에게 '오늘의 공간감과 시간감'을 느끼게 해주고 싶었다. 땅을 그리기 위해 하늘을 보았다. 인류 최초로 우주 비행에 성공한 유리 가가린(Yuri Gagarin)이 본 우주의 수많은 별들, 칼 세이건(Carl Sagan)이 『코스모스』에서 그려낸 우주계에 속한 먼지 같은 푸른 점 지구에서 시작하면 어떨까. 인간이 겸손해질 수밖에 없는 공간감이다.

카메라가 지구를 포착하고 대기권을 뚫고 들어가 오대양 육대주를 훑고 이내 아시아의 작은 나라 한국, 더 밀고 들어가 서울, 그리고 평창동의 어느 양옥. 그 집의 통유리를 뚫고 들어가면 집 안에 있는 수영장에서 한 여인이 수영을 하고 있다. 그 여인의 모습을 따라가면 재벌인 남자 주인공이 보이고, 젊은 여인이 남자 주인공의 품에 안긴다. 긴 스토리지만 짧게 그려질 원 신 원 컷(one scene one cut) 영상이다. 컴퓨터그래픽(CG)을 의뢰했다. 하지만 MBC CG실은 처음부터 손들었고, 호주 쪽에 문의했더니 6개월의 시간에 최소 몇만 달러를 달라고 했다.

결국 첫 장면을 헬기 신으로 바꿨다. 오늘날의 드론 촬영 장면이 보여주는 공간감이 화면을 압도할 것을 이미 예견했다고 할까. 재벌가의 가족들이 헬기를 타고 호사스러움을 만끽하고 있다. 재벌 장대식(오지명 분)과 그의 아들 전국구 국회의원 장강(조경환 분), 그리고 복부인인 딸 장윤(김미숙 분)이 헬기에 타고 있다. 세 명 다 검정색 선글라스를 쓰고 아래를 내려다본다. 그곳은 부동산 투기의 현장. 헬기는 골프장 건설 현장을 훑어간다. 광활한 언덕이 펼쳐지고 그 땅을 손에 쥔 듯 모두 뿌듯해하고 있다. 헬기의 굉음 속에서 장강이 소리친다. "와! 저 넓은 땅이 다 우리 것이지?! 골프장 명의는 복지재단으로 해놨지만 실질적인 주인은 우리다 아이가." 가족은 즐겁다.

그때 골프장 건설 현장 한구석에 알박기 두 채가 보인다. 집 앞에는 플래카드가 걸려 있다. "재벌만 먹고사냐 우리도 배고프다." 피켓을 든 농부가 보인다. 장인식(나영진 분)이다. "장대식은 속죄하라." 그는 장대식을 직접 겨냥하고 있다. 알박기 집은 촬영 장소를 헌팅하던 중에 우연히 발견한 실제 알박기 현장이었다. 플래카드와 피켓의 문구만 바꿔 달면 바로 촬영에 들어가도 될 정도로 맞춤한 곳이었다. 이것이 현실이다. 보편적 공감대를 형성하게 하는 드라마의 리얼리티는 곧 감동으로 직결된다. 한 뼘 땅뙈기 없는 사람이 대다수인데 장대식 일행은 헬기를 타야만 자기 땅을 돌아볼 수 있다. 알박기 집 부부는 헬기를 향해, 정의로워야 할 하늘을 향해 손을 뻗어 소리 지르고 있다. 예나 지금이나 부동산 투기는 개발사업과 엮여 있고 개발은 권력과의 유착이 필수다. 땅따먹기, 땅의 역사는 곧 현대사다. 김기팔 작가의 작품 의도를 떠올리게 한다.

땅은 생명의 원천이다. 인간은 땅 위에서 살며, 땅에서 나는 물과 곡식을 먹고 산다. 그래서 땅을 가지기 위한 경쟁을 치열하게 해왔다. 땅은 불이 날 염려도 없고 도둑맞을 염려도 없어 저마다 땅을 소유하려 했다. 그래서 송곳 하나 꽂을 땅이 없는 사람과 만석꾼인 지주와의 빈부격차가 있어왔다. 결국 땅의 소유 여부가 빈부격차의 심화를 재촉했다. 이 드라마는 8·15해방이라는 대 격변기를 겪은 1945년부터의 땅 문제를 살펴볼 예정이다.

이를 위해 세 인물을 내세웠다. 과거 지주의 아들이었던 장건식(길용우 분)은 빈민으로 전락해 달동네에 세 들어 살면서 떠돌이 생활을 하고 있다. 이런 장건식과 대척점에 있는 인물이 장대식이다. 장대식은 강남에 빌딩과 부동산을 어마어마하게 소유한 재벌급 회장이다. 장건식과 장대식은 먼 일가친척으로, 둘은 빈부격차만큼이나 성격이며 사는 방식 역시 대조적이다. 윤기현(최낙천 분)은 장대식의 하수인으로 부동산 소개업을 하며 장대식으로부터 떡고물을 얻어먹고 산다. 대하드라마 「땅」은 70대인 장건식, 장대식, 윤기현이라는 세 친구가 살아온 이야기를 중심축으로 삼는다. 시대와 더불어 역전되고, 고난과 영광이 교차되는 세 친구의 삶은 바로 우리 시대 땅의 현대사다.

대하드라마 「땅」은 순수했기에 절망해야 했던 한때의 젊은이들과 지금 현재를 사는 젊은이들에게 바치는 헌사 같은 것이었다. 지금도 마찬가지지만 당시 우리 사회는 가진 자와 못 가진 자의 계층 간 갈등이 심각했다. 노태우 정부는 사회통합의 기치로 '위대한 보통사람들의 시대'라는 슬로건을 내세웠다. 보통사람들은 누구인가? 바로 중산층을 의미했다. 계층 간의 갈등을 줄이고 사회통합을 이끌려면 중산층이 두터워야 한다. 대하드라마 「땅」은 이 중산층의 가치에 주목했다. 「땅」은 단순히 정치·경제 상황에 대한 냉소적 비판이 아니라, 우리 사회 주변부에 포진해 있는 소외계층을 체제의 중심으로 통합하고자 했다.

사람들을 놀라게 한 장면들

첫 대본 연습 날의 떨림이 아직도 생생하다. 나의 드라마 연습실은 원래부터 진지하기로 정평이 나 있었지만, 그날따라 더욱 엄숙하고 경건한 공기가 마치 기도실 같았다. 연습을 시작하기 전 김기팔 작가가 한마디했다. "누군가 해야 하는데… 해낼 수 있는 건 우리밖에 없다. 우리의 몫이다." 그는 시대의 아픔을 토해내고 있었다. 가슴에 와닿았다.

이 드라마의 기획의도를 제대로 이해하기 위해서는 우선 사회과학적 이해가 밑받침되어야 했다. 자료 조사를 맡은 한희가 당대의 연표를 복사해 연기자와 몇몇 스태프에게 돌렸다. 조연출을 맡은 최창욱 피디의 주도로 토론이 시작되었고, 나는 작품 분석과 대본 리딩을 이끌었다.

평소 김기팔 작가는 "고석만의 학습당에만 가면 연기자들이 살아 숨 쉰다. 숨겨진 재능, 특유의 앙상블이 피어난다."라는 말을 자주 했다.

첫 대본 연습을 마치고 복도를 걸어 나오며 김기팔 작가가 나에게 물었다. "어때?" 내가 촌탁(忖度)의 마음을 담아 "후반부가 조금…"하며 말끝을 흐렸더니, 김기팔 작가는 이내 알아듣고 "이 정도면 센데… 알았어, 조금 더 고민해볼게."라고 대답했다.

드라마의 주 무대인 판자촌 촬영 장소를 두고 이모저모 고민을 하다가 서울 중심부와 가장 가까운 흑석동으로 잡았다. 흑석동은 나에게는 추억이 서려 있는 장소다. 어린 시절 나는 관악산에서 출발하여 상도동을 지나 숭실대 교정을 가로지르고, 다시 언덕을 올라 흑석동에 있는 절을 거쳐 한강까지 내달리며 놀았다. 책상에 앉아서는 배울 수 없는 공간감과 시간감을 온몸으로 익혔던 산비탈 놀이터였다. 30여 년이 흘러 다시 찾은 나의 놀이터에는 철거 직전의 판잣집이 빼곡히 들어서 있었다. 1961년 5·16쿠데타 이후 판자촌으로 바뀌기 시작한 흑석동은 서울 중심부에 들어선 빌딩들에 가장 근접한 주변부로, 빈부가 한 프레임에 들어오는 상징성을 띤 공간이 되었다.

흑석동에서의 촬영이 시작되었다. 찻길이 없는 산비탈까지 힘들게 들고 올라온 엄청난 촬영 장비와 조명 장비는 트럭 한 대 분량이나 되었다. 히말라야라면 셰르파가 따로 감당해야 할 무게와 높이다. 온 스태프와 배우들이 하나씩 나눠들고 올라갔다. 실로 감동이었다. 그들의 노고를 같이하는 마음으로 나는 촬영 내내 디렉터 체어를 사용하지 않았다. '양들은 내 목소리를 알아듣는다. 나는 그들을 알고 그들은 나를 따른다.'

흑석동 판잣집 한가운데 우리의 주인공 장건식이 있다. 장건식은 70대 초반의 나이지만 여전히 기개가 살아 있다. 과거 경상도 갑부의 아들이었던 그가 지금은 남루한 차림에 전라도 사투리를 쓰고 있다. 장건식 역을 맡은 배우 길용우는 당시 30대 중반의 나이였지만 이마가 조금 벗겨져 있었다. 그는 배우로서 과감하게 가발을 벗었다. 특수분장 없이 노인 캐릭터를 만들어낸 그의 모습에는 드라마 속 장건식이 살아온 험난한 인생의 곡절이 녹아 흘렀다. 장대식의 골프장 건설에 반대하며 알박기를 하고 있는 장인식이 장건식의 앞에 나타난다. "형님네 땅 50만 평을 장대식이 먹었잖아요. 찾아야죠." 장인식은 숨을 헉헉대며 운다.

달동네에 밤이 오면 아름다운 별이 반짝인다. 장건식의 딸 장미숙(이응경 분), 그녀는 공장에 간다고 하고는 술집에 나간다. 오늘은 특별한 자리에 불려갈 예정이다. 강가 별장 파티로 장강이 주선한 자리다. 국회의원과 정부 고관들이 와 있고, 배우와 모델들 그리고 대학생으로 변신한 장미숙이 함께한 술판이 벌어진다. 술 마시며 노래와 춤이 걸판스러워지자, 한 커플씩 옆방으로 자리를 옮긴다. 장강과 장미숙 둘만 남았을 때 장미숙이 장강에게 묻는다. "부동산 재벌… 부민의 아들이죠? 전직 국회의원?" 장강은 장미숙에게 "가짜 여대생! 여기서 본 것은 보고도 못 본 척, 듣고도 못 들은 척." 하더니 지갑을 꺼내 10만 원짜리 수표를 한 움큼 쥐어 가슴팍에 찔러 넣으며 덧붙인다. "소득의 재분배다. 이것이 자본주의의 장점이지. 니도 자본주의 신봉자지? 그렇지?"

당시 이 장면을 본 많은 시청자들이 놀랐을 것이다. 더욱 놀라운 것은 이 장면이 심의를 통과했다는 점이다. 심의가 부드러워진 것은 당시 정국의 흐름과 무관치 않았다. 험난한 시절을 지나 방송 민주화를 부르짖고 있을 때라 심의가 느슨해진 게 사실이었다. 그러나 심의에서 체크하지 못한 것은 또 있었다. 시놉시스에서도 숨겼고, 대본에도 지나치듯 쓰인 한 줄.

'빨치산이 된 장건식과 경찰특공대장 장대식의 짧은 총격전'

이 한 줄은 현대사의 함축이자 스토리의 변곡점이었다. 대부분의 사람들이 대본을 보고도 그 행간을 읽지 못하고 넘어갔다. 유식하건 무식하건 상관없었다. 심의하는 사람도, 정부 관리도, 방송사 간부도, 내부자도… 그 누구의 체크도 없었다.

이 한 줄을 화면에 담기 위해 빨치산 장면을 찍을 때 100여 명 엑스트라들이 보여준 열정은 정말로 인상적이었다. 그들은 분장하고 의상을 챙겨 입을 때부터 실제인 듯 비장감이 넘쳤다. 10초짜리 전투 신에 밤샘을 마다하지 않고, 추운 겨울밤 땀을 흘려가며 온 숲을 헤맸다. 퍼스트펭귄(the first penguin), 즉 선구자 펭귄이 맨 처음 바다에 뛰어들면 수백 수천 마리가 따라 뛰어든다. 바다는 펭귄의 세계가 된다. 매 장면을 찍을 때마다 한두 명의 연기자가 퍼스트펭귄을 자임해주었다. 그런데 이 상승 가도를 막는 사건이 터졌다.

방송사로 걸려온 전화

빨치산 장면이 나갈 즈음 편성본부장의 집으로 전화가 걸려왔다. 이런 괴전화는 '공범자'라 불리는 방송사 고위 간부들의 농간이 많다. 모처로부터 자신에게 전화가 왔다는 말을 퍼트려 인맥을 과시하고, 때로는 그 모처의 의견을 자신의 의견으로 둔갑시켜 전파한다. 이런 행위는 일종의 자기관리 방법이자 쌍방의 관행이었다. 그러나 이날의 전화는 좀더 디테일했다.

대하드라마 「땅」이 방송을 시작한 지 15분쯤 지났을까. '불편한 진실'에 독설을 날린 장본인은 문화체육부(문체부, 현 문화체육관광부) 매체국장이었다. 그는 문체부장관으로부터, 문체부장관은 또다른 사람으로부터 전화를 받았다는 것이었다. 이게 사실이라면, 괜히 제 발 저린 사람들이 드라마의 한두 장면을 보고, 대사 한두 마디를 듣고 호들갑을 떠는 꼴 아닌가. 그러나 불길했다. 자기와 다른 의견을 가진 사람을 위협으로 규정하는 리더는 잠재적 독재자다.

추가 대본이 왔다. 첫 연습을 마치고 고민해보겠다던 김기팔 작가의 비장의 솜씨가 나온 것이다. 이것은 대하드라마의 '스포일러'일 수도 있다.

이른 아침, 어스름한 달동네를 내려오는 장건식, 대전교도소에 있는 미전향장기수 이관수(이동주 분)를 면회하러 나선 길이다. 그를 쫓아오던 장인식이 말을 던진다. "골프장이 장대식 꺼라는 것이 거의 확인됐심더. 저는 끝까지 투쟁할 깁니더. 형님! 농촌이 사람 살 덴 줄 아십니꺼. 지끔 농촌이 어데 있습니꺼. 지 같은 늙은 버러지 같은 인생들… 죽지 못해 사는 버러지들… 형님, 버러지도 죽을 때는 꿈틀 안 합니꺼! 형님! 형님!… 나쁜 놈들은 잘살고… 대식이는… 장대식이는… 그 나쁜 놈은 잘사는데… 형님은 와 이리 몬 사는교?"

말없이 내리막길을 걷던 장건식이 불쑥 "넌 그란디 왜 못 사냐. 나쁜 놈이?"라고 하자, 장인식은 "지가 나쁜… 형님. 지는 속아 살았다 아닙니꺼. 형님! 잘몬했심더, 형님!" 하고는 무릎을 꿇고 빈다.

장건식이 피해가려는데 장인식이 장건식의 다리를 붙잡은 채 말한다. "젊었을 적에는 지가 아무것도 모르고… 기회주의자 노릇만 했지 않았습니꺼? 그렇지만… 형님! 이제 싸울랍니더." 장건식은 강하게 뿌리치고 간다. 장인식은 그냥 앉은 채 "형님! 건식이 형님!" 하며 뭐라고 계속 떠드는데, 카메라는 장건식의 뒷모습을 쫓아내려가 저 멀리 빌딩숲을 잡는다. 도시는 아침 햇살을 받아 아름답다. "새야 새야 파랑새야" 주제곡이 흐른다. '역사는 평등 광장과 권력 빌딩의 투쟁이다.'

첫 방송의 서막이 후반으로 치닫고 있었다. 이때 들어온 의외의 한 신. 백담사 대웅전 뒤뜰에서 만나는 전두환 부부와 복부인 장윤이 정경유착 밀회를 하고 있다. 파파라치의 컷처럼 500밀리미터 망원렌즈로 당겨 찍은 듯한 장면이다. 그들의 관계가 밀착감 있게 들어와 박힌다.

이때 또다른 전화가 왔다고 한다. 언론사 기자로 일하다 연전에 청와대에 들어간 폴리널리스트(polinalist)였다. 그는 정보에 빠르고, 정보를 만들어내는 재주가 있었다. 어떤 사안을 슬쩍 던져보고는 윗사람이 크게 반기면 곧 돌아가 사건화시켰다. 권력자일수록 옆에 두고 싶은 정보 제작자가 아닌가. 그 기자의 정치권 상륙기 역시 기가 막혔다. 지금은 정권 실세가 된 그의 DNA가 궁금하다. 협잡과 정의 사이, 정권과 언론 사이에서 그는 망나니 춤을 얼마나 추었는가. 그것도 그의 인생이라면 할 말은 없다. 그러나 그를 추종하는 언론사 내부자들 몇몇의 농간이 더 무섭다. 내부의 적은 정권이나 정체성과 상관없다. 세월이 가도 그들에게는 오직 입신양명만 있을 뿐이다. 지금은 또 달라진 그들만의 인물관계도가 교묘하다.

그들의 탄압이 본격적으로 시작되었다. 그들의 차례였다. 내가 만든 작은 물줄기는 강줄기를 만들기도 전에 날선 바위에 부딪혀 부서졌고, 회오리가 되어 하늘로 솟구쳤다. 대하드라마 「땅」은 장강의 앞물결은 커녕 샛강의 물줄기도 못 되고 흘러갈 것 같았다. 그렇게 가버린 선배 세대처럼, 흩어져버린 전파처럼 흔적도 없이 날아가버릴 것인가. 불안 감이 엄습했다.

"새야 새야 파랑새야" 주제곡이 다시 들려오고 영상이 흐른다. 바위에 부서지는 물결, 새벽의 도로에는 청소부 옆을 차들이 물창을 치며 달리고, 이농(離農)으로 비어버린 농촌이 물결 속에 섞여 보이다가 천천히 뚜렷하게 그 모습을 드러낸다.

이 땅 위에 있는 잘사는 사람, 못사는 사람, 똑똑한 사람, 못난 사람, 좋은 사람, 나쁜 사람… 이 땅과 그 위에 사는 사람들이 판화처럼 박히며 암전. 서막이 천천히 내려온다.

지금처럼 인터넷이 발달하지 않은 과거에는 엔딩 크레딧이 흐를 때면 관계자들에게 전화가 오기 시작했다. 회사든 집이든 상관없었다. 다른 매체, 다른 장르와 다르게 TV 드라마의 반응은 즉각적으로 이루어졌다. 속보성, 동시성, 광역성은 방송의 특성이다. 시청평과 격려 전화가 1시간이 넘게 이어졌다. 대체적인 총평은 "시원하다" "이것이 본질이다" "너무 리얼하다" "박수를 보낸다" 등의 격려였는데, 개중에는 "너무 나갔나?" "의욕과잉인가?" 하는 평가도 있었다. 전국이 '땅'으로 들썩였다. 자체 전화조사 시청률은 41.4퍼센트였다.

이제 다시 냉정하게 복기를 해본다. 「땅」은 작품성과 주제의식, 서사구조, 표현기법 등 방송 언어로써 이 시대의 첨병(尖兵)의 역할을 했는가? 방송으로서 균형은 유지되었는가? 작품의 완성도는 어디까지 도달했는가? 그날 밤에 그리고 지금까지도, 그날 방송되었던 「땅」을 수없이 되새겨봤다. 김기팔 극본, 고석만 연출의 「땅」은 28년 전인 1991년에 쓰고 만든 당시의 서사이다. 그런데 28년 전과 지금이 달라진 게 없다는 사실에 새삼 몸서리가 쳐진다.

방송 다음 날인 월요일 아침, MBC의 상층부는 무거운 기류에 짓눌려 있었다. 청와대에서 최창봉 사장을 호출했다. 최창봉 사장은 청와대에 들어가 손주환 정무수석을 만나고 왔다. 누가 어떤 관점에서 어떻게 힐난했기에 이렇게 반응하는가? 최창봉 사장은 뭐라고 변명하고 설득했으며, 어떻게 항변했을까? 지금껏 알지 못한다. 최창봉 사장은 끝내 함구했다.

급기야 '청와대 비상대책회의' 소집령이 떨어졌다. "국가적 비상이다, 대책을 수립하라…" 드라마 한 편에 청와대 비상대책회의가 소집된 것이다. 도대체 이 회의의 최초 명령자는 누구인가?!

2장

청와대 비상대책회의

MBC 대하드라마 「땅」(1991)

「땅」의 첫 방송이 나간 다음 날인 1991년 1월 7일 월요일 아침, 청와대 비상대책회의가 소집되었다. 훗날의 정황으로 미루어볼 때, 참석자 대부분은 처음에는 심각하지 않게 대책회의에 참석했는데, 회의가 진행되면서 진지한 분위기로 전환되었던 것 같다. 정무, 공안, 문화 분야의 관계자들이 참석했고 정무 쪽이 회의를 주도했다. 논의의 핵심은 작가와 연출자였다. 두 사람에게 '마당'을 만들어준 방송사가 문제라는 게 문체부의 의견이었다. 국가안전기획부(안기부)에서는 '두 사람의 사상에는 문제가 없다, 「제1공화국」 때 샅샅이 조사했다'는 의견을 냈다. 비상대책회의치고는 공허한 논의였다.

알맹이도 없고 열의도 안 보이는 이런 회의를 왜 열었을까? 한낱 드라마 한 편에 청와대가 이처럼 들썩이는 게 정상인가? 그 이유는 오직 하나, 최초 명령자가 바로 거역할 수 없는 '그분'이었기 때문이다.

시청자 여러분께 사과드립니다

청와대 비상대책회의 결과, 방송위원회(방송위)의 연예오락심의위원회가 열리게 됐다. 심의위원장은 팽원순 한양대 교수였다. 손봉호 서울대 교수, 희곡을 쓰는 이강백 작가도 자리했다.

대하드라마 「땅」은 1991년이 시작된 첫째 일요일인 1월 6일 밤에 첫 방송되었습니다. 이 드라마는 현대의 사회현상에 대한 하나의 서사라고 할 수 있습니다. 우리는 현재 두 개의 큰 명제에 당면해 있습니다. 정치적으로는 민주화, 경제적으로는 분배 구조의 개선이 그것입니다.

대하드라마 「땅」은 정치적으로 착실히 진행되고 있는 민주화 추세에 발맞추어, 경제적 정의를 실현하기 위해 우리가 풀어야 할 문제가 무엇인가에 초점을 맞춘 드라마입니다. 21세기를 10년 앞둔 현재의 시점에서 우리 사회는 정치적으로 안정되고, 경제적으로 발전과 분배가 균형을 이루는 건전한 체제의 구축이 필요합니다. 그렇게 된다면 우리 사회는 외부의 충격에 탄력적으로 반응할 수 있고, 안정적인 체제가 될 것입니다. 대하드라마 「땅」은 이러한 전제와 소망하에 1945년부터 현재에 이르는 우리 현대사의 영욕을 배경으로 하는 드라마입니다. 「땅」은 기본적으로 사실을 객관적으로 제시하고 소외 계층을 체제의 중심부로 유도

통합하려는 입장을 취한 다큐드라마입니다. 정직하고 건강한 드라마입니다.

이 내용은 「땅」의 연출자인 내가 방송위 연예오락심의위원회에서 했던 모두진술이다. 이 자리에서 나는 주장을 굽히지 않고 발언을 이어갔다.

이 시점에서 우리는 오늘 우리 사회에서 방송이 갖는 의미와 책무를 되묻지 않을 수 없습니다. 방송은 우리 사회의 기본 가치인 자유와 민주주의 체제를 더욱 공고히 하며, 그 확대 재생산에 봉사해야 하며, 동시에 우리 사회의 환경 감시자로서의 책무를 성실히 수행해야 한다고 믿습니다. 물론 이 과정에서 우리는 다양한 이익집단으로부터의 외압을 상정하지 않을 수 없습니다. 이러한 외압을 효과적으로 배제, 또는 겸허하게 수용하는 과정에서 우리는 우리의 직업적인 윤리와 존엄을 확보해나갈 수 있을 것입니다. '만나면 좋은 친구', 그것이 오늘 우리가 지향하는 방송의 참모습이라고 생각합니다.

당시 우리나라 정치는 민주화에서 5공 회귀라는 역방향으로, 즉 언론을 권력에 종속시켰던 가장 전형적인 정권으로 후퇴하고 있었다. 심의위원회의 출두 공문을 받고나서, 우리 스태프들은 밤을 새워가며 예상문제 50선을 준비했다. 방송위가 지적한 빈부갈등 문제, 사회불안 조성, 좌우대립, 특정 인사 등장, 뉴스 화면 사용, 반미 감정, 부자의 사투리 문제까지 치밀하게 예상 답변서를 준비했지만 아무 소용없었다. 그들은 단 하나의 질문도 없이 정해진 시간만큼의 모두진술만 허용했다. 논쟁이나 토론을 할 계획은 애초에 없었던 것이다.

그들만의 비공개 심의위원회가 열리고, 의견이 나왔다. '해명!' 아주 낮은 단계의 경징계였다. 특히 담당 피디에 대한 징계는 있을 수 없다고 못박았다고 했다.

문제는 그다음이었다. 심의위원회보다 상위인 방송위 본회의가 열렸다. 사실 방송위 본회의는 심의위원회에서 결정된 판결문을 통과시키는 요식행위였다. 그런데 본회의에서 방송 제재의 최고 수위인 '시청자에 대한 사과' 명령이 떨어졌다. 이에 따라 주문에 따른 사과문을 정해진 규격대로 방송 고지하고, 담당 제작자는 소정의 징계를 받아야 했다. 이 결정은 비공개회의에서 표결 절차조차 거치지 않은 채 나온 것으로 방송위원들 사이에서도 공정성을 의심했다고 알려졌다. 그리고 방송위는 유례없이 긴 '심의 의결 통보문'을 발송해왔다.

이때의 방송위원 명단을 밝힌다. 위원장 강원용, 부위원장 김규, 위원 양호민, 정의숙, 이중식, 최서영, 정순일, 이상신, 박용상, 그리고 사무총장 김한길.

시청자 여러분께 정중히 사과드립니다.

본 방송은 지난 1월 6일 방송한 대하드라마 「땅」 '서막, 오늘의 땅' 프로그램 내용 중 국민 상호 간의 불신과 계층 간, 지역 간의 갈등을 조장하고 방송의 품격을 손상시킨 부분이 방송심의에 관한 규정에 위배되어 방송위원회로부터 "시청자에 대한 사과"의 제재명령을 받았습니다. 이와 같이 좋지 못한 내용을 방송한 데 대해 시청자 여러분께 정중히 사과드리며, 앞으로는 이러한 사례가 반복되지 않도록 프로그램의 공공성 제고와 품격 유지에 각별히 유의하겠습니다.

누가 작성한 사과문인지 모르지만, "이와 같이 좋지 못한 내용을 방송한 데 대해 시청자 여러분께 정중히 사과드리며…"의 '좋지 못한 내용'이란 문구에 대해서는 당시 방송위원들의 옷깃을 여미는 반성이 필요할 것이다.

불붙은 논쟁

방송위라는 독립된 국가심의기구가 개개 프로그램에 대해 이래라 저래라 하는 것은 위헌의 소지가 있다. 포괄적 심의 기능을 가진 방송위에 정책 심의 기능은 없고 프로그램 심의 기능만 있다보니, 정부 당국 또는 정치권에서 방송위원이나 심의위원에게 불평을 할 때, 방송위는 그 불평을 압력으로 받아들여 그대로 심의에 반영했다. 방송위원 스스로가 외압에 약한 정도가 아니라 오히려 외압을 환영하고 초청하는 자세를 보이는 게 당시 상황이었다. 마침내 불이 붙었다.

사과방송 이틀 뒤 『동아일보』에서는 '오늘의 쟁점(爭點)'이라는 제하의 전면 기사가 게재되었다.[1] '공익성 보호'인가 '자율성 침해'인가를 두고 지상 토론이 벌어졌다. 응분의 조치에 대한 당위성을 주장한 토론자는 방송위의 이동훈 TV부장, 그리고 그 부당함을 주장한 반론자는 한양대 신문방송학과 이민웅 교수였다. '빈부격차 강조, 계층 간 위화감 조장 우려' 대 '사회 비리 고발 봉쇄, 정치적 탄압 인상' 주장이 팽팽하게 맞섰다.

또한 「땅」의 사과방송은 국회 문화체육공보위원회에서도 의제가 되었다.

우선 드라마 「땅」에 대한 제재 조처와 관련해서 (여당인) 민자당의 신상우 의원은 "드라마 제작에 관계한 사람들은 다른 나라가 아닌 우리나라에서 오랫동안 활동하면서 나름대로의 위치를 인정받은 중견 극작가이거나 프로듀서인데, 과연 이들이 방송위의 판정대로 '방송의 품격을 현저히 훼손시켰'거나 '계급의식, 빈부 간의 갈등을 심화시켰'고 볼 수 있는 것인지 의심스럽다"면서 "방송위가 독자적으로 판정했는지 많은 의혹이 제기되고 있다"고 지적했다.

(야당의) 조세형 의원은 이를 더 구체화시켜 "분배정의의 문제는 드라마 제작에 바람직하지 않다고 판정한 것은 드라마 소재를 원천적으로 제한, 방송의 자율성을 침해하고 표현의 자유를 억압하는 것"이라면서 "실제로 존재하는 심각한 빈부격차를 금기시하며 은폐하는 것이야말로 계층 간의 갈등을 심화시키는 것"이라고 지적했다.

조 의원은 특히 "지난달 17일 방송위의 연예오락심의소위가 표결로 제작자에 대한 '해명' 조처를 결정했는데 그로부터 5일 뒤인 22일 방송위 전체회의에서 만장일치로 더 강력한 제재 조처인 '사과명령'을 결정한 것은 정부의 압력 행사 가능성을 뒷받침하는 실례"라고 따졌다. 이에 최창윤 장관과 강원용 방송위원장은 정부 개입 사실을 부인하면서 "방송법상 '해명'보다는 '사과명령'이 약한 징계"라고 주장했으나 야당의 원들은 "상식적으로 납득할 수 없다"고 이런 해명에 반발했다.[2]

다시 펼쳐본 「땅」 대본

첫 방송 '서막, 오늘의 땅' 이후 넉 달간 방송된 '현대사 속 현대사'로 들어가본다. 그동안 1,800권이 훨씬 넘는 연출 대본을 나의 분신처럼 끌고 다녔는데… 지금은 모두 불타 없어지고 불온문서처럼 숨겨온 「땅」 대본만 남았다.

「땅」의 대본 15권, 첫아들을 낳으면 기념으로 술을 담가 안방 툇마루 밑에 묻어놓았다가, 그 아들이 성인이 되는 날 조심스럽게 꺼내어 아들과 함께 첫 잔을 나눈다는 '성인주' 같다. 짜릿한 전율이 일었다. 김기팔 작가의 향기가 훼손되지 않도록, 성인주를 따르듯 대본을 펼쳤다.

제2회(1.13.) 해방의 땅
해방된 1945년 겨울. 일본이 망하자 우리나라는 남북으로 갈라지고, 찬탁과 반탁의 갈등 정국. 학병에서 돌아온 장건식과 친구 윤기현은 의문의 사내 장대식과 조우한다.

제3회(1.20.) 땅의 이데올로기

미군정 시대 개막, 바야흐로 통역정치 시대. 일제 잔재와 친일파 척결 문제 대두. 토지개혁을 앞둔 이념의 충돌과 대립. 로맨시스트 건식의 서순영을 향한 그리움. 건식의 집 앞 골목에 숨어 건식을 지켜보는 순영. 하지만 이미 남의 사람이 된 순영.

제4회(2.3.) 분배되는 땅(상)

토지개혁 방향으로 무상분배와 무상몰수를 지지하는 건식. 지주 아버지와의 논쟁, 건식 부모 위기, 국대안(國大案) 반대운동, 대구 10·1사건. 좌우익 피 흘리는 싸움의 시작. 토지개혁 논쟁.

제5회(2.10.) 분배되는 땅(하)

토지개혁을 앞두고 우익들은 영년식물을 늘려 본인들의 땅을 넓힌다. 대식의 건국청년단 활약, 기현은 앞잡이에 나서고… 건식과 대식의 좌우갈등 극명.

제6회(2.17.) 피 흘리는 땅(상)

6·25전쟁. 기습 남침과 건식 집안의 피난 행로. 민주주의 신봉자 건식과 안영자의 만남, 피어나는 사랑. 안영자를 찾아 빨치산이 된 건식과 토벌대장 대식의 충돌.

제7회(2.24.) 피 흘리는 땅(중)

적 치하 90일의 서울. 고향의 보도연맹 전모. 건식과 안영자의 뜨거운 사랑.

제8회(3.10.) 피 흘리는 땅(하)

전쟁. 좌우대립의 민족상잔. 안영자의 죽음. 팔공산 빨치산에서 지리산 빨치산으로 옮겨간 건식의 갈등.

제9회(3.17.) 유형의 땅

광주 빨치산 수용소의 건식은 부상으로 사경을 헤매고, 아들을 찾기 위해 전 재산을 '쇼부'치는 아버지. 전향을 거부하는 건식. 벌 받은 땅의 사람들, 그들에게 내려진 유형(流刑)의 슬픈 역사.

제10회(3.24.) 격동의 땅(상)

1960년 4월 19일, 드디어 터져 나온 민중의 혁명. 참된 민주주의를 갈망하는 민중과 독재정권 하수인의 대립으로 동족 간 유혈사태 발생. 결국 12년 장기 독재 끝에 물러나는 이승만.

제11회(3.31.) 격동의 땅(하)

학생혁명 직후, '방종과 무법천지'라 단죄되던 시대 이야기. 기회주의자들의 변신. 우종민의 회유, 민족통일전선과 대식의 관망. 건식의 가난한 출판사 경영.

제12회(4.7.) 5월의 땅

5·16쿠데타. "반공을 국시의 제일의(第一義)로 삼고…" 반공제일주의 시대의 민족주의자들. 이념 갈등에 세대 갈등까지 갈등의 세월.

제13회(4.14.) 사랑과 미움의 땅(상)

박정희 시대를 맞이한 기회주의자들의 발 빠른 부동산 투기. 건식과 한씨의 가슴 아픈 결혼식. 재기를 위한 건식의 몸부림. 민족통일전국학생연맹사건에 연루된 장강의 재판.

제14회(4.21.) 사랑과 미움의 땅(하)

땅 투기 열풍 속에서 순대국 장사에 나선 건식과 한씨. 득남. 아기를 안은 아버지의 눈물, "느그들의 시대에는 좌우 싸움이 없기를…" 화폐개혁. 장대식의 요정 파티에 초청된 박정희!

제14회의 대본을 받아든 MBC 심의실은 삭제, 삭제, 또 삭제를 지시했다. 작가와 연출자를 적대시하는 듯 보였다. 그들은 위기의식을 느끼고 있을 곳곳에 연락을 취해 알렸다. "박정희가 나왔다! 정경유착 이야기가 시작되었다!" 악역을 자처한 심의실은 고위층, 드라마부 간부와 결탁하여 구조적 압력을 일상적인 일로 만들었다.

3장

5·16쿠데타 방송되자 '중도하차' 명령

MBC 대하드라마 「땅」(1991)

미진(微震)이 감지된 것은 5·16쿠데타 발발을 그린 제12회 '5월의 땅'이 나간 뒤였다. MBC는 태생적으로 5·16에 취약한 구조였다. 당시 사장의 연임 결정 시기가 임박한데다 사장 및 고위층의 정치권과의 유착 문제가 심각했다. 그중에서도 최창봉 사장과 김종필(JP)과의 관계설이 끊임없이 피어났다.

제12회 방송 직후, 정권은 다시 MBC에 직간접 외압을 가해왔다. 급기야 사장은 편성이사에게 「땅」의 방송 종료를 지시했다. 편성이사는 자신이 '완결성'을 이유로 5월 말 종료를 제안했다고 훗날 자랑하듯 얘기했다. 어떻게 종료하면 '완결성'이 이루어지는 걸까? 방송의 '완결성'은 무엇을 기준으로 한 것인가? 그것은 그저 편성이사의 전략일 뿐이었다. 전략의 끝자락에는 책임을 전가하기 위한 계략이 도사리고 있었다. 먼저 작가에게, 그다음 연출자에게, 그다음은 제작부장, 제작국장 그것도 아니면 제작사인 프로덕션 사장에게 책임을 떠넘기면 된다. "그 사람의 뜻으로 이렇게 끝났습니다." "그 사람 능력의 한계입니다." "저희는 최선을 다했습니다. 이해바랍니다."

편일평 MBC프로덕션 사장은 책임 전가의 마지막 방아쇠를 당긴 피해자이자 최종 명령자였다. 최초 명령자가 누구인지 아무도 말하지 못하는 상태에서, 4월 13일 토요일 오후 최종 명령이 떨어졌다. "5월 말 완결 종료!" 앞으로 2회 더 줄 테니 마무리를 잘하라는 뜻이었다. 즉각 김기팔 작가와 통화하고 연출팀은 회합에 들어갔다. 곧 결론에 도달했다. "지금까지 탈고된 15회분까지만 잘 제작하자." 연출팀 사람들에게 함구령을 내렸다. 막다른 골목에 서니 하늘만 보였다.

오늘이 마지막 녹화입니다

여론 형성자를 자처하는 방송인으로서, 프로그램 창작자로 불리는 연출자로서 이 사태를 어떻게 받아들이고 처리해야 할지 고뇌가 깊었다. 이 사회가 나에게 부과한 책무는 무엇인가, 모든 판단과 결정의 모체인 '양심의 종착역'은 어디인가를 끊임없이 고민해야 했다. 드라마 종료를 통보받은 13일 이후 나의 머릿속은 진공 상태가 되었다. 어떻게든 탈고된 한 편이라도 잘 만들어 방송하는 것이 시청자에 대한 마지막 책무라 생각했다. '앞으로 일주일, 빡세게 일을 하다보면 눈물 대신 땀

이 흐를 테고 한숨 대신 기염을 토할 수 있지 않을까?'

이틀 동안 촬영을 준비하고, 이틀 밤을 야외에서 철야 촬영하고, 그 다음 날은 하루 종일 파인커팅(fine cutting, 편집기사가 만든 가편집본을 연출이 확인, 수정하며 편집본을 완성하는 것)에 종합편집 그리고 하룻밤을 꼬박 새워 방송용 콘티 작업. 이렇게 기진맥진한 채 마침내 스튜디오 녹화 날이 왔다. '오늘은 방송 종료를 공개해야 하는데…' 마음이 무거웠다.

19일 마지막 녹화 날, 철야 끝자락이지만 꾀죄죄한 몰골을 보이기 싫어 정장에 넥타이를 매고 스튜디오에 들어섰다. 15회쯤 들어서면 연기자들은 물이 오르고 스태프들 역시 말 없이도 호흡이 척척 맞는다. 2시간의 리허설이 활기차게 이루어졌다. 리허설을 끝내고 점심식사를 한 뒤에 모든 연기자와 스태프를 불러 모았다. 가끔 녹화에 들어가기 전 탤런트실 로비에서 스태프 회의 겸 커피 타임을 갖는데, 이날은 스튜디오에서 가장 큰 세트인 장대식 집의 거실에 모였다. 조명은 꺼진 채 상시등만이 어둑했다. 나는 연출자로서 사람들 앞에 나섰다. 여유를 가장했지만 비장함이 역력했을 것이다. 천천히, 나지막한 목소리로 오늘이 마지막 녹화임을 담담하게 발표했다.

연기자들은 크게 동요했다. 나는 그간의 과정도, 5월 말 '완결성' 종료안도 모두 설명했다. 흥분한 연기자들이 분장한 그대로 사장실로 떼지어 올라갔다. 하지만 사장은 출타 중이었고, 다른 어떤 간부도 만나지 못한 채 다시 스튜디오로 돌아와야 했다. 연기자들이 녹화를 거부하며 참담한 심정으로 스튜디오 내외를 우왕좌왕하자 이 소식은 사내에 빠르게 퍼졌고, 기자들이 한 명 두 명 모이기 시작했다. 스튜디오는 '광장'이 되었다.

이 사태를 파악하고 원인을 분석하기 위해 기자들은 외압의 형태와 순서, 첫 방송이 시작되고 15분 만에 불호령이 떨어진 경위는 무엇인지 등에 대해 질문을 쏟아냈다. "지금의 민주화 단계는 50회 약속된 드라마를 15회에 무 자르듯 종료시키는 '30퍼센트 민주주의'임을 세상에 공표하는 것에 다름 아니다." "최초 명령자를 찾아내어 만천하에 규탄하자." "최초 명령자는 노태우 대통령이다."

나는 지난번 방송위 심의위원회 모두진술 때도 연출자로서 힘주어 얘기했었다.

전·현직 대통령이 드라마에 등장하는 상황을 부정적 충격으로 인식하는 과거 수호의 안정성보다는, 그러한 터부에 도전함으로써 시청자들로 하여금 자신이 속해 있는 사회가 상당히 개방적이고 민주적인 신질서를 향해 개선되어가고 있다는 자신감을 주는 것이 발전적이고 미래지향적이라고 믿고 있습니다. 그것이 '도전'으로 인식된다면 그 도전의 대상은 기존 질서가 아니라 우리가 획득해야 할 미래의 민주적 가능성이라고 생각합니다.

"공영방송의 가장 중요한 책무는 민주주의를 강화하는 것이다"라고 한 독일 헌법재판소 판결문이 새삼 떠오른다.

탤런트 성명서

저녁식사 시간이 지났는데도 연기자들의 흥분은 가라앉지 않았다. 연출팀이 나섰다. 연기자들과 함께 회사 앞 식당에서 설렁탕 한 그릇씩을 먹으며 이야기를 시작했다. 처음으로 말꼬가 트였다. 연기자들의 비난의 화살은 의외로 MBC 내부를 향했다. 외부의 압력보다 MBC 내부에 있는 간부와 고위층의 태도를 더 섭섭게 여겼다. 2시간 이상 논의의 끝에 결론을 도출했다. 연기자들은 연출팀의 고군분투를 이해하고 녹화에 임하되 이 진실을 대외에 알리고 역사에 남기겠다고 했다.

일주일 후인 4월 26일 정오, 방송사상 최초로 탤런트 성명서가 발표되었다.

50회 예정이었지만 외압에 의해 마지막회가 되어버린 제15회 '사람이 살아가는 땅' 녹화에 들어갔다. 스튜디오 문을 열고 들어서니 공기에 섞인 비장함이 나를 아프게 짓눌렀다. 그들은 슬플 때 소리 내어 울자면서도 호흡조차 억제하고 있었다. 연기에 비장감이 묻어났다. 그 슬픔들을 화면에 고스란히 담았다.

심봉사처럼 아기를 들쳐 업은 장건식이 운영하는 순대국집과 파친코장 누나(권은아 분)의 교차, 산후조리를 하지 못해 쓰러진 아내 한씨(김해숙 분), 민통련 사건으로 구속된 장강의 출감 소식에 기뻐하는 아버지 장대식과 누이 장윤, 출감 기념으로 저택 한 채를 사주는 부자들의 호화판 생활. 군사정권이 자리 잡고 경제개발이 시작되면서 사람이 살아가는 땅의 차별은 더욱 심해지고, 이른바 자본주의의 논리가 이 땅을

성명서

MBC 대하드라마 김기팔작 고석만 연출 "땅"의 순조로운 방송도중 갑작스런 중도하차 통지를 받고 충격을 받은 연기자일동은 이미 야외 촬영과 녹음을 끝내고 조금남은 15회 녹화를 거부했다가, 연기자로서 시청자에 대한 도리와 방송인의 신의를 지키기위해 남은 부분 녹화에 임하면서 출연자 일동은 부당한 처사에 항의하는 바이다.

1. 방송중단의 이유를 떳떳이 밝혀라.

   지난 시대의 행해지던 일들이 아직도 반복된다면 방송민주화의 봄은 아직도 멀었는가? 잘나가는 방송을 명백한 이유도 밝히지 않으면서 방송중단을 시키는, 그 진원지를 알수없는 外壓과 공작에 우리출연자 일동은 분노하는 바이다.

2. 시청자를 두려워하고 역사를 두려워해야 한다.

   우리 민족의 삶은 고난과 한의 역사다. 우리역사를 진술하게 드라마화한 "땅"을 시작할때 우리는 MBC의 위상을 높일수 있는 자존심이 걸린 프로라고 생각했다. 그런데 재미없는 프로란 누명을 씌워 중도하차 시키다니, 이는 작가, 연출자, 출연자, 스텝등등 "땅"의 관계하는 모든사람의 자존심에 먹칠하고 시청자를 무시·우롱하는 행위다.

3. 방송은 우리삶의 터전이다.

   우리는 방송이 천직이다. 방송출연은 방송국과 출연자 상호간의 신뢰를 바탕으로 한 약속이자 계약이다. 한번 계약이 이뤄지면 혼신의 힘을 기울여 여타 프로그램의 출연교섭도 거절하고 전념 하는게 우리의 자세다. 그런데 사전 양해도 없이 이미 계약된 금년 말까지 (50회, 방송예정) 의 기한을 중도에 일방적으로 파기하는 행위는 방송인의 양심상 있을수 없는 일이다.

연기자는 방송국의 꼭두각시가 아니다.

"계란으로 바윗돌치기"라고 생각하고 강력한 의사표현 한번 제대로 못하는 선량한 연기자들을 방송국은 "밟혀도 꿈틀거리지 못하는 굼벵이"로 보지마라.

있는 사실을 말하는 것도 죄인가?

현재 이땅에 떨어진 도덕률, 부동산투기, 정경유착, 공직자 비리등등 사회각분야에서 곪아터져나온 제반문제는 이미 삼척동자도 다 아는 사실이다. 지금까지 있었던 사실을 드라마에 표현했다해서 그것이 빌미가 되어 결국 방송중단의 결과까지 초래했는데 드라마나 소설은 "있을수있는 가상의 얘기"를 재미있게 스토리화 하는것일뿐 그것을 문제 삼는다는 것은 大人다운 德目은 아니라고 생각한다.

우리의 요구.

A. 우리는 방송인의 신의를 지키며 시청자에게 약속이행을 확약 하면서 50회까지의 계약이행을 촉구한다.

B. 5월말까지만 집필해달라는 방송국 요구에 응해서 작가가 작품을 써도 금년말까지의 방송보장이 없는 한 우리출연진 일동을 16회 부터는 출연을 거부한다.

C. 이미 발표된 연예인 노조의 성명서에 우리 "땅"출연진 일동은 전폭적인 지지를 한다.

1991년 4월 26일

MBC 대하드라마 "땅"출연자 일동

오지명 반효정 최낙천 이희봉 조경환 정진 길용우
김미숙 이경진 나영진 이동주 남영진 김동주 김복희
권은아 김혜숙 김영석 이영자 신충식 나성균 이도련
신복숙 윤철형 진희진

풍미해간다. 좌익수(변희봉 분)의 애환, 미전향장기수 이관수(이동주 분)의 전향서 작성… 제15회의 이야기는 아픔으로 가득했다. 중단을 예견이라도 한 것처럼 김기팔 작가의 극본은 처연하게 쓰였다. 마지막 내레이션이 성우 김종성에 의해 읽혔다.

대하드라마 땅, 그 열다섯 번째 시간 '사람이 살아가는 땅'을 마칩니다. 어떠한 경우에도 사람은 살아야 하고… 그러나, 그 살아가는 땅은 각각 다르다는 것을 우리는 알고 있습니다.

「땅」을 생각하면 제14회에서 장건식이 첫아들을 보며 독백하는 장면이 지금까지도 눈에 밟혀 지워지지 않는다. 돈이 없어 퇴원한 부인 한씨가 가난한 골방에 누워 "아들을… 우리 아들을…"하며 아버지 건식에게 아기를 건넨다.

(쓸쓸하게 아기를 보며, 건식 독백) "느그들 세대에는 제발 평화롭고 정의로운 세상에서 살기를… (아들을 안으며) 느그들 세대에 영광을! (활짝 웃다가 멈추고)… 좌도 없고 우도 없고… (아기의 배냇짓) 서로가 서로를 죽이지 않고… 평화롭게… 민족이 화목하게 살기를…

"슬픔도 노여움도 없이 살아가는 자는 조국을 사랑하고 있지 않다." 「땅」의 이야기는 아직 끝나지 않았다.

4장

잔인한 4월

MBC 대하드라마 「땅」(1991)

1991년 4월 26일, 대하드라마 「땅」이 중도하차되어 죽었다. 같은 날, 등록금 인하를 주장하며 시위를 하던 명지대 학생 강경대가 '백골단'이라 불리던 사복경찰들에게 붙잡혀 쇠파이프로 두들겨 맞아 숨졌다. 백주대낮에 경찰이 쇠파이프로 학생을 두드려 패서 숨지게 하는 나라. 50회 방송을 시청자와 약속해놓고 위정자의 맘에 들지 않는다 하여 15회에 죽여버리는 나라.

"「땅」과 함께 이 땅서 작가 양심도 죽었다. 바른말 못 할 바에는 더이상 글 안 쓰겠다." 김기팔 작가는 절필을 선언했다.[3]

노태우 대통령은 강경대 사건 다음 날 내무부장관을 경질했지만, 학생들은 대통령의 사과와 책임자 처벌을 요구하며 연세대에 모여 시위를 벌였다. 시위는 곧 전국으로 번져나갔다. 4월 29일, 전남대 박승희가 강경대 사건 규탄집회 중 분신했다. 이어서 5월 1일에는 안동대 김영균, 5월 3일에는 경원대 천세용이 분신했다. 백골단을 동원한 정부의 무자비한 시위진압에 대한 항의였다.

대서특필된 「땅」의 중도하차

모든 언론이 사회에 대한 비판을 드라마 「땅」의 중도하차 비판으로 분출시키는 듯했다. 도하(都下) 신문은 「땅」의 중도하차를 대서특필하며 비판의 수위를 높였다. 『조선일보』마저도 이 상황을 비판하는 사설을 내놓았다.

우리는 이 사태를 보면서 대중매체인 방송과 이를 통한 창작의 자유에 대한 기본적인 인식 차이가 지금 민주화 과정을 거치고 있는 우리 사회에 첨예하게 제기되고 있다는 점을 발견한다. 이는 비단 방송 내부의 문제일 뿐 아니라 우리 사회 구성원들 사이의 문제이기도 하다. 동일한 드라마를 본 사람들 사이에서도 어떤 이는 사회적 갈등과 부조리를 숨김없이 파헤치고 있다고 통쾌감을 느끼는가 하면, 어떤 이는 정치적 편향 시각에서 우리 사회의 부정적인 측면을 과도하게 부각한다고 불만이다. 그러나 이처럼 시청자의 견해차가 나타나는 것은 당연한 일이다. 중요한 것은 그런 견해차의 존재를 위험시하여 기본적으로 허구일밖에 없는 방송 드라마를 중단시키겠다는 뜻을 가지고 있는 사람들이 있다는 사실이며 이들이 자유민주주의의 기본 틀인 표현의 자유는 물론 예술행위의 기본인 창작의 자유를 침해하고 있다는 사실이다.

우리는 물론 5공시대 언저리에서 적지 않은 드라마와 코미디들이 뜻 아니게 중단된 것을 알고 있다. 그중에는 우리 사회의 미풍양속을 해칠 수 있는 저속한 표현과 비윤리성 때문에 문제가 된 것도 있지만 일부는 정치인이나 재벌의 비리를 들췄다고 해서 그리된 경우도 있다고 알고 있다. 그러나 지금은 그런 시대는 아니지 않은가.[4]

『한겨레』 최보은 기자는 MBC 편성이사와 직격 인터뷰에 들어갔다.[5]

기자 외압은 없었다고? 모두들 대통령 명령이라 추측하는데?

편성이사(이하 편성) …기획의도와 달리 정치드라마로 흘러서…

기자 편성이사도 결재하고 공개한 기획의도다. 무엇이 다른가?

편성 시청률이 안 나와서…

기자 첫 회 41퍼센트, 그후 줄곧 30퍼센트 후반, 최근 종료가 발표되자 약간 주춤해 30퍼센트 초반으로, 3사 대비 압도적 우위인데…

편성 외주를 준 프로다. 프로덕션에서 알아서 할 일이다. 본사 편성은 납품 계약을 준수할 뿐이다.

기자 사상 최초로 연기자들이 결의를 하고 성명까지 발표했는데…

편성 까짓, 드라마 한 편에…

기자 '드라마 한 편'이라니? 연기자들은 그 한마디에 불출연 결의를 했다던데… 내년 봄, 연임을 노린 지휘부의 보신인가?

편성 …

기자 최창봉 사장과 김종필 총리의 인연이 깊다고 들었다.

편성 모르는 일이다.

최보은 기자는 「땅」의 중단 결정과 관련된 '윗선'에 대한 의심을 자세히 전했다.

외압 여부와 관련해 경영진은 '말도 안 되는 소리'라고 일축하고 있으나 방송계에서는 정치적 압력에 따른 것이 분명하다고 주장하고 있다. 프로듀서연합회의 김윤영 회장은 "지난 3월부터 「땅」과 관련한 직간접적 압력에 대한 뒷얘기가 끊이지 않았다"면서 "99퍼센트의 심증은 있으나 1퍼센트의 물증이 없어 안타깝다"고 말했다.

그러나 방송계의 한 고위 관계자는 "정부 차원의 공식 압력이라기보다는 정치권 일부의 개별적인 항의가 있었다고 봐야 한다"고 주장했다. 이 관계자는 "이 드라마의 무대인 제3공화국의 주역들이 최창봉 사장과의 개인적 친분을 통해 불만을 나타냈으며 특히 민자당의 김종필 최고위원이 불쾌해했던 것으로 안다"고 밝히고 "그러나 최사장이 내년 1월 임기 만료를 앞두고 연임 가능성 등을 의식, '호신책'을 쓴 것은 분명하다"고 덧붙였다.

그에 따르면 "드라마 「땅」이 앞으로 6·3사태, 10·17유신개헌 등 큰 정치적 사건을 잇따라 다룰 예정인데다 '수서택지 특혜비리' 사건으로 마무리될 것으로 알려져 신구 정권 정치인들이 불안해한 것은 사실"이라

는 것이다.[6]

그즈음인 1991년 4월 8일 방송위는 강원용 위원장의 사퇴에 따라 새 방송위원장에 고병익 서울대 교수를 임명했다. 한 달 후 그는 드라마 「땅」의 조기종영에 대해 방송사 쪽에 유감을 표했다.

방송편성이란 방송사 자신은 물론, 시청자에게 앞으로 무엇을 어떻게 방송하겠다는 '공약'이다. 「땅」의 경우를 지켜보면서 시청자들은 방송이 과연 국민의 방송인지 회의를 느낄 것이다.[7]

5월 14일, 강경대의 장례식이 사망 19일 만에 명지대에서 치러졌다. 재야인사 및 학생, 노동자 등 1만여 명이 참석했다. 그러나 당초 계획했던 서울시청 앞 노제가 경찰의 저지로 무산되자, 대책회의 측은 운구 행렬을 연세대로 되돌렸다. 신촌로터리에서 열린 '6인 분신사망자 추모' 집회에 7~8만 명이 참여해 주변 도로를 가득 메웠다. 분신 정국은 김기설의 유서를 강기훈이 대필했다는 '유서대필 사건'으로 전환되는 듯했으나, 성균관대 김귀중이 시위 중 사망하는 또 하나의 살인사건이 터지며 걷잡을 수 없는 일대 혼란의 소용돌이로 빠져들었다.

드라마 「땅」의 중도하차와 시국의 혼란이 묘하게 맞물려 돌아갔다. 이것은 우연이 아니었다. 민주화와 '위대한 보통사람들의 시대'를 주창한 노태우 정권이 권위주의 독재시대로 회귀하고 있음을 사회가 방증하고 있었다. 군사작전하듯 치밀하게 「땅」은 붕괴되었다.

5장

죽음 속에서 다시 피어난 승리의 노래

「아리랑」(1991) 기획

1991년 피비린내 나던 봄의 끝자락에 김기팔 작가는 술에 빠졌고, 나는 누군가의 힘에 떠밀려 한국 땅을 떠나야 했다. 처음에는 칸 영화제 탐방 명령이 떨어지더니, 칸에서 귀국한 지 3일 만에 다시 베를린을 경유하는 LA행 티켓이 내 책상 위에 놓여 있었다. LA 필름마켓 출장 명령이었다.

이는 분명 「땅」 중도하차에 따른 후유증을 차단하기 위한 책략이었다. 외부와의 접촉, 특히 기자와의 접촉을 차단하기 위해서이리라. 그렇게 해서 본의 아니게 3개월간 세계 유수의 문화계 현장을 살펴보았다. 최상의 문화체험 기회였지만 너무 일찍 죽어버린 「땅」의 영혼이 여전히 나의 마음을 짓누르고 있었다. 그런 유형(流形) 시절에 신기루를 만나듯 '김산'이 떠올랐다. 우리나라가 일제에 의해 강점되고 일제의 대

동아 야욕이 동남아를 짓누르던 시대, 김산의 비통함과 통곡이 나에게 밀착되어 다가왔다.

실천적 혁명가 김산

김산은 1905년에 평북 용천에서 출생, 중학생 때 3·1운동에 참여했고 이를 계기로 독립운동의 길에 나서게 된다. 신흥무관학교, 쑨원(孫文)이 세운 황포군관학교, 중산대학 경제학과를 수료한 김산은 1925년에 마오쩌둥(毛澤東)의 중국 대장정에 참여하고 이후 황포군관학교 교관, 사범학교 교원을 거쳐 1936년 조선민족해방동맹 소비에트지구 대표가 된다. 그때 그는 마오쩌둥을 만나며 기상을 하늘에 떨쳤으나 2년 뒤에 중국 공산당에 의해 처형당했다.

김산의 드라마틱한 일생은 그의 일대기를 다룬 한 권의 책을 통해 드러났다. 바로 님 웨일스(Nym Wales)의 『아리랑』(Song of Ariran)이었다. 이 책에서 김산은 '현대적 지성을 갖춘 실천적 혁명가'로 그려졌다. 『아리랑』은 1941년 뉴욕에서 출간된 이후 세계 곳곳에서 번역 출간되었다. 1984년 한국에서도 출간되었지만 출판되자마자 출판·판매 금지 조치가 내려졌다. 하지만 『아리랑』은 1991년 당시에 이미 읽어볼 사람은 다 읽어본 지하 베스트셀러가 되어 있었다.

한국에 돌아오자마자 곧장 김기팔 작가를 만났다. "『아리랑』을 24부작 미니시리즈로 기획합시다." 절필 선언 이후 하루도 빠짐없이 술에 빠져 지내던 김기팔 작가가 술이 확 깬다며 적극 찬동했다.「땅」의 여한을 풀고 싶었으리라. 우리 둘은 동산리(현 경기도 고양시 신도동)에 있는 작가의 집에서 밤늦도록 『아리랑』을 논하며 의기투합했다. 김기팔 작가의 집을 나서 돌아오는 길, 시골의 밤길은 어둡지만 상쾌했다. 요기(尿氣)를 느껴 풀섶에서 소변을 보다 하늘을 올려다보니 은하수를 온 하늘에 뿌려놓은 듯 별들이 영롱했다. 만주벌에서 단재 신채호가 얘기한 하늘 같았다. 김산과 함께 그 '꿈하늘'을 그려보고 싶었다. 드라마 한 편 맘 놓고 만들지 못하는 이 나라를 '꿈하늘'로 바꾸고 싶은 상상력이 발동했다. 그날은 새벽까지 잠을 이룰 수 없었다.

중국으로, 미국으로

드라마「아리랑」의 중국 촬영을 위한 협의를 시작했다. 2년 전인 1989년, 백범 서거 40주기 기념 특별기획 드라마「백범일지」의 중국 촬영 경험을 살려 중국 CCTV를 찾았다. 합작 파트너는 CCTV 국제부장으로 그는 일본 NHK와「실크로드」공동 제작을 성사시켰던 인물이었다.「백범일지」촬영 덕에 그도 우리를 잘 알고 있었다.

님 웨일스의 『아리랑』에서는 한국과 중국의 현대사가 교차한다. 따라서 정치적으로 신중해야 할 부분이 많다. 김산은 마오쩌둥의 대장정에 참여, 상위 서열로 조선의 지분을 행사하다가 수정주의자로 지목되어 숙청된 인물이다. 김산은 중국 홍군에 의해 총살됐는데 그 정확한 기일은 아무도 모른다. 단지 중국 공산당의 정보 책임자 '캉성(康生)'의 지시에 의해 1938년 '트로츠키주의자' 혹은 '일본 스파이'라는 죄명으로 처형되었다. 이후 김산은 1945년 중국 공산당에 의해 복권됐지만 여전히 조심스러운 부분이 있었다. 김산을 드라마로 다루는 것은 한국에서도 크나큰 도전이었다. 그는 항일독립운동가였으나 마오쩌둥의 공산당에 깊이 참여한 인물이다. 그것이 한국의 독립을 위한 길이었다고 해도 당시의 뿌리 깊은 반공의식을 어떻게 넘어서야 할지는 쉽지 않은 과제였다.

이런 점을 포함하여 드라마의 개략적인 방향에 대해 CCTV의 국제부장과 수차례 진지하게 논의했다. 일단 김산이 복권되기까지의 투쟁사를 그리는 데 MBC와 CCTV가 공감하고, 원작과 극본, 연출, 제작은 한국 측이 담당하기로 했다. 현지 판권은 본토로 한정하는 문제까지 광범위하게 논의했다. 제작비와 현장진행, 미술작업, 배역과 엑스트라 문제 등 디테일을 협의할 때는 CCTV 측에서 군중 장면 촬영에 최대 1만 명까지 일시에 동원하겠다고 호언장담해서 웃고 말았다. 분위기가 좋았다.

그즈음 쌍방의 노력으로 김산의 아들을 찾아냈다. 베이징에 거류하는 고등학교 교사 고영광. 중국인 어머니는 아들이 피해를 입을까봐 남편의 원래 성 대신 '고려'에서 따온 고씨 성을 물려주었다고 했다. 고영광과 베이징호텔에서 반갑게 만나 점심을 먹고 또 저녁을 먹으면서까지 많은 얘기를 나누었다.

곧이어 원작자 님 웨일스를 찾아 미국으로 날아갔다. 님 웨일스는 워싱턴에서 자동차로 2시간 거리에 살고 있었다. 그녀는 우리의 방문을 크게 환영했다. 거실에 들어서니, 큰 창을 등진 채 암체어에 앉아 있는 그녀의 어깨 위로 부드러운 역광이 내려 앉아 있었다. 일흔의 고령에도 그녀는 품위 있고 아름다웠다. 잘 알려져 있다시피 님 웨일스의 남편은 미국의 신문기자이자 작가인 에드거 스노(Edgar Snow)다. 에드거 스노와 님 웨일스는 마오쩌둥의 대장정에 직접 참여했다. 특히 에드거 스노는 당시 마오쩌둥을 취재한 뒤 그의 전기 『중국의 붉은 별』을 써 마오쩌둥에게 무한한 신뢰를 받았다.

님 웨일스와의 이야기는 순조롭게 진행되었다. 그녀는 50여 년이 지난 김산의 『아리랑』을 기억 속에서 되살려냈다. 작품의 향기보다 더 짙게 전해오는 것은 '김산에 대한 사랑'이었다. 님 웨일스의 글에서 감지되었던 이성적인 사랑의 감정이 몇십 년이 지난 지금 여기서도 느껴졌다. 감동이었다.

솜이 든 푸른색 커튼을 학자의 손처럼 야윈 손이 옆으로 밀어 젖혔다. 그러자 실내의 조명을 받으며 크고 인상적인 사내의 모습이 조용히 나타났다. 그는 당당하고 품위 있는 태도로 인사를 하였으며, 악수할 때 주의 깊게 나를 응시하였다.[8]

님 웨일스가 김산을 처음 만난 것은 1937년 옌안(延安)에 있는 루쉰(魯迅)도서관에서였다. 그녀는 대장정 후 중국 공산당이 도사리고 있던 옌안의 도서관에서 영문으로 된 모든 종류의 책과 잡지를 수십 권씩 빌려간 한 청년의 이름을 주목한다. 그는 이름조차 낯선 나라 조선의 혁명가라고 자신을 소개했다. 그리고 약 3개월간 김산과 만나 이야기를 들으며, 님 웨일스는 그의 치열하고 극적인 삶에 언론인으로서 호기심을 느꼈다.

조선에 민요가 하나 있다. 그것은 고통 받는 민중들의 뜨거운 가슴에서 우러나온 아름다운 옛 노래다. 심금을 울리는 아름다운 선율에는 슬픔을 담고 있듯이, 이것도 슬픈 노래다. 조선이 그렇게 오랫동안 비극적이었듯이 이 노래도 비극적이다. 아름답고 비극적이었기 때문에 이 노래는 300년 동안이나 모든 조선 사람들에게 애창되어왔다.[9]

김산은 '아리랑'에 대해 이렇게 설명했다. 님 웨일스는 아리랑이라는 노래가 조선이라는 나라의 비극의 상징임과 동시에 죽음 속에서 다시 피어나는 승리의 노래임을 알 수 있었다. 님 웨일스는 김산만큼이나 아리랑에 깊은 인상을 받았고 그래서 책 제목을 '아리랑'이라고 붙였다.

그녀는 『아리랑』 원작 사용을 원칙적으로 허락하고, 이후 절차적인 부분을 맡아줄 사람으로 서던캘리포니아대학 정치학과 교수 조지 토튼을 천거했다.

가지 마, 나중에 얘기해줄게

다시 만난 김기팔 작가는 첫날과는 달리 선뜻 나서지 않았다. 말없이 술만 마셨다. 『아리랑』은 참 좋은 작품이고 꼭 하고 싶은 작품이지만, 중국에 대한 불신이 남아 있다고 했다. 일전에 일제강점기에 일본 학도 병으로 징집되었던 김준엽이 쓴 회고록 『장정』을 꺼내들고 김승수 피 디와 중국 답사까지 다녀왔는데 무슨 이유 때문인지 무산되었던 상처 가 있었던 것이다. 게다가 「땅」의 중도하차까지 덧붙어 상처가 더욱 깊 었다.

LA에 거주하는 조지 토튼 교수가 한국으로 갈 테니 만나자고 연락이 왔다. 며칠 후 서울 S호텔에서 연달아 3일을 만났다. 그가 한국에 온 이 유는 별났다. 한국에서 또다른 사람이 『아리랑』을 영화화하겠다며 나 섰는데, 어느 쪽을 선택하는 게 좋을지 직접 만나서 얘기를 들어보겠 다는 것이었다. 다른 쪽은 기획시대의 유인택 대표와 이장호 감독이란 다. 3일째 되는 날, 토튼 교수는 우리 쪽 손을 들어주었다. 그 자리에서 원작료 협의까지 마쳤다. 생각보다 굉장히 저렴한 액수였다. 중국에 이 소식을 알려주자 크게 환호했다. 이제 큰 일정 조정과 제작비 조율만 남았다. 당시 CCTV로서는 월사금(月謝金)을 내고라도 우리와 합작하 며 배우고 싶어 했다. 몇 번의 팩스가 오고 갔다.

김기팔 작가를 다시 만났다. 과정도 설명하고 24부작의 큰 방향도 얘 기했다. 김기팔 작가의 반응이 나오기 시작했다. 그런데 몸이 많이 아 프다고 했다.

중국과 최종 안건을 협의했다. 에드거 스노를 등장시킬 것인가 아닌가, 이것이 문제였다. 그의 등장이 주는 장점이 큰 반면, 행동반경이 넓어지는 만큼 제작비의 상승폭이 너무 컸다. 미국 촬영도 해야 하고 드라마의 관점이 크게 바뀔 수도 있었다. 우리 쪽은 미니시리즈의 평균 제작비만 투자하고, 해외촬영 비용과 유통 비용은 중국 쪽이 해결하기로 협의했다.

드디어 계약일이 되었다. 우리 팀은 만반의 준비를 하고 베이징에서 열릴 조인식에 맞춰 공항 가는 길에 나섰다. 행정까지 4명이었다. 잠실 사옥 5층에서 엘리베이터를 기다리고 있는데 안내데스크의 직원이 급하게 뛰어와 말을 전했다. "최창봉 사장님 전화입니다. 안내데스크로 바로 하셨어요." 나는 의아해하며 뛰어가 전화를 받았다. "오늘 중국 가지?" "예, 오늘 저녁에 계약합니다." "가지 마! 나중에 얘기해줄게." 전화가 끊기고, 이 한마디로 모든 것이 '스톱'되었다. 즉시 여의도 본사의 최창봉 사장실로 갔다. 나는 특히 중국과의 신뢰 문제를 강력하게 제기하며 최창봉 사장에게 항의했다. 이런저런 얘기가 오고 갔지만, 결론은 '불가'였다.

"시카고대학 브루스 커밍스(Bruce Cumings) 교수하고 왜 팩스를 주고받았느냐? 안기부에서 체크했다. 안기부가 걱정한다. 이번 일은 없었던 일로 정리해라." 최창봉 사장의 말이었다. 안기부에서 한마디했다고, 이 길고 진지한 역사를 다 없앨 수 있는가?

『한국전쟁의 기원』의 저자인 브루스 커밍스가 안기부의 기피 인물인 것까지는 납득이 됐다. 그런데 대체 어떻게 안기부가 팩스 문건까지 체크한단 말인가? 이건 내부자의 소행이 분명하다. 드라마부의 국장급으로 있으면서 안기부의 프락치 노릇을 하던 인물이 떠오를 수밖에 없었다. 그는 안기부 요원과 어울려 다니다가 직원들에게 여러 차례 들켰다. 그때마다 그는 드라마 연출할 때 도와준 술친구라고 둘러댔다. 그러더니 이제는 아예 권력을 과시하듯 공공연하게 만나고 방송사에도 어깨를 맞대며 드나들었다.

마지막으로 최창봉 사장은 웃으며 명령했다. "연변TV에 가서 한 달만 수고하고 와! 한 달! 동포애 차원에서! 조선족이 운영하는 조선어 방송사인데, TV드라마를 만들고 싶대. 대본 쓰는 법부터 콘티 짜고 녹화하는 것까지, A부터 Z까지 가르쳐주고 와! 동포애 차원에서 갔다 와! 동포애!"

드라마 「아리랑」은 이렇게 해서 유배 아닌 유배의 길을 떠나며 끝이 났다.

6장

거묵 김기팔 쓰러지다

김기팔 작가 ①

1991년 11월 26일, 전국언론노동조합연맹에서 선정한 제1회 민주언론상 수상자로 「땅」제작진이 선정되었다. 「땅」이 15회로 중도하차한 지 꼭 7개월 만의 일이었다. 그때 김기팔 작가는 '술병'으로 병원에 입원 중이라 글로 수상 소감을 대신 밝혔다. 그것이 그의 마지막 글이 되었다.

'도둑이 제 발 저리다'라는 우리 속담이 있다. 유신독재 시절부터 방송중단을 수없이 당해오면서 늘 머리에 떠오르는 속담이다. 왜 도대체 방송을, 그것도 일개 드라마를 무쪽 자르듯 중단시키는가. 우리의 기성세대가 그렇게 자신 없이 이 나라를 이끌어가는 증거라는 생각밖에 들지 않는다. 특히 우리 기득권층, 더 좁혀서 우리의 집권층이 마치 도둑처럼 자신이 없어서(발이 저려서) 압력을 가해온다는 생각이다.

드라마 「땅」을 준비하면서 고석만 연출과 나는 '이번에는 괜찮겠지' 하는 생각을 했었다. 비록 군 출신이지만 직선 대통령 아래, 민주화를 말 끝마다 내세우는 정부가 설마 '발이 저릴 리가 있으랴' 하는 생각이었다. 하도 당해서 웬만한 데는 속지 않는 우리지만 '이번에는…'이었다.

첫 회가 나갔다. 여기저기서 기분 좋게 보았다는 연락이 와서(그러나 일부 기득권층에 있는 측에서는 "표현이 좀 지나치지 않느냐"는 조심스런 논평도 해왔다) 드라마 「땅」이 성공하는구나 생각했다. 이즈음 뒤숭숭하기까지 한 땅 투기 문제를 정면으로 다룬 주제가 먹혀들어가는구나, 차제에 그 심각성을 철저히 부각시켜 국민 각 계층 간의 위화감을 해소시키자는 의욕에 차 있었다. 표현 문제를 검토하기도 했으나 내용은 애초대로 밀고 나가기로 했다. 사실 땅 투기로 인한 가진 자와 못 가진 자, 도시와 농촌, 기성세대와 젊은 세대, 그리고 이데올로기를 무기로 한 좌우익 간의 갈등은 우리 현대사에서, 그리고 오늘날까지 얼마나 심각한 문제인가? 탄압이 오리라는 생각은 전혀 안 했었다.

그런데 이상한 소식이 들려오기 시작했다. 방송사 사장이 모처에 불려갔다… 방송국 공기가 이상하다… 방송위원회가 열려서 징계를 논의한다… 신문이 보도하기 시작했고 급기야 방송위원회가 우스꽝스러운 논리를 내세워 '사과방송' 조치를 내려왔다. 사과하라니 안 할 수도 없는 노릇인지라 이상한 문구의 사과방송이 나갔다.

그러나 이것이 전주곡이었다. 14회 녹화를 앞두고 15회로 중단하라는 결정이 방송국에서 내려진 것이다.

이전 정권에서는 그래도 떳떳하게 중단을 통고했었는데 이번에는 방송국의 결정으로 '자진중단'하는 형식을 취했던 것이다. 출연진들도 들고 일어났고, 피디연합회가 항의했고 각 신문도 전에 없이 양비양시론이 아닌 정공법으로 중단의 부당성을 지적했지만 '발이 저린' 사람들은 '이런 문제야 늘 망각의 그늘로 사라지리라' 하는 확신을 가지고 중단을 강행했다.

그로부터 반년이 지난 지금 우리는 망각의 그늘 속에 묻혀 지내고 있는데 언론노련의 민주언론상이 우리 「땅」에 수여됐다는 소식을 듣고 '발이 저린 사람들'을 다시 생각하게 되었다. 이 나라는 언제쯤 가야 정직하고 떳떳한 사람들이 이끌어가고, 언제쯤 가야 방송 드라마 한 편 편히 내보낼 수 있을까.

내가 이렇게 될 줄 왜 몰랐을까

작가 김기팔. 그의 창조의 원천은 어디에 있는가? 그것은 '의심', 의심의 철학이었다. "왜 나쁜 놈은 잘사는가?" 김기팔 작가는 모두가 정답이라고 확신한 것을 의심했다. 그는 나에게 인간과 삶을 곱씹는 계기를 안겨준 스승이었다.

의심의 철학으로 무장한 김기팔 작가가 아파서 누워 있었다. 우리는 그의 회복력을 믿었다. 그는 사람들이 그의 이름 '기팔(起八)'을 가지고 숫자 농담을 할 때마다 웃었다. 그의 이름처럼 쓰러졌을 때마다 늘 일어났다. 8번이 아니라 80번도 더 일어났다. 그런 김기팔 작가에게 대장암이 선고되었다.

나는 생각했다. '그가 지금 당장 해야 할 일들이 많다. 못다 한 이야기들이 많다. 「땅」도 다시 부활시켜야 하고, 「제이슨 리」도 기다리고 있다. 중단된 「아리랑」도 다시 시작해야 한다.'

수술 날짜와 시간이 정해졌다. 수술실에 들어가기 전, 김기팔 작가는 아끼는 후배인 성우 이완호에게 연필과 종이를 달라고 하더니 흔들리는 글씨로 "내가 이렇게 될 줄 왜 몰랐을까"라고 적었다.

수술은 잘 되었다고 했다. 수술이 잘못되었다고 말하는 의사를 본 적이 없다. 그런데 수술 후에 김기팔 작가는 더 아팠다. 진통제를 더해도 소용이 없었다. 그다음 날, 그다음 날도 나아지지 않았다. 병원에서는 잘 먹고 운동을 하라고 했다. 아파 죽겠는데 운동이라니… 수술 후 사흘째 되던 날, 노희엽 교수의 아들이 찾아왔다. 애초에 김기팔 작가가 한림대 강동병원으로 온 것도 양아들처럼 여기던 노박사 때문이었다. 노박사는 부푼 배를 만져보더니 질겁을 하며 김기팔 작가를 급하게 수술실로 옮겼다. 급성복막염이었다. 몸집이 비대하여 생긴 현상으로만 알던 의료진들은 곧 재수술에 들어갔다.

수술을 마치고 다시 중환자실로 내려왔을 때 김기팔 작가는 의식이 없었다. 배를 열었더니 벌써 안에서 다 터져 손도 못 대고 곧 닫았다고 했다. 부인은 김기팔 작가를 감싸 안고 오열했고 처형은 의사의 멱살을 잡고 울부짖었다. 나는 식어가는 김기팔 작가의 손을 꼭 쥐었다.

돌아가셨다. 1991년 12월 24일 밤, 향년 54세, 본명 김용남.

김기팔과 최창봉

강동성심병원 영안실. 삼일장을 모시는 동안 많은 사람들이 다녀갔다. 이 땅의 뜻있는 사람들이 모두 모인 촛불광장 같았다. "기억하자! 항의하자! 살아나가자!" 동아방송에서 김기팔 작가와 같이 근무했던 김학천 동지가 추도사를 썼다.

한 시대가 분노할 줄 아는 작가를 가졌다는 것은 축복에 속합니다. 순박한 민중에게 비록 행간을 이용해서라도 전해야 할 사연을 전하고 미소 짓게 할 수 있는 작가를 지녔다는 것 또한 축복입니다. 비록 그것이 간단없이 끊겨 토막 쳐진 줄거리라 하더라도 작가가 고통스러운 시대의 증언을 적는다는 게 얼마나 힘든 용기인가를 우리는 알고 있습니다. 더구나 텔레비전이라는 대중매체를 통하여 압축된 언어로 증언의 핵심을 전하려 한 작가정신이 얼마나 귀한 것인가를 우리는 알고 있습니다.

기팔 형, 그런 일을 해내다 말고 나이 쉰다섯에 느닷없이 붓을 놓다니요. 1970년대 중반, 유신이 극성을 떨던 때 형께서 줄기차게 들려주던 저 동아방송의 드라마 「정계야화」가 바야흐로 4·19 전날에 이르러 마지막 대사가 "(…) 권력이란 무엇인가. 한번 쥐면 그토록 놓기 싫은 것인가. 그럼 내일 계속하겠습니다"까지 왔을 때였죠. 역사가 두려운 사람들이 드라마를 거기서 중단하도록 억압하여 방송국은 풍비박산이 되고 작가에게도 그 '내일'이 없어졌을 때, 형께서는 감연히 붓을 꺾고 70년대가 다가도록 시장판에 단추 장수로 나섰던 일을 기억합니다. 그걸로 돈을 벌었다는 소문을 들은 일이 없고, 술만 늘었다는 소식이 우리를 안타깝게 했습니다.

「정계야화」「야망의 25시」「제1공화국」「땅」 등이 유독 부대낀 작품인데도 당신은 늘 어눌한 표정으로 주변의 고생하는 사람들을 위로할 뿐 스스로의 고통을 입에 담는 일이 없었습니다. 주변에서는 선이 굵은 현실 드라마의 사실성을 추구했다고 하지만 그것은 곧 속아서는 안 되는 속임수의 역사와 대결했을 뿐 자잘한 속물들의 얘기는 모두 가지 쳐버린 까닭이 아니겠습니까.

기팔 형, 하기 힘든 그런 시대의 증언과 고발을 머릿속에 챙기다 말고 느닷없이 눈을 감다니요. 아직도 지켜보아야 할 일들이 산적해 있는데 혼자 술집에라도 들어가듯 훌쩍 떠나다니요. 그러나 어쩌겠습니까. 모든 미련, 분노, 서글픔을 다 우리에게 미루고 평안한 명복을 누리시구려.

영안실에서 3일 내내 꼼짝 않고 한자리를 지키며 훌쩍거리는 노인이 있었다. 한번도 본 적이 없는 노인에게 나는 조심스럽게 물었다. 뉘신데 이렇게 섧게 우시느냐고. 아무 말 없이 훌쩍거리던 그가 말했다. "팬입니다. 인천에 사는, 그냥 팬입니다."

최창봉 사장이 부하직원들을 몰고 문상을 왔다. 문상을 끝낸 뒤 직원들에게 먼저 돌아가라 이르더니, 홀로 늦은 시간까지 지키고 앉아 있었다. 김기팔 작가의 영정 앞에서 그는 무슨 생각을 했을까? 김기팔 작가와 최창봉 사장은 오랜 인연으로 엮인 돈독한 관계였다. 김기팔 작가가 중앙고에서 연극 「김성수」의 희곡을 쓰고 공연을 준비하고 있을 때, 고려대 연극반 선배 최창봉이 연출을 맡으며 인연을 만들었다. 그 인연은 깊었고 참으로 돈독했다.

그런데 언제부터인가 주변에서 소원함을 감지했다. 최창봉 사장이 동아방송을 떠나 한국방송(이하 KBS) 부사장으로 옮긴 다음부터였다. 그때부터 최창봉 사장이 김종필과 같이 앉아 있는 모습을 보면 참 많이 닮았다는 얘기가 들려왔다고 했다. MBC에서의 서먹서먹한 관계는 이미 우리도 알고 있었다. 과거 둘은 형제보다 가까웠다고 했지만, MBC에 있으면서는 단 한 번의 연락도 하지 않았다. 그 세월이 어떠했는지 남들은 모른다. 이제 화해 없이 갈라지게 된 김기팔과 최창봉. 두 사람이 해야 할 얘기가 많을 것이다.

타협을 모르던 사람

1991년 12월 27일, 삼우제 날. 포천 언덕에는 진눈깨비가 흩날리고 있었다. 가족들과 친지들만 단출하게 예를 갖추었다. 그날은, 「땅」이 제대로 나갔다면, 마지막 제50회 '하나되는 땅'의 방송 예정일이었다. 김기팔 작가와 나는 「땅」에 매회 부제를 붙이기로 했었다. 첫 회 '서막, 오늘의 땅'부터 시작해 매회 특징적 제목을 명명했다. 우리는 마지막 회 제목을 '하나되는 땅'이라고 정하며 참 좋아했다. 통일된 땅을 그려보자고 했다. 그것이 꿈이라 해도 잘 그려보자고 했다. 임종부터 지금까지 줄곧 옆을 지키면서도 눈물 한 방울 흘리지 않던 나였지만 '하나되는 땅'을 떠올리니 참았던 눈물이 쏟아졌다. 김기팔 작가의 오랜 술 친구였던 김지하 시인도 조사(弔辭)를 남겼다.

밤새 뜬눈으로 지새다 신새벽에 돌아가셨다.
밤새 사악한 무리를 질타하고 한 품은 이들을 달래시던 님은
민주와 통일의 먼동이 틀 무렵 기어이 돌아가셨다.
그리시던 북녘 고향 저만큼 보이는 이곳에서 님이시여
아직도 온전히 걷히지 않은 어둠을 지켜 끝내는 다가올
찬란한 대낮으로 증거하시라.

그로부터 2년이 지난 1993년 12월 4일, 경기도 파주 통일로변 장곡공원 구석에서 '통일염원 김기팔 방송비' 제막식이 열렸다. 김기팔 작가의 뜻을 되새기려, 그의 친구와 선후배들이 모여 비석을 세운 것이다. 조각가 심정수가 돌에 김지하의 조사를 새겼다.

김기팔 작가의 고교 동창이자 당시 현대전자 사장이었던 김주용이 건립추진위원장을 맡았다. 그의 인사말로 추모비 제막식이 시작되었다.

제막식 팸플릿에는 김기팔 작가의 글 세 편이 실려 있었다. 그중 한 편은 1990년 11월 30일자 『동아일보』에 게재된 글이다.

요새는 거의 잊고 있는 이름이지만 어쩌다 '동아방송' 소리를 듣게 되면 나도 모르게 가슴부터 저려온다.

동아방송 개국 초 20대 중반의 '청년작가'로 제작에 참여해서 수많은 작품을 써오다 40대 초반의 중년기에 통폐합이란 이름으로 동아방송이 KBS로 넘어가면서 나와 동아와의 인연이 끊기게 된다. 그 18년이란 세월이 한 인생에게는 꽤 긴 세월이었기 때문인가. 나는 동아방송을 생각할 때마다 마치 첫사랑의 연인을 떠올리는 듯한 아련한 추억 속에 잠기게 된다.

동아방송은 상업방송이면서도 다른 민간방송들과 달랐다. 요사이는 공영방송 체제라면서도 방송국 간 시청취율 경쟁이 지나쳐 뜻있는 사람들의 눈살을 찌푸리게 하고 있는 것이 현실이다.

그러나 이미 10년 전에 문을 닫은 동아방송은 예외였다. 동아방송에서 거의 전속작가처럼 활약하던 그 시절에도 방송작가로서 나는 한 점 부끄러움이 없었다. '상업성＝시청률(청취율)＝저속함'의 등식이 동아방송에서는 통하지 않았던 것이다. 오늘날까지도 나의 대표작으로 꼽히는 「정계야화」만 해도 동아방송은 청취율을 고려해서 재미있게 써달라고 요구하지도 않았고 나도 저속한 이야기 중심으로 각본을 써 청취자와 야합할 생각을 한 적이 없었다.

당시 동아방송은 언론의 바른 길을 걷겠다는 신념이 충만해 있었고, 어떠한 권력과 부당한 압력에도 굽히지 않으려는 정신도 투철했었다. 그리고 우리 모두는 동아방송을 자랑으로 여겼다.

그런 만큼 10년 전 그 살벌하던 초겨울의 통폐합 사태를 나는 평생 잊을 수가 없다. 1980년 4월 나는 5년 동안 절필하고 있다가 「정계야화」 부활과 함께 다시 집필 활동을 시작했었는데 불과 7개월 만에 그 사태를 만났던 것이다.

동아방송이 문을 닫던 날 나는 '도대체 정권이 뭔데 민중의 소리, 민족의 방송을 말살해도 되는 건지, 인간 세상에는 엄연한 순리라는 것이 있고 역사의 심판이란 것도 있는데 저 무지막지한 정치군인들이 도대체 어쩌자고 이런 짓을 저지르는지' 통탄하면서 밤새워 술을 퍼마셨던 것이다.

김기팔 작가! 그는 야만과 위선과 거짓에 분노했고 사악한 무리들을 질타했다. 그는 늘 술과 함께 살아왔지만 그의 정신은 언제나 명징했다. 짙은 안개 속에서도 가야 할 길을 찾아 제시했고, 어둠이 깊어도 함성으로 새벽 동을 틔웠다.

김기팔 극본, 고석만 연출은 따로 분리할 수 없는 한 짝이었다. 김기팔과 고석만은 짝이 되어 수많은 문제작을 함께 만들어왔다.

김기팔, 그를 처음 만난 것은 1981년 1월이었다.

7장

작가 김기팔을 만나다

작가 김기팔 ②

광주학살, 언론 통폐합, 1980년의 방송가는 먹구름에 짓눌려 있었다. MBC도 불안 속에 하루하루를 보내고 있던 어느날, 감사원의 감사가 들이닥쳤다. 무려 20여 명의 감사원 직원들이 6층 대회의실에 자리를 잡았다. 그들은 회의실에 있던 그많은 의자와 회의 탁자들을 뒷문 쪽에 바리케이드 쌓듯 밀어놓고 넓은 방 가운데를 텅 비운 다음, 벽을 등지고 빙 둘러앉았다. 누구라도 그 방에 들어서면 20여 개의 총구를 마주하고 선 사형수 같은 공포를 느꼈으리라.

전 부서가 감사 대상이었다. 여기저기서 한두 명씩 불려갔다 왔다. 갔다 온 사람들은 모두 질린 기색이었다. MBC로서는 초유의 경험이었다. MBC는 법적으로 감사원 감사 대상이 아니었지만 대놓고 불만을 토로하는 사람은 없었다. 모두가 쉬쉬하는 분위기였다.

표적감사, 낙하산 사장

일반적인 행정 감사부터 재무·경리·인사 관련 감사는 물론 공사(工事) 담당까지 불려갔다. 회의실의 전등알까지 다 세더니 조목조목 대답하자, 감사 요원이 앉아 있던 뒷벽을 못으로 뿍 긋더란다. 페인트칠의 횟수와 농도를 따지는데 꼼짝없이 인정할 수밖에 없었다고 한다. 감사를 진행하면서 털어도 털어도 아무것도 안 나오면 감사 막판에 토목 파트가 나서서 아스팔트를 뚫는다는 얘기가 시중에 떠돌고 있었다. 흙, 모래, 자갈의 깊이와 농도를 재면 안 걸리는 토목공사가 없다지 않은가? MBC 감사도 그런 격이었다.

감사 기간 동안 간부급 대부분을 포함하여 약 200여 명에 이르는 직원들이 감사에 불려갔다. 그렇게 열흘 넘게 난리를 피우더니 어느날 썰물처럼 싹 빠져나갔다. 그날 이후 아무도 감사에 대해 언급하는 사람이 없었다. 소문으로만 흉흉하던 '표적감사'였다. 감사 요원이 빠져나간 MBC는 공허했다. 헛발을 딛는 분위기였다.

폭풍 같던 감사가 끝나고 일주일쯤 지났을 때, 새로운 사장이 부임할 거라는 설이 나돌았다. 하마평에 오른 인물은 『서울신문』 논설위원 이진희였다. 그도 그럴 것이 이진희는 이틀 전 『서울신문』 1면 가로 상단을 꽉 채운 특별 사설을 썼다. 사설에서 그는 신군부 전면 진출의 당위성을 설파했다. 최초로 언론이 신군부를 본격 노출시킨 것이었다.

낙하산 사장설이 바람처럼 불더니 이진희가 바람처럼 사장에 부임

했다. 부임 첫날 MBC 정문에서 사장실까지 이동하는 동안 이진희는 아무하고도 악수를 하지 않고 누구의 인사도 받지 않았다. 사장실에 본부장급 이상 간부들이 쭉 뒤따라 들어가 예를 갖추어 나란히 섰는데, 신임 사장은 그들에게 말 한마디도 없이 사장실을 획 둘러본 뒤 퇴청했다. 그리고 그다음 날 차장급 이상 전 간부의 사표를 받았다.

불안한 3일이 흐르고, 드디어 로비 게시판에 방(榜)이 붙었다. 첫날은 기술이사 한 명만 남기고 이사급 전원 사표 수리. 그다음은 날은 국장·부장급 10여 명 해임. 또 그다음 날 보도 30여 명, 관리와 제작 60여 명 해임. 그날은 방으로 붙이지 않고 아예 책자로 나왔다. 도합 100여 명이 해임되었다. 당시 MBC 전체 직원이 800명 남짓이었으니 하루아침에 8분의 1이 해고된 셈이었다. 파격적이었다. MBC의 '80년 대학살'은 군사작전처럼 진행되었다. 학살된 사람들은 항의조차 하지 못하는 엄혹한 시절이었다.

이렇게 인적 청산, '구조조정'을 한 후 6개월에 걸쳐 회사의 로고, 사규, 서류 양식 등 기본 체계를 재정비했다. 라디오 20년, TV 12년의 기초를 뒤집은 것이다. 그다음 순서는 프로그램이었다. 편성 전면 개편!

1981년 봄 개편은 혁신적이었다. "대표 프로그램을 드라마에 하나, 쇼에 하나씩 두자." 사장의 제안이었다. 이른바 킬러콘텐츠 전략이다. 그때 태어난 프로그램이 TV판 정계야화와 「쇼2000」이었다.

김기팔 작가와의 첫 만남

1981년 1월 하순. 드라마반의 표재순 반장이 나를 불렀다. 같이 어디를 좀 가자고 했다. 그는 3층 제작부 사무실을 나와 계단을 내려서며 나에게 불쑥 말을 던졌다. "이번 정치드라마 연출을 맡기기로 했다." '정치드라마 연출?' 이대섭 제작부장의 달필로 쓰인 TV판 정계야화의 시놉시스를 보며 '대작 중에 대작이구나! 이런 작품을 우리 MBC에서 실제로 방송할 수 있다면 얼마나 좋을까?' 하고 놀라고 있던 터였다. '그 간판 프로를 나한테 맡겨?' 표재순 반장이 정문을 나서면서 다시 말을 툭 던졌다. "작가 김기팔을 만날 거야." 나는 그때까지 김기팔 작가를 본 적이 없었다. 이름만 들어온 정치드라마의 대가, 김기팔.

정동 MBC 정문 앞 30미터 거리에 있는 구미다방 문 앞에서 표재순 반장이 나를 힐끗 보더니 문을 밀고 들어섰다. 다방은 어둑했다. 4인용 테이블이 각각 반 칸막이로 뺑 둘러싸여 있어 담화하기 좋은 다방 겸 경양식집이었다. 손님도 없이 한산하고 조용했다. 중간쯤 자리에 그가 뒤돌아 버티고 앉아 있는데, '어? 웬 커다란 꿀돼지가 있나' 했다. 나는 그가 작품처럼 날카롭고 곧게 서 있고 빠짝 말랐을 거라 상상했었다.

표재순 반장이 주춤거리며 말했다. "인사 드려." "안녕하십니까? 고석만입니다." 그는 버티고 앉은 자세로 나를 올려다보며 눈을 껌뻑껌뻑하더니 "몇 살이야?" 하고 물었다. "서른세 살입니다"라고 했더니, "아니, 애가 왔어?" 하는 말이 돌아왔다.

표재순 반장은 뚜렛뚜렛하면서 어쩔 줄 모르고 서 있었다. 전혀 생각지도 못한 반응인 탓이었다. 그렇게 잠시 침묵이 흐른 뒤 김기팔 작가가 다시 물었다. "정치에 대해서 뭘 알아?" "정치에 대해서는 잘 모르고요… 저희 아버지가 국회의원에 나갔다가 떨어진 적이 있는데 그때 옆에서 좀 본 적이 있어요." "그래? 언젠데?" "4·19 직후 7·29선거 때요."

그는 곧 희색이 만면해지고, 그때를 놓칠세라 표재순 반장은 "어, 어, 그럼 얘기들 해. 앉어, 앉어." 하고는 서둘러 나가버렸다. 나는 조심스레 김기팔 작가의 맞은편에 앉았다. 두 사람의 어색한 시선이 오고 가고, 오고 가고… 그로부터 우리 둘의 만남은 정례화되었다. 매일 오후 2시에 만나면 저녁 8시까지, 4홉들이 맥주 12병에 내 몫의 콜라 한 병. 우리는 이걸 다 비울 때까지 온갖 얘기를 나누었다. 의심의 철학을 기반으로 정치, 경제, 사회, 문화, 역사, 우주, 그리고 개인사까지…

줄탁동시 30일

김기팔 작가의 본명은 김용남, 평양 출생, 전쟁 때 피난 내려와 공주에서 중학교를 다녔고, 고등학교는 서울 중앙고를 다녔으며, 이때 만난 최불암(본명 최영한)과 연극반에서 같이 활동했다. 선생은 서울대 철학과 2학년 재학 중이던 1960년 KBS 라디오 100만 환 현상 장편연속극 모집에 「해바라기 가족」이라는 작품을 응모해 당선되었고, 일찍 방송작가가 되었다. 그때부터 쓴 필명이 칠전팔기에서 따온 '기팔'이었다. 작가 김기팔은 동아방송의 「정계야화」로 명성을 만방에 날리고 대작가의 위치를 굳혔지만, 필명처럼 그는 쓰러지고 다시 일어나기를 반복해 왔다.

선생의 칠전팔기, 그 중심에는 항상 민주주의가 똬리를 틀고 있었다. 우리는 새 정치드라마의 제목을 '제1공화국'이라 정하고, 그 주인공을 '민주주의'로 하자고 마음을 모았다. 민주주의! 생각만 해도 가슴 두근 거리는 주인공이 아닌가. 그리고 선생은 나에게 시대의 '첨병'이 되라 하셨다. 전장에서 정글을 헤쳐나가는 첨병처럼, 새로운 민주주의의 길을 열어간다는 것은 경이로움이었다. 첨병이 가는 길의 발자국을 뒤에 오는 무리들은 밟고 따른다. 첨병은 동물의 감각으로 지형지물을 읽어내고 부비트랩을 찾아내야 한다. 첨병의 의지와 시야는 먼 곳을 보아야 한다. 첨병은 먼저 죽을 각오를 해야 한다.

김기팔 작가와는 세상사 모든 이야기를 기탄없이 했다. 더이상 대화가 필요 없을 만큼 많은 이야기를 주고받았다. 실제로 언어 이전에 느낌으로 통했다. 그후에도 선생과는 작품 해석에 관한 논쟁을 해본 적이 없다. 다만 서로 간의 제안만 있을 뿐이었다. 특별한 교감이었다. 나에게 실로 새로운 세상이 열린 것이다. 탈각의 경지를 체험했다. '줄탁동시(啐啄同時).' 나는 어미닭이 쪼아준 껍질을 깨고 세상에 나온 병아리였다.

어느날 밤, 선생은 "이제 그만 얘기하지"하며 다음 날 약속을 잡지 않았다. 헤어지며 생각하니 한 달을 휴일 없이 매일 만났음을 알았다. 하루 평균 6시간, 길게는 10시간씩 30일이면 얼마만큼의 시간인가. 선생은 이미 한 달을 작정했던 것 같다. 1월 말에 만나 벌써 2월의 마지막 날, 방송까지는 한 달밖에 남지 않았다. 이제 본격적으로 역사적인 드라마 「제1공화국」을 준비해야 했다.

선생은 뒷날, 회한에 잠겨 말했다고 한다. "그때 고석만을 애늙은이 만들어버렸어."

8장

가보지 않은 길

MBC 정치드라마 「제1공화국」(1981~1982)

원시림에 첫발을 내딛을 때의 기분이 이런 것일까? 설렘과 불안감이 교차했다. 한국에서 TV 최초의 정통 정치드라마를 한다는 것은 축복이요, 형벌이었다. 제작의 방향을 설정하면서 항구함과 꾸준함을 덕목으로 삼아, 긴 호흡으로 끈질기게 가겠다고 다짐했다. 나에게는 첨단의 내비게이션은 없어도 김기팔이라는 나침반이 있었다. 김기팔 작가와 동행하는데 두려울 게 무언가. 현실을 극화하는 것은 현실의 의미와 역사의 의미를 동시에 표현해야 하는 일이다. 현실의 기반 위에서, 새롭지만 낯설지 않은 길을 찾아야 한다. 첨병은 최소한 반 발자국은 앞서가야 한다.

최초의 정치드라마 준비 과정

1981년 4월 첫 방송된 드라마 「제1공화국」은 당시 블록버스터급으로 준비되고 있었다. 정치드라마는 방송 시기가 중요하다. 정권 교체기가 호기다. 쿠데타로 집권한 전두환 신군부로서는 정통성 확보가 급선무였다. 앞선 정부의 그림자를 지우기 위한 첫 단계는 '역사 바로잡기'이다. 최초의 정치드라마를 만든다고 했을 때 사람들은 각자 기대하는 바가 있을 것이고, 방송은 또 방송으로서 해야 할 역할이 있다. 어쨌든 어렵게 출발한 기획이고 절호의 기회였다.

나는 이렇게 정리했다. '「제1공화국」은 기본적으로 논픽션이며 사실적으로 그려야 한다. 지금 신군부의 치명적 결핍은 신뢰다. 「제1공화국」은 불과 30년 전의 이야기를 재현하기 때문에 시청자의 신뢰가 가장 중요하다. 그 신뢰를 바탕으로 민주주의를 노래하자. 그다음 예술로 승화시켜야 한다.' 우리 드라마가 순조롭게 진행되기 위해서는 지혜가 필요했다. 민주발전, 역사발전, 정치발전을 심대하게 가로막는 일만 아니면, 최대한 슬기롭게 헤쳐나가자고 마음먹었다.

방송이 순항하기 위해서는 국민의 호응이 필수적이다. 그 첫 번째 작업은 적절한 배우를 캐스팅하는 일이었다. 「제1공화국」은 오늘로 이어진 바로 어제의 이야기다. 그렇기에 제1공화국을 이끌었던 사람들의 모습이나 행적을 생생하게 기억하는 시청자들이 많다. 조선시대 배경의 사극이라면 임금이나 정승들은 누가 어떻게 분장해도 극적인 전개가 큰 무리가 없다. 하지만 「제1공화국」의 연기자들은 우선 내용에 앞서 실재했던 인물과 닮아야 했다. 닮지 않았다고 하더라도 연기력으로 시청자들이 기억하는 실제 모습을 재생시켜야 했다.

캐스팅 작업에 돌입했다. 수십 장의 배역 사진을 칠판에 붙이고, 또 수백 장의 배우 사진을 옆 칠판에 붙이고, 수백 번씩 보고 또 봤다. 배우 사진을 흑백 복사기에 두세 번쯤 반복해 복사하면 윤곽선만 남는다. 실제 인물의 특징이 담긴 사진을 미농지 아래에 깔고 흐릿해진 배우 사진을 몽타주 맞추듯 하면 새로운 얼굴을 만나게 된다. 핵심은 배우들이 가진 도식화된 분장을 뛰어넘는 것이었다. 고정관념을 깨고 싶었다.

당시만 해도 캐스팅 권한은 100퍼센트 연출자에게 있었다. 그것은 연출자에게 주어진 권력이자 부담이다. 작가와 조연출 외에는 어느 누구도 의견을 제시하는 사람이 없었다. 나는 캐스팅부터 객관적·민주적 원칙을 주창했고, 연출팀 전원합의제를 도입하기로 했다. 주요 배역 몇 명을 제외하고는 탤런트실에서 명단을 받아 소외된 연기자들을 중심으로 캐스팅했다. 어떤 연기자는 우리 촬영장을 해방구라 불렀고, 어떤 연기자는 모처럼 겟돈을 부었다고 했다. 오랜만에 배역을 맡은 연기자들이 가장으로서 자랑스러워하는 모습은 흐뭇하면서도 가슴이 아렸다. 그들은 선배 후배 할 것 없이 새로운 캐릭터를 창조하기 위해 노력했고 혼신을 다해 연기했다. 「제1공화국」의 연습장과 녹화장은 축제의 현장이자 사실주의 기법의 시작점이었다. MBC가 변하고 있었다.

「제1공화국」의 캐스팅은 대성공이었다. 사람들은 "이승만을 연기한 최불암은 이승만보다 더 이승만 같다"고 했다. 김구-이영후, 이기붕-박규채, 유진산-심양홍, 장택상-이정길, 조병옥-김무생, 김일성-국정환, 조만식–박종관, 윤치영–김용건, 김준연–최명수, 여운형–김길호, 송진우–박근형이 캐스팅되었다.

대본이 집필되는 동안 연출팀과 미술팀은 보름 가까이를 매일 아침 8시에 만나 1시간씩 필름 자료, 스틸 자료, 필적 등을 연표와 함께 나눠보며 제1공화국 시대로 한 발씩 한 발씩 걸어들어갔다. 선명하지 못한 흑백사진에서 비롯된 해석의 차이, 불확실성으로 인한 초조와 불안을 극복하기 위해서였다. 그간 독자적으로 작업해온 미술팀은 처음에는 연출팀과의 회합을 불편해했지만, 자료 검색과 토론이 계속되면서 다른 곳에서는 경험하지 못한 신선함을 느끼는 듯했다. 미술팀은 실체적 진실을 통해 새로운 인식에 도달하는 섬뜩함을 맛보며 흥분했다. 연출팀과 미술팀은 함께 토론하면서 공통된 인식에 도달해갔고, 이미지에 대한 편견이 점차 사라졌다. 스태프들 모두가 사실주의만이 이 시대를 선도할 수 있다고 확신하게 되었다.

「제1공화국」 드라마의 주제곡은 에런 코플런드(Aaron Copland)의 '보통사람을 위한 팡파르(Fanfare For The Common Man)'를 골랐다. 강하면서 힘찬 브라스의 선율과 다이내믹한 타악기의 사운드가 잘 조화된 20세기 최고의 팡파르다. 팀파니는 심장의 박동처럼 두근거렸다. 트럼펫이 치고 나와 안간힘을 다해 4분의 1 음까지 음정을 높인 뒤 하늘 끝에 도달하지 못하고 멈추면, 팀파니가 다시 나와 호른을 불러낸다. 이어서 트롬본이 앞장서고 어느 틈에 세 관악기의 합주가 장엄하면서도 처연하게 울린 다음, 팀파니와 두 대의 대북이 간담을 서늘하게 때리며 온 세상에 울린다. '보통사람을 위한 팡파르'라는 제목까지 「제1공화국」의 주제를 닮아서 참 좋았다. 주제곡의 나팔소리에 맞춰 해방 후의 흑백사진을 모아 타이틀백을 만들었다.

첫 녹화, 첫 시사, 첫 방송

드디어 첫 녹화 날, 이진희 사장이 촬영을 직접 보러 오겠다고 해서 회사 전체가 벌컥 뒤집혔다. A부조정실에 사장이 들어서고 뒤를 이어 따라온 간부들이 부조정실을 가득 채웠다.

첫 장면부터 쉽지 않았다. 큰 시계의 초침을 클로즈업하는데 상표가 나와 수정하고, 조명의 헐레이션(halation, 빛이 유리에 반사되는 현상) 때문에 또 시간을 잡아먹었다. 15초 분량의 장면을 녹화하는 데 1시간이 걸렸다. 첫 녹화 첫 장면 오케이 사인에 사장은 특유의 은니를 내보이며 웃었다. 전쟁을 방불케 하는 첫 녹화는 밤을 꼬박 새우며 진행되었고, 사장은 새벽 4시 촬영이 종료될 때까지 사장실에서 녹화 장면을 모니터했다고 한다. 당시 사장실에 라인 모니터를 설치하기 위해 기술팀에서는 꽤나 애를 먹었다.

「제1공화국」 첫 녹화를 끝내고 나는 사무실 뒤편 소파에 시체처럼 쓰러졌다. 눈을 떠 시계를 보니 오후 2시였다. 벌떡 일어나 4층 녹화실로 달려가 연두색 1인치 녹화테이프를 받아 안았다. 테이프에는 '제1공화국, 제1회, 피디 고석만'이라고 선명하게 쓰여 있었다. 제작시간 97분. '아휴, 일났다.' 규정 제작시간이 83분인데 14분을 초과했다. 당시는 스튜디오 녹화와 편집이 동시에 이루어지는 시스템이었다. 야외에서 먼저 촬영한 부분을 스튜디오 녹화를 하면서 연출자의 콘티에 맞춰 집어넣어 1차 완성본이 만들어진다. 뺄 수 없는 장면들이 많아 시간이 초과될 수밖에 없었다.

그길로 편성부에 달려갔다. 목요일 편성표는 이미 나와 있었다. 편성부장에게 이실직고하고 사정했다. 잠시 침묵. "첫 회에 간판인데…" 편성부장은 위에서 허락하면 고쳐주겠다고 인심 쓰듯 말했다. 다음 날 오전 10시에 사장 시사회가 잡혀 있었다. 그때 사장에게 말해야겠다고 생각했다.

다음 날, 10층 사장 접견실에서 시사회가 시작되었다. 처음 들어가보는 접견실은 넓진 않지만 권위 있어 보였다. 기술 파트 사람들이 아침 일찍부터 완벽하게 준비하고 기다리고 있었다. 10시가 되자 관계자들이 하나둘 모여들었다. 전무, 제작이사, 국장, 편성 파트 두세 명, 그리고 김기팔 작가. 모인 사람들 모두 서로 목례만 나눌 뿐 아무 말이 없었다. 곧 사장이 옆문으로 들어서자, 접견실에 있던 전원이 기립하여 인사했다. "시작하지."

적절하게 암전을 시키고, 침묵 속에 테이프가 돌아갔다. 주제곡과 함께 드라마가 시작하자마자 뒷문이 열리고 비서 두 명이 차반을 들고 들어섰다. 사장은 힐끗 보더니 나가라고 손짓했다. 어느 누구도 꼼짝하지 않은 채 숨 막히는 97분의 시간이 지나갔다. 테이프가 멈추고 불이 켜지자, 모두들 긴 숨을 내쉬며 사장의 입만 바라봤다. 사장은 양손으로 의자의 팔걸이를 힘껏 치며 '으라차차' 하는 호흡으로 일어났다. 그리고는 "내일이지? 방송?" 하고는 별말 없이 방을 나서며 유일한 외부 인사인 김기팔 작가에게만 악수를 청하며 활짝 웃었다. 다른 사람들은 그냥 지나치는가 싶더니 내게도 악수를 청하는 게 아닌가. 나는 그때를 놓치지 않고 말했다.

"사장님 시간을 오버했습니다. 첫 방송인데 그냥 나가게 해주십쇼."

"지금 몇 분인데?"

"광고 포함 97분. 14분 오버했습니다."

"그래?… 시간 지켜."

짧고 단호했다. 그리고 사장은 눈길도 주지 않고 나가버렸다. 아무도 도와주지 않는 14분이다. '연출은 백지 한 장 차이라는데, 백지가 쌓이면 산이 되고…' 저녁식사 후, 시간 축소 편집 작업에 돌입하여 그 이튿날까지 외로운 작업이 계속되었다. 녹화 담당이 나가떨어진 건 밤 12시 쯤이고, 조연출도 새벽 4시를 넘기며 처참한 모습으로 고꾸라졌다. 그도 그럴 것이 지난 한 달간 집에는 두 번밖에 못 들어갔고, 날밤을 새운 게 이번 주에만도 3일이었다. 우리는 사람이 움직이는 게 아니었다.

첫 방송일인 4월 2일 오전 11시쯤 편집이 끝났다. 꼬박 15시간 동안 사포로 9분을 갈아낸 셈이다. 차분히 마음을 가다듬고 연출부 전원을 불러 모아 최종 시사에 들어갔다. 모두가 혼미한 상태라 "정신 차려!" 큰소리 한 번 치고 테이프를 돌렸다. 신기하게도 그 혼미한 상황에서 시간이 지날수록 눈들이, 정신이 살아나는 걸 느꼈다.

9분을 잘라내고 88분, 마지막 '끝' 타이틀이 나갈 때 누가 먼저인지 모르겠는데 박수가 터져나왔다. "와!" "뭔가 달라졌어요." "다른 드라마 같아요." 환호 속에서 이진희 사장이 떠올랐다. '이진희는 명장인가?' 이진희는 대학 시절 영화광이었다고 한다. 극장에 가면 얻을 수 있는 영화 프로그램이 라면 박스로 한가득 있다고 했다. '영화감독이 되고 싶었다는 얘기가 사실인가보다' 하고 생각했다.

그 다음날 사장은 「제1공화국」 제작팀을 불러 위로연을 베풀었다. 이진희 사장은 연출자인 나를 사장석 맞은편 주빈석에 앉게 했다. 본부장과 국장, 부국장, 부장, 그리고 최불암 배우를 초청했다. 자정을 훨씬 넘겨 모두 거나하게 취할 즈음 최불암의 주정이 불거졌다. 그는 횡설수설 떠들다 나가버렸다. 신임 사장에게 자기의 존재를 확인시키기 위함이었으리라. 그가 나가자 모 부장이 한마디 했다. "배우는 어딜 가나 배우야, 객이 갔으니 우리끼리 제대로 마시지요. 우하하하!" 모 국장도 껄껄대고, 다른 부장도 동의하며 웃어 젖히고, 모두들 왁자지껄하며, 나간 최불암을 놓고 비아냥거렸다. 그때 갈비만 뜯고 있던 사장이 상 밑으로 발을 뻗어 내 무릎을 툭 밀었다. 놀라 쳐다보니 눈짓으로 그들을 가리키며 웃고 있지 않은가. '객인 나 들으라는 얘기지?' 하는 표정으로. 이들 토착 세력들에게 사장은 그저 객일 뿐이다. 그들은 곧 떠날 손님에게 '내 노니는 마당에 잠시 들르신 객은 누구신가? 언제 떠날 건가?' 하는 내심을 취중에 드러내고 있었다. 그때 나는 토호 같은 내부자들의 구악(舊惡)을 봤다. 무섭다는 사장에게 이 정도면, 보이지 않는 시청자들에게는 어떤 마음일까.

9장

드라마 사실주의의 구현

MBC 정치드라마 「제1공화국」(1981~1982)

「제1공화국」은 'TV 사상 최초의 대하 정치드라마'라는 이유만으로도 방송 전부터 이미 집중적인 관심을 받았다. 「제1공화국」 제1회 '이승만과 김구' 편에서는 일제로부터 해방된 1945년 8월 15일부터 그해 12월 30일 송진우의 죽음까지의 시간을 담았다.

일왕의 항복방송이 나오고 태극기를 든 사람들이 만세 함성과 함께 거리로 쏟아져나오는 장면에서 시작되는 김종성 성우의 내레이션은 첫 회부터 강한 인상을 남겼다.

"그날이 오면 / 그날이 오며는 / 삼각산이 일어나 더덩실 춤이라도 추고 / 한강물이 뒤집혀 용솟음칠 그날이 (…)" 1945년 8월 15일은 이렇게 왔습니다. 긴 식민지 시대는 막을 내리고 독립의 시대가 왔습니다. 새로운 정치드라마의 시대가 왔습니다. 그러나 그 드라마는 분열에서 시작됩니다. 동아일보를 중심으로 한 한민당 민족주의 계열과 건국준비위원회 여운형 계열의 대립. 이 기라성 같은 인물들이 그려내는 정치드라마.

현대 정치사의 재정립

제1회 방송 직후 『경향신문』에는 이용 기자의 방송평이 실렸다.

TV에 의한 우리나라 최근세사 평가 작업은 이번이 처음으로서 학계는 물론 지식층의 괄목할 만한 관심을 집중시키고 있다. 특히 정치 무대 속에서 부침한 인물들을 나름대로 평가함으로써 이에 대한 연구에 활기를 불러일으킬 것으로 예상된다. 「제1공화국」이 방송사적인 측면에서 갖는 의의는, 첫째 제5공화국이 출범한 현 시점에서 한 시대의 정치사를 재정립한다는 것이다. 제1공화국에 대한 구체적이고 종합적인 평가를 가함으로써 이에 대한 역사 해석의 토대를 마련하는 데 선구적 역할을 할 수 있다는 얘기다. 인물을 중심으로 한 과거 정치의 평가는 시대에 따라 달라지게 마련이지만 지금 이 자리에서 평가해보겠다는 역사가적인 의지를 「제1공화국」에서는 보이고 있는 것이다.

둘째는 바로 이러한 해석과 평가를 갖고 민족의 아이덴티티를 밝히면서 미래에 대한 비전과 교훈을 제시해준다는 데 있다. 이 드라마는 어떻게 나라를 세우고 이끌어왔는가에 강력히 초점을 맞추고 있다. MBC는 역사라는 필연적인 귀결을 부정적이기보다는 긍정적인 평가를 가하면서 정치적인 유산을 교훈적으로 주는 데 역점을 두겠다고 밝히고 있다.

세 번째는 드라마로서 갖는 의의다. 궁중비화로 일관되던 사극이나 멜로드라마가 방송가의 주류를 이루고 있는 지금, 무엇인가 의식이 뚜렷한 작품을 만들겠다는 정신은 높이 살 만한 것이라는 것이 전문가들의 견해다. 정치라는 다루기 어려운 주제를 설정한 것도 그렇지만 85분짜리 대형 장편드라마를 기획·제작하기는 이번이 처음이다. 때문에 돈과 시간, 노력이 일반 드라마의 5~10배가 투입되고 있다. (…) 어쨌든 '이승만과 김구' 편은 강렬한 출발과 함께 기획의도에 맞게 정상궤도에 진입하려는 수준작이라는 것이 일반적인 평이다.[10]

『조선일보』의 정중헌 기자는 'TV 주평(週評)'에서 '의욕 넘친 대하극 제1공화국'이란 제목으로 '연출 연기진의 집념이 대단하다'라고 부제를 붙인 다음 「제1공화국」을 평가했다. 정중헌 기자의 주평은 이미 방송계에 신문 권력을 행사하고 있는 코너로 정평이 나 있었다.

2일 밤 10시 5분 방영한 제1편 '이승만과 김구' 편을 보면서 많은 것을 느끼고 생각했다. 프로그램의 의도나 내용을 따지기 이전에 그것을 만든 사람들의 용단과 열의가 눈에 띄어 반가웠다.

상업방송 MBC가 스폰서나 시청률에 구애받지 않고 85분짜리 대하극을 기획한 것도 용단이지만 (…) 아무리 기획이 좋아도 여건상 제작이 어려운 현실에서 이 드라마를 만들어낸 연출자(고석만)와 연기진, 분장 등 뒷스태프들의 집념과 열의는 칭찬해도 좋을 것 같다.(…)「제1공화국」은 불과 30년 전의 사건을 다루고 있는 만큼 역사라고 보기에는 어렵지만, 당시의 상황을 정확하게 보고 그런다면 오늘의 우리에게 많은 공감을 줄 수 있다고 본다. 가장 중요한 것은 한 시대를 어떤 관점에서 어떻게 조명하느냐 하는 작가와 제작진의 소신이고, 이 소신을 밀고 나갈 수 있는 제작이 뒤따라야 한다. 외부의 간섭과 압력을 배제하는 길은 사실에 충실한 극본과 시대상의 고증, 연기자들의 내면적 연기력이라고 본다.「제1공화국」은 일일극처럼 허구의 아기자기한 재미는 없을지 모른다. 그러나 실화가 주는 재미는 허구보다 강할 수도 있다. 현장 촬영, 연기자들의 분장과 실제 인물에 접근하려는 노력 등 첫 회에서 보인 열의를 계속해간다면「제1공화국」은 한국 TV 드라마사에 또 하나의 이정표를 세울 수 있을 것으로 보인다.[11]

그로서는 최고의 찬사, 최상의 호평이었다.

「제1공화국」의 사실주의

「제1공화국」제2회는 '암살, 암살, 암살'이라는 제목으로 방영되었다. 송진우, 여운형, 장덕수의 연이은 죽음! 암살은 해방공간에서 벌어진 좌우대결의 추악한 산물이었다. 여운형의 암살-이승만 등극-김구의 암살-6·25전쟁 발발, 이 네 개의 사건은 필연적인 인과관계 속에 있다. 우리는 그 사건의 실제 현장을 찾아 나섰고, 사건 현장에서의 촬영을 감행했다. 온갖 설득이 필요했지만 마땅히 그래야 할 것 같았다. 세 명의 암살 현장에서 채록한 내용들은 살아 있는 화면이 되었다.

「제1공화국」의 영상언어는 표현주의를 지양하고 사실주의에 천착했다. 「제1공화국」이 기치로 내건 사실주의, 그리고 민주주의는 당시의 시대정신이었다. 그후로도 나는 현장을 찾아내고, 그 현장에서 촬영하는 것을 원칙으로 삼았다. 현장에는 현장감이 주는 섬뜩함이 있다. 역사가 가르쳐주는 처연함이 있다.

현장감이 절절히 묻어난 사건이 하나 있다. 이기붕이 아들 이강석을 이승만의 양자로 들이기 전날의 이별 장면이다. 이기붕이 온양의 제일여관에서 이별 의식을 가졌다는 기록을 확인하고 현장 촬영을 시도했다. 2층짜리였던 온양 제일여관은 이제 10층짜리 온양 호텔로 바뀌어 있었다. 우리는 오래된 지배인에게 당시 상황을 소상히 묻고, 이기붕 일가가 오면 묵었던 방의 위치를 확인한 다음, 그 방을 대여해줄 것을 요청했다. 하지만 그 방은 이미 숙박 중인 손님이 있어 불가능했다. 우리는 그 방과 구조가 같은 다른 층의 빈방이 있는지 물었고, 다행히도 8층의 방이 비어 있었다. 곧바로 8층까지 무거운 조명 케이블을 끌어 올리는 작업을 시작했다. 온 스태프가 붙었는데도 1시간이 넘게 걸렸다. 예정된 스케줄에 심한 차질이 올 수밖에 없었다.

8층에 촬영 세팅을 하고 나니 저녁식사 시간을 훌쩍 넘겼다. 이기붕 가족이 저녁식사를 하고 있을 때 한 기자가 찾아와 무거운 대담을 나누는 장면을 먼저 찍기로 했다. 이기붕의 가족 역할을 맡은 배우들인 박규채(이기붕 역), 김애경(박마리아 역), 길용우(이강석 역), 김진만(이강욱 역)과 기자 역할을 맡은 배우가 현장에 모였다. 리허설이 필요했다. 현장 준비에 워낙 시간을 많이 지체했던지라, 나름 기지를 발휘하여 연기자들에게 차려놓은 밥상에서 식사를 하며 대사를 맞추시라 하고 스태프들은 호텔 앞 식당에서 저녁을 먹고 오기로 했다.

서둘러 설렁탕 한 그릇씩을 먹고 우르르 촬영 현장에 다시 갔더니, 이게 어찌된 일인가? 연기자들이 우리가 나갈 때의 그 위치 그 자세로 얼어붙은 듯 꼼짝 않고 있는 것이 아닌가. 의아해서 물었더니 이기붕 역의 박규채가 "이기붕이 살아서 여기에 온 것 같았어요"라고 했다. 연기자들 모두 밥숟가락은 들어보지도 못한 채 뭐에 쐰 것 같이 멍하니 앉아 있었다. 우리는 그때를 놓치지 않고 촬영에 돌입했고 그 장면은 엔지(NG) 없이 잘 찍었다. 아니 있는 그대로를 그냥 잘 담아왔다.

교외선 촬영 작전

「제1공화국」 제작진의 현장성은 제2회 '암살, 암살, 암살' 편에서 자리매김한 뒤, '남선순행(南鮮巡行)'이라고 불리는 이승만의 지방순회와 이때 나온 '정읍 발언' 촬영에서 한층 빛을 발했다. 이승만은 격렬한 좌우대립 상황에서 1946년 4월, 3개월의 일정으로 지방순회를 시작했다. 충청, 영남, 호남 순으로 계속된 이승만의 연설을 듣기 위해 총 70여만 명이 몰렸다고 한다. 남한 단독정부 구상을 밝힌 '정읍 발언'도 이때 나왔다. 정읍역 플랫폼에서 시작한 이승만의 단정책략 연설은 정읍에서 발화해 호남선을 타고 단숨에 서울까지 타올랐다. 정치적 폭발력이 엄청났던 이 발언의 극적 폭발을 재현하기 위해 우리 제작진은 엄청난 작전을 구상했다. 최소의 예산으로, 최단 시간에, 최대의 효과를 내는 방법으로 모든 촬영을 끝내자는 계획이었다.

지금은 폐선되었지만, 당시에는 서울역을 출발해 신촌, 능곡, 의정부를 거쳐 왕십리, 용산을 지나 서울역으로 돌아오는 교외선이라는 이름의 순환철도 노선이 있었다. 우리는 신촌역을 출발지로 삼아 실제 운행하는 순환선의 열차시간, 체류시간, 플랫폼의 양상에 맞춰 미술작업을 정교하게 짰다. 기민한 엑스트라 50여 명은 별도로 기차에 탑승시킨 뒤, 기차가 서면 바로 뛰어내려 카메라 렌즈 속으로 들어오게 했다. 신촌, 송추, 의정부 등 큰 역에서는 기차가 도착하면 이승만 역을 맡은 배우가 하차하여, 기차가 정차하는 시간 동안 기차역 플랫폼에 미리 준비된 군중(엑스트라) 속에서 연설을 하는 방식으로 촬영했다. 작은 역에는 환호하는 군중을 미리 배치하여 달리는 기차 안에서 찍었다.

기차 운행시간에 맞춘 기차 안팎의 현재진행형 촬영. 정해놓은 시간에 신촌역에서 출발하여 순환선을 한 바퀴 도는 사이 최소의 인원이 가동되어 열 정거장을 찍어댔다. 역마다 다른 환경, 다른 상황을 다양하게 연출할 수 있었다. 최고의 카메라맨과 최고의 미술진, 성실한 엑스트라가 만나 빚어낸 환상적인 생방송 형태의 촬영이었다.

「제1공화국」의 대한민국 정부 수립 기념식 장면은 실제 장소인 중앙청까지 빌려 현장 촬영을 감행했다. 시민들이 실제 상황으로 오인하는 혼동을 피하기 위해 라디오를 통해 매시간 드라마 촬영 중임을 고지했지만 이를 본 대다수의 시민들은 놀라지 않을 수 없었다. 시민들은 이를 실제 상황처럼 느꼈다. 그만큼 사실적이었던 것이리라. 「제1공화국」은 민주주의를 위해 사실주의를 구사했다.

10장

해방공간, 북한 정치를 그리다

MBC 정치드라마 「제1공화국」(1981~1982)

조만식, 그는 누구인가? 김일성은 누구인가? 김책, 현준혁, 이강국, 박헌영, 이주하… 이 기라성 같은 인물들은 누구인가? 우리는 북한을 모른다. 모르면 두려워하고 혐오하며 증오하게 된다.

1981년 「제1공화국」을 방송할 당시는 해방 이후 36년, 남한 단독정부 이후 33년, 특히 5·16쿠데타 이후 20년이 지난 시점이었다. 하지만 우리는 여전히 북한의 실상을 알지 못했다. 더구나 정치사건은 전혀 몰랐다. 국내 최초의 정치드라마로서 북한정치사를 알려야 한다는 책임감을 느끼고 있었다. 이는 앞으로 다가올 이 땅의 통일을 대비하는 최소한의 작업일 터다. 남한은 해방부터 이승만 정부 붕괴까지 16년을, 북한은 정부 수립 과정부터 시작하여 남한의 정치사와 병렬로 그려나갈 계획이었다. 남과 북을 함께 봐야 해방정국을 제대로 이해할 수 있기 때문이다.

1945년의 정치 상황을 되돌아보면 민족끼리 분열과 갈등을 거듭하던 모습이 그로부터 한 치도 나아지지 않은 지금의 정치 상황과 오버랩되면서 한없이 부끄럽게 느껴졌다. 남과 북, 좌와 우의 갈등뿐 아니라 우익은 우익끼리, 좌익은 좌익끼리 또 대립하고 분열했다. 해방공간, 그 협곡의 시대를 헤쳐나가는 「제1공화국」의 세 번째 이야기는 '조만식과 김일성'이었다.

조만식과 김일성

1945년 8월 15일, 고당 조만식(박종관 분)은 평안남도 강서군 안골에서 농사짓다 해방 소식을 듣는다. 그의 나이 63세. 곧이어 조만식은 조선공산당 평남준비위원장에 추대된다. 조선공산당의 방침으로 첫 번째 좌우합작을 천명하고 부위원장에 종교인 오윤선(박인환 분)을 선임한다. 그리고 공산주의 계열의 독립운동가 현준혁(김기일 분)을 만나고, 남쪽에서 활동 중인 박헌영(홍성민 분)의 소식을 접한다. 「제1공화국」은 이 사실을 담백하게 그려나갔다.

8월 24일, 소련군이 평양에 진주한다. 치스차코프 소련군 사령관은 도착 즉시 성명을 발표한다.

조선 인민들이여! 조선에서의 행복은 당신들의 몫입니다. 붉은 군대의 위력은 크고도 큽니다. 소련 군대는 다른 나라를 정복하기 위해 남의 영토를 점령하거나 침범하지 않습니다. 이것은 스탈린 대원수의 지령입니다. 조선 지역의 영토를 얻으려는 목적은 가지지 않습니다. 정복도, 점령도, 공산주의를 심으려는 것도 아닙니다. 여러분은 평남위원회를 결성하고 조만식을 위원장으로 하십시오.

참으로 감격적이지 않을 수 없었다. 그러나 붉은 군대, 그들의 실상은 노상의 약탈자였다. 백주대낮에 아녀자 강간을 자행하고, 강탈과 살인을 서슴지 않았다. 완전 이중적이었다. 이즈음 사람들은 "미국 믿지 마라! 소련 속지 마라! 일본 일어선다!"라는 노래를 주문처럼 외우고 다녔다. 그것이 해방을 맞은 민중들의 정서였다. 우리는 이런 북한 민중의 정서를 담아내고자 했지만, 그때마다 내부 검열에 걸렸다. 북한의 정치 실체를 정면으로 그리는 것을 용납하지 않았다.

해방공간에서 북한은 심한 정치 회오리에 말려들고 있었다. 로마넨코 정치사령부의 '정치 요리'가 시작된 것이다. 그 첫 번째 작업이 '김일성 장군의 귀환'이었다. 국민들은 노(老)장군 김일성의 귀환에 기대가 컸다. 이승만, 김구, 김일성으로 이어지는 원로 정치인이 펼쳐나갈 새로운 시대에 대한 갈망이 있었다. 그러나 한편에서는 의심이 번져나갔다. 만주의 전설적인 노장군은 벌써 20년 전에 죽었다는 소문이 나지 않았던가.

드라마 안에서 로마넨코 사령관은 조만식을 비롯해 오윤선, 현준혁 등 북한 원로들을 만찬장에 불러 모으고 김일성(국정환 분)을 극적으로 소개한다. 그런데 34세의 젊은 김일성이 등장하는 것이 아닌가. 이때부터 로마넨코와 조만식의 반목이 시작된다. 모스크바식 정치는 현란했다. 피켓시위 정치, 퍼포먼스 정치가 범람했고, 여론은 끊임없이 조작되었다. 그들은 김책(백인철 분)을 앞세워 조만식을 설득하기 위한 공작에 돌입한다. 조만식에게 통일 정당, 민주주의 정당, 김일성 정당의 산파역을 제안한다. 조만식은 온갖 회유와 압박에도 세 가지를 주창한다. 첫째는 민족의 독립이요, 둘째는 남북의 통일이요, 셋째는 민주주의 확립이었다. 그리고 실천을 강조했다.

북한 내의 이 모든 긴박한 정치 상황을 실감나게 카메라에 담았다. 소련군은 좌우합작을 막고, 김일성을 앞세워 백색테러를 감행해나갔다. 1945년 9월 28일 백주에 달리던 트럭 위에서 현준혁이 암살되고, 옆에 동승한 조만식은 공포에 빠진다. 그리고 10월 14일, 평양에서는 대규모 김일성 환영대회가 열린다. 그것은 흥분을 자아내는 최고의 정치연극이자 대반전의 클라이맥스였다. 호호백발 김일성 장군을 기다리던 군중 앞에 34세의 젊은 김일성이 등장한 것이다. 그후 김일성은 본격적으로 정치의 중심으로 부상한다. 최용건, 김책 등이 중심이 되어 조선민주당이 창당되고 김일성을 옹립하기에 이른다.

조만식은 "틀렸시오. 다 틀렸시오." 탄식하며 남북합작을 도모한다. 감금당할 위기를 느낀 조만식은 이승만에게 인편으로 편지를 보낸다. "이북의 민주운동은 죽어간다. 이북에서 고통 받는 민중을 놔두고 떠날 수 없다. 나는 여기 남을 테니…" 이승만(최불암 분)은 편지를 받고 슬퍼할 뿐 어찌 할 바를 모른다. 김구(이영후 분)도 소식을 듣고 대노한다.

"38선! 국경 아닌 국경을 뚫어야 해! 누가 교통을 막는단 말인가!" 뒷날 김구가 남북협상을 위해 38선을 넘는 전초였다.

결국 조만식은 평양 고려호텔에 연금된다. 그날 이후 하얀 붕대로 머리를 감싼 조만식의 그 의연한 자태를 본 사람이 없다. 조만식은 6·25전쟁 직전 강제노동소로 끌려간 후 병을 얻어 병원으로 옮겨졌다가 다시 치안국에 이감된 것으로 전해질 뿐 자세한 소식은 알려지지 않았다. 1950년 10월 18일 공산당원에 의해 순국한 것으로 추정하고 있다. 그러나 인간에게는 역사라는 게 있어서 오늘 하얀 붕대 머리의 조만식을 정치드라마 「제1공화국」에서 보고 있지 않은가. 34세의 꼭두각시 김일성의 북한 통치는 아무도 예측할 수 없었지만 그렇게 현실이 되었다.

심해지는 감시와 견제

한편 드라마가 화제가 되는 만큼 감시와 견제가 심해졌다. 내부의 검열시스템은 복잡다단했다. 표면적인 심의실의 검열은 기본이고, 몇 단계에 이르는 검열과 삭제 지시가 벌어졌다. 곳곳의 지적 양상에 따라 외압의 농도를 알 수 있었다. 심의가 강화될수록 우리의 자구책도 생겨났다. 연출팀은 매회 20개의 삭제 예상 체크포인트를 만들어놓았다. 이 중 10개만 삭제되면 성공이었다. 끝내 양보할 수 없는 마지막 보루도 숨겨두었다. 나중에는 삭제된 장면이나 대사를 시청자가 유추할 수 있는 장치도 만들었다. 음소거, 튀는 편집 등의 방법은 드라마의 완성도

면에서 보면 자해행위에 가까웠지만 시청자와 우리는 암호를 공유한 것처럼 통했다. 구멍 난 시루에 물 붓는다고 비웃겠지만 그 물은 그냥 빠져나가지 않는다. 시루 속 콩나물은 무럭무럭 자란다.

방송과 민주주의 발전의 함수관계를 들여다본다. 민주주의가 진전되는 것을 두려워하는 세력이 있다. 이들은 우민화와 현혹을 절대 가치로 삼고, 방송을 계몽이 아닌 몽매의 도구로 이용하려 한다. 일본의 정치 사회가 후진성을 면치 못하는 것은 일본 최대 공영방송사인 NHK가 내세우는 가치 때문이다. NHK는 일본의 군국주의를 끊임없이 미화해왔다.

또 하나, 미 군정이 들어서며 발 빠르게 이 땅에 진주한 기업이 있었다. 미국의 전기회사 웨스팅하우스다. 이로써 이 땅의 방송은 시작부터 미국의 상업주의 시스템에 기초하게 되었다. 만약 그때 유럽의 방식을 받아들였다면 어떻게 되었을까? 지금에 와서 영국 BBC가 가진 공영성과 작품의 품격을 부럽게 보기만 하지는 않았을 것이다. 공영방송의 가장 중요한 책무는 민주주의를 강화하는 것이다. 민주주의란 성숙한 인간을 필요로 하고, 성숙한 인간들이 모인 사회에서만 실현될 수 있는 체제이기 때문이다. 나쁜 방송은 인간의 성숙을 방해한다.

정치드라마의 '정치적' 상상력

시대마다 그 시대에 맞는 인간 유형이 생성되기 마련이다. 해방공간의 인물 유형을 보자. 이간술로 치부(致富)하는 부류가 가장 많았고, 영어를 통역하며 의역 혹은 오역으로 작은 영화를 누리는 사람도 적지 않았다. 친일 잔재의 부귀영화는 지속되었다. 정치적 소신을 피력하며 정치 일선에 나서는 사람도 많았지만, 정치적으로 배를 갈아탄 인물들도 있었다. 임시정부 주요 구성원의 변신도 우리는 두 눈 뜨고 지켜보지 않았던가.

드라마에서 이승만과 김구의 갈등 국면을 마주 앉은 두 배우에게 톱라이트(top light, 무대의 천장에서 내리비추는 조명을 통틀어 이르는 말)를 떨어뜨려 연출한 연극적 장면은 압권이었다. 실제 이승만과 김구가 마주 앉았던 순간은 해방 이후 대여섯 번에 불과하다. 그러나 드라마에서는 수십 번 맞붙어 언쟁을 벌였다. 그것은 픽션이 아니라 각자가 따로 피력했던 의견, 기자회견, 연설회, 신문기사 등에서 발췌한 사실을 확대하여 드라마의 틀 속에 넣어 재정리한 것이다. 이것이 정치드라마의 '정치적 상상력'이다. 이를 가능하게 하는 독보적 극작술을 가진 사람이 바로 김기팔 작가였다.

한 맺힌 저주와 투쟁의 핏물만 튀기는 해방공간에서도 사람들은 사랑에 빠진다. 「제1공화국」은 그 장면을 놓치지 않았다. 공산주의자 이강국(현석 분)과 아름다운 여인 김수임(정애리 분)의 아름다운 러브스토리도 드라마에 담았다.

1911년 경기도 개성에서 태어난 김수임은 어린 시절 어려운 경제적 여건 속에서 이화여자전문학교 영문학과를 졸업했다. 이후 능통한 영어 실력과 뛰어난 미모를 바탕으로 주한미군사령부 헌병대장 존 베어드 대령과 동거하면서 독일 유학파 엘리트 공산주의자인 이강국과 애인 사이로 발전했다. 그들은 슈베르트의 '미완성교향곡'에 심취했고, T.S. 엘리엇의 시 「죽은 나무에 꽃이 피려나」를 읊조렸다. 김수임은 북한 정권에서 초대 외교부장으로 발탁된 이강국의 지시에 따라 1949년 '미군철수계획'과 같은 주요기밀을 북측에 넘기고 남한에서 수배 받던 이강국을 월북시킨 혐의 등으로 1950년 체포되어 6월 15일 사형이 집행됐다. 당시 재판장은 "한 남자에 대한 애정이 간첩행위를 정당화할 수는 없다"라는 요지로 판결했다. 이 둘의 이야기는 당시 장안의 화제였다.

군법회의 판결문은 규정상 영구보존되어야 하지만 현재 김수임의 판결문은 행방불명이다. 그러나 58년이 지난 2008년 8월 16일, AP통신은 '최근 비밀해제된 국립문서보관소 자료에 따르면 '여간첩 김수임 사건'은 조작됐을 가능성이 있다'고 보도했다. 당시 베어드 대령은 미국 측의 중요한 정보에 접근할 권한이 없는 인물이었고, 김수임 또한 남한 경찰의 고문에 견디다 못해 허위로 자백한 것으로 미 당국이 결론을 내렸다는 것이다. 또한 남한에서 미국간첩으로 몰려 처형된 김수임의 애인 이강국이 사실상 미 중앙정보국(CIA) 요원으로 오히려 북측 정보를 베어드 대령에게 전달했을 가능성도 제기되었다.

지금은 모두 가고 '사랑'만 남았다. 그리고 제12화 '여간첩 김수임' 편은 나의 인생에서 벌어질 '안기부 사건'의 예고편이기도 했다.

11장

35년 만에 털어놓는 악몽

MBC 정치드라마 「제1공화국」(1981~1982)

「제1공화국」 제13회 '오판'의 녹화가 거의 끝나갈 즈음 제작국장으로부터 '잠깐 보자'는 전갈을 받았다. 국장 자리의 칸막이를 돌아 들어서니 넥타이를 매지 않은 흰 와이셔츠에 검정 정장을 입은 장정 두 명이 좁은 국장석을 꽉 채우고 앉아 있었다. 국장은 나와 시선도 마주치지 않고 앞의 두 사람만 힐끔힐끔 보며 말했다. "좀 다녀오지."

어디를 다녀와야 하는지는 직감으로 알 수 있었다. 안기부였다. 제12회 '여간첩 김수임' 편이 나가고 안기부에서 조사가 들어왔다는 얘기를 들었던 터였다. 순간 '대수롭지 않게 굴자'는 생각에, "녹화 다 끝나가는데, 끝내고 가죠"라고 하니, 장정 둘은 서로 눈치를 보고, 제작국장은 두 사람을 번갈아 쳐다봤다. 그중 한 사내가 앞에 있는 유선전화를 돌렸다. 잠시 후 전화를 끊고 말했다. "지금 가죠." 제작국장은 아무

말 못하고 눈만 껌뻑거리고 있을 뿐이었다.

팔짱만 끼지 않았지 두 사람이 양쪽에 밀착하여 3층에서 2층으로, 또 1층으로 내려갔다. 그런 나를 보고도 사람들은 말없이 스쳐 지나갔다. 아역배우 이승현도 꾸벅 인사하며 지나가고, 정문의 경비도 일상적인 경례를 하고, 거대한 MBC 빌딩도 그대로 서 있는데, 나는 어디로 가는지도 모른 채 끌려가고 있었다.

왜 내가 안기부에

정문을 나서자 대기 중이던 검정 포니가 스르르 다가왔다. 나는 나름 예의라 생각하여 조수석 문을 열었는데, 한 명이 나를 쓰윽 밀며 뒷자리에 앉으라고 했다. 네 명이 차를 탄다면 앞에 두 명, 뒤에 두 명이 앉는 것이 자연스럽지 않은가. 그런데 나를 뒷자리 가운데 앉히더니 양쪽에 그 두 명이 앉았다. 차가 출발한 후에도 그들은 아무 말도 하지 않았다. 광화문을 지나 동아일보사 골목길을 빙글 돌아서 청계천 쪽으로 향할 때, 내 오른쪽 사람이 툭 한마디를 던졌다. "주민등록증!" 차가 청계1가 신호에 걸렸을 때, 양쪽에서 내 고개를 가랑이 사이로 힘껏 처박았다.

'아, 끝이로구나. 이러면 이민도 못 가고, 배추장사라도 하면 먹고야 살겠지?'

신호를 받아 차가 다시 움직였다. 고가로 올라서는 압력이 일고, 잠시 후 우회전으로 쏠리고, 또 진행하다 섰다. 경적 한 번 빵! 무릎 사이로 빼꼼히 보니 육중한 철문이 가로막고 있었다. 철문 밑 송곳 같은 장애물 사이로 군화가 지나가더니 손바닥만 한 쪽문이 열렸다 닫히고 이어 철문이 양쪽으로 열렸다. 그때 내 고개는 다시 눌렸다.

이다음 상황부터는 발설하지 않기로 서약서에 두 번 세 번 날인한 터라 지금까지 한 번도 밝힌 적이 없었다. 물론 묻는 사람도 없었다. 한국인은 그렇게 길들여져 있었다. 민주공화국 대한민국에서. 이제 35년이 지나 공소시효도 지났고, 그 장소도 몇 번이나 주인이 바뀌고 이제 모두에게 공개되었으니 거리낌 없이 밝혀도 잡아가지는 않으리라 생각한다.

그곳은 남산 1호 터널 입구, 서울시 중구 예장동 11번지. 차는 철문을 지나 우측으로 좌측으로 또 우측으로 진행한 뒤 멈췄다. "내려!" 5층은 넘을 듯한 빌딩의 뒤꼍, 지하로 향하는 좁은 계단을 10개쯤 내려서니 철창문이 전동으로 지르르 열리고 앞에 또 철창문이 있었다. 오른쪽에 두 뼘 남짓한 조그만 창문이 열리자 들어왔던 뒤의 철창문이 지르르 닫히고, 날 끌고 온 두 사람은 내 주민등록증을 수부 안으로 내던졌다. 그때 안에서 "고석만 103호!"라고 외치는 소리가 들렸다. 내 방이 사전에 배정되었다는 정황이 느껴지며 일순 비장해졌다. 대수롭지 않은 게 아니었다.

김일성은 누구인가

첫째 날. 6미터 폭의 복도는 전체 길이가 50미터쯤 될까 싶었다. 조용하고 칙칙했다. 방에 들어서자마자 창이 없다는 것이 가장 먼저 눈에 띄었다. 방의 가운데에 독서실에서 본 듯한 눈높이 칸막이 책상 3개조가 있고, 왼쪽 구석에 1인용 야전침대, 그리고 욕조와 세면기가 전부였다. 전체를 방음벽으로 둘러싼 네 평짜리 네모 방이었다.

그들은 우선 소지품을 모두 꺼내라고 했다. 내 주머니에서 담배가 두 갑 반이 나오는 걸 보고 한 명이 "길게 잡고 왔군"이라고 했다. 나는 녹화 날이면 담배를 네 갑씩 사들고 시작했다. 보통 두 갑은 녹화 중에 줄담배로 날려 보내고, 한 갑은 스태프들 피우라고 탁자 위에 놔뒀다. 나머지 한 갑은 예비로 가지고 있었다. '길게 잡고 왔다니?'

그들은 내 소지품을 모두 들고 방을 나갔다. 텅 빈 방에 나 혼자 앉아 있게 되었다. 1분, 2분… 10분이 넘었다. '이런 상황에서 빈 방에 혼자 두는 것은 불안감을 조성하기 위함인가? 이들의 생각이 무엇인가? 못 견디겠다.'

신군부는 얼마 전 중앙정보부를 국가안전기획부, 즉 '안기부'로 개칭했다. 안기부장으로 유학성 예비역 장군이 입성했다. 유학성은 내가 일등병 달고 26사단에 근무할 때 사단장이었다. 그는 12·12쿠데타의 멤버이기도 하다.

당시 국군기무사령부(기무사)에서 『중앙일보』에서 연재하던 소설을 걸어 '한수산 필화사건'을 터트렸다. 중앙일보 문화부 데스크 정규웅

부장도 조사를 받았는데, 술집에 갔을 때 옆에 앉아 서빙해준 여종업원 이름까지 들먹이며 압박하더라는 얘기를 들은 터라, 기관의 사찰이 강화된 건 익히 알고 있었다. '기무사와 안기부의 충성 게임! 그 일환으로 이 일이 진행되고 있는 건가?' 하는 생각이 들었다.

그때 왼쪽 문이 부서질 듯 열리고 대여섯 명이 우르르 몰려 들어왔다. 맨 앞에서 오는 사람은 방송사에서 나를 데리고 온 그 사람이었다. 지휘봉을 들고 한 첫마디가 "일어서 임마!"였다. 일어섰다. "이 자식, 정신 못 차렸네?" 대여섯 명이 나를 삥 둘러섰다. "너 임마 이것도 안 보여? 핏자국, 발자국!" 둘러보니 방음벽 군데군데 흔적이 보였다. 그때 다른 한 명이 "옷 벗어, 임마!" 하며 웬 서류뭉치로 내 배를 툭 찔렀다. 아팠다. 나는 점퍼를 벗었다. 티셔츠도 벗으라고 했다. 벗었다. 그렇게 차근차근 다 벗겨졌다. 완전 나체가 되었다. "앉어!" 앉았다. "일어서!" 일어섰다. "앉어, 일어서. 앉, 일, 앉, 일." 벌거벗고 따라했다. "앉, 일, 앉, 앉… 어? 이 새끼 봐라! 한국말도 몰라? 너 김일성이 누구야?" "김일성은 북한의… 북한 공산당의 수령으로서…" "뭐? 북한?" "북한 공산당의…" "뭐? 북한?" 어떤 대답을 해도 그들은 "뭐? 북한?"이라는 똑같은 말을 반복했다. 그 이유를 몰랐다. 열댓 번을 반복한 뒤에야 그들이 원하는 답을 알게 됐다. "북괴. 괴뢰집단. 빨갱이."

그러곤 백지 한 뭉치가 책상에 던져졌다. 8절지 300장 정도. "이강국이가 누구야? 아는 대로 써!" 그렇게 소리 지른 사람은 휭 바람처럼 나갔다. 의자에 앉았다. 나는 여전히 벌거벗겨져 있었다. 말할 수 없는 수치심 속에 온몸을 부르르 떨고 있을 때, 삶과 죽음의 고통스러운 경계에서 자연스레 어린 시절 돌아가신 어머니를 떠올렸다. 여덟 살 때 돌아가신 어머니가 다가와 넓은 치마로 나를 크게 감쌌다. 나는 어머니를 향해 고개를 처박았다.

그때 맞은편 자리에 앉은 2인자쯤으로 보이는 사람이 말했다. "옷 입으세요." 수치심과 공포, 나의 정체성을 고민했다. '사람답게 살자.' 주섬주섬 옷을 꿰차고나자 질문이 시작되었다. 할아버지부터 시작되는 가족관계 확인 작업이었다. 그들은 공무원이었던 나의 아버지와 연세대 교수였던 작고한 작은아버지의 6·25전쟁 때 피난처를 확인하고자 했다. 나는 알 수 없는 일이라고 했더니, 나이로 보아 그렇겠다며 다음 가족사항을 차근차근 묻기 시작했다. 길지는 않았지만 꼼꼼했다. 이 모든 준비가 하루 이틀 만에 된 건 아니겠다는 생각이 절로 들었다.

이곳에서는 질서 있는 질의응답은 거의 없었다. 책상에 놓인 백지에 모든 걸 쏟아놓게 했다. 어찌 보면 꽤 과학적이라 할 수 있었다. 나에게 질문을 던지고 '아는 대로 써라' 할 뿐이니. 이강국, 김수임, 박헌영, 김일성, 김책, 8월 테제, 조만식, 이승만, 김구… 손이 아플 만큼 많이 썼다. 다 쓰고 나면 누군가 와서 걷어갔다. 좀 미진하다 싶으면 더 쓰게 했다. 이들이 나에게서 얻어내고자 하는 바를 어림잡을 수 있었다. '내 눈에 띄지 않는 분석팀이 어딘가 있다. 그들은 가끔 두뇌게임을 하기도 한다.' 터무니없는 질문이 내려오기도 하고 몇 걸음 앞지른 생각이 내려오기도 했다. 몇 시간을 꼼짝 않고 글을 써내려 가는 것이 이렇게 힘들 줄 몰랐다. 고문이었다.

둘째 날. 남산 지하실에 들어가서 만 이틀은 아무것도 하지 않고 글만 쓰게 했다. 식판에 날라다 주는 밥으로 끼니를 때우면서 그 숫자를 셀 뿐이었다. 첫째 날 사상검증, 둘째 날도 사상검증. 지금이 낮인지 밤인지 알 수 없었다. 그저 질문에 대한 답을 써댔다. 밤이 지나고 새벽이 왔음을 알리는 것은 양철 지붕에 우박 쏟아지듯 때려대는 타자기들의 발광 같은 소리였다. 50여 명이 치는 타자기 소리가 20여 분간 계속되었다. 그 시간에는 감시하는 한 명만 빼고 모두 타자기 소리에 묻혀버렸다. 안기부 보고서는 대한민국의 아침을 깨운다고 하지 않던가. 당시 '대통령의 제1보는 안기부 보고서'라는 이야기도 있었다.

김기팔 작가는 옆방에 있었다. 상부에서 하나의 질문이 내려오면 그 질문이 이 사람 저 사람을 돌아서 나에게 온다는 것을 알 수 있었다. 드라마의 기획 단계를 추궁하는 질문으로 넘어갔다. 옆방의 김기팔 작가가 어떻게 답변하는지는 직감으로 알 수 있었다. 무슨 추궁이 어떻게 흘러가는지도 알 수 있었다. 그때마다 반응이 조금씩 달랐기 때문이었다. 어떤 때는 김기팔 작가의 목소리가 열린 문 사이로 넘어오기도 했다. "고석만이가 뭘 알아?! 내가 썼어, 내가 쓴 건데!" 그들이 이리저리 공격을 달리해도 김기팔 작가는 초지일관이었다. 그는 불의 앞에 당당하게 우뚝 맞서 있었다. 그 무더운 여름의 지하실에서 한 마리의 북극곰을, 한 마리의 포효하는 사자를 만나고 있었다. 김기팔 작가는 거인이었다.

가족에게도 알리지 않은 비정함

셋째 날. 뒷날 들은 얘기지만, 나와 김기팔 작가가 안기부로 잡혀간 지 3일째 되던 날 이진희 MBC 사장이 유학성 안기부장을 만났다고 한다. 우리가 잡혀간 사건과 무관하게 미리 잡혀 있던 점심 약속이었다고 했다. 그는 이런 상황을 예측했을까? 모두가 그의 용의주도함에 놀랐다. 그것이 분기점이었다.

그즈음 우리 집에도 연락이 닿았다. 아내는 3일째 되는 날에야 매형으로부터 연락을 받았다. 내가 워낙 별다른 연락 없이 며칠씩 밤새워 일하고 집에 들어와 옷만 갈아입고 또 일 나가는 사람이라 집에서는 내가 안 들어오고 연락이 없어도 크게 걱정하지 않았다. 보도국에서 일하던 매형의 친구가 걱정되어 매형에게 위로차 전화를 해줘서 알게 되었다고 했다. 드라마를 만들다가 안기부에 잡혀갔다는 얘기를 누가 믿겠는가? 집안은 뒤늦게 난리가 났다.

그런데 회사에서는 왜 그랬을까? 드라마 파트 사람들은 대다수가 비정치적이다. 파업이나 노사분규 때도 현장을 지키는 집단이다. 드라마는 제작 여건상 여러 작업 주체가 참여하는 콘텐츠이기 때문에 파업에 돌입해도 결방하기 힘든 구조다. 외주 제작일 때는 더욱 그렇다. 모두가 독립된 개체들이다. 영역과 경계가 분명하다. 드라마 파트 대부분의 사람들은 옆 파트의 작업을 존중하는 뜻에서 신경 끊고 지냈다. 그 벽을 넘나드는 사람은 나밖에 없었다. 아무리 그렇다 해도 동료가 부당하게 정보기관에 끌려갔는데, 아무런 대응을 하지 않다니 이해할 수 없었다. 게다가 가족에게조차 알리지 않았다. 공동체의식, 동료의식, 의리, 정의 같은 것이 대체 있기는 한 것인가? 「제1공화국」은 드라마 파트의 피디들에게 어떤 존재였는가. 한참 시간이 지난 뒤에도 명쾌하게 설명되지 않았다.

어린 시절 열 살쯤 되던 해의 여름방학, 시골 할머니집 앞 골목 미나리꽝 옆. 그날은 장맛비가 오고 있었다. 어쩌다 사촌형이 동네의 또래 성규와 시비가 붙었고, 싸움으로 번졌다. 성규는 사나웠다. 그 빗속에서 한 발 한 발 달려드는데 성규의 손에는 '새금파리'라 부르는 깨진 항아리 조각이 들려 있었다. 옆에 있던 성규의 동생 한규도 새금파리를 들고 달려들었다. 성규 한규 형제는 이런 경험이 많아 보였다. 사촌형도 물러나지 않고 싸울 태세였다. 그때 나는 비를 피해 옆 처마 밑으로 뒷걸음치며 "성, 싸우지 마! 싸우지 마!"만 반복했다.

싸움이 시작되었다. 나는 처마 밑에서 안절부절못하고, 성규 한규 형제는 소리 지르며 새금파리를 휘두르고… 한두 합을 겨룰 때 마침 지나가던 동네 어른이 싸움을 말렸다. 동네 어른은 성규 한규 형제를 무섭게 야단치며 우리를 흩어놓았고 싸움은 싱겁게 끝났다. 할머니집으로 돌아가는 길에 나는 사촌형의 뒤를 따르며 한없이 부끄러웠다. 창피해 고개를 들지 못했다.

그날 일로 나는 진정한 용기와 의리에 대해 깊이 생각하게 되었다. '바르게 사는 사람이란 어떤 사람일까?' 바르게 사는 사람은 용기 있는 사람이다. 삶 앞에, 문제 앞에 용기 있게 나서는 사람이다. 그후 그 생각을 평생 견지하며 살아왔다.

아내는 매형과 함께 회사로 찾아와 울며 하소연했다고 한다. 만날 수 없으면 갈아입을 옷이라도 전해달라며 보따리를 들고 와 조연출에게 간절하게 부탁했단다. 하지만 조연출도 어쩔 도리가 있었겠는가. 아내는 매일 회사 앞 황실다방에서 죽치고 있었다. 아이들은 같이 살던 장인 장모와 처형 가족이 돌봐주었다.

질문공세

3일째 점심 이후부터 양상이 달라졌다. 지금까지는 대본을 가지고 분석하고 해석하더니, 이들이 VTR 녹화테이프를 시사한 뒤에는 모든 시선과 질문이 연출자에게 집중되었다. "왜 대본에 없는 장면이 들어갔느냐?" "왜 간첩을 인간적으로 그렸느냐?" "왜 사형장에 하얀 소복을 입고 갔느냐?" "왜 당시의 최고 인기 탤런트를 기용했는가?" "왜 김창룡이랑 수사관들은 B급 배우를 쓰느냐?" "왜 마지막 총살 장면의 화조를 변조시켰는가?" 등 조목조목 끝없이 질문을 해댔다. 초점은 반공이었다. 나는 일일이 차분하게 설명했고, 그들은 그때마다 기가 막힐 만큼 윽박질렀다. 온종일 질러댔다. 나는 녹초가 되었다.

조사를 받는 내내 정식으로 주어진 취침시간이 없었다. 그저 잠이 오면 고개를 꾸벅이며 졸 뿐이었다. 셋째 날에는 눈만 감아도 깜빡 잠에 빠질 정도였다. '저쪽 입구에 놓인 1인용 야전침대에 잠깐만이라도 누워 자봤으면…' 그 1인용 침대는 취조와 무관한 듯한 최고참 수사관 전용이었다. 그 수사관은 자신이 김창룡의 부하였다고, 김창룡을 따라가면 모두가 떨었다고 무용담을 늘어놓았다. 밤 11시면 수사관들이 모여 야참을 즐겼다. 그때 튀김닭이라도 나올라 치면 한두 조각을 살짝 갖다 주기도 했다.

이곳 수사관은 3개 방을 총괄하는 고시 출신 과장과 각 방에 정규 기수의 요원 한 명, 그리고 일반 수사관과 고문기술자 네 명, 특무상사격인 김창룡부대 출신의 수사기술자로 이뤄져 있었다. 신구세대의 묘한 조합이었다. 이들 여섯 명이 교대로 감시하고 취조했다. 3일째를 보낼 즈음 성씨와 얼굴을 익히게 되었다. 책임자인 P과장은 기회가 될 때마다 자랑스럽게 얘기했다. "내가 김지하 담당이야. 내가 김지하를 스타 만들어줬잖아. 김지하는 이곳을 다녀가면 발언 수위가 한 단계씩 높아지더라고."

저녁 식판을 비우고 얼마쯤 지났을 때, 생각지도 못한 대학 동창생 R이 불쑥 들어왔다. 나를 지키고 있던 수사관과는 가볍게 목례를 나눌 뿐 말이 없더니 나에게 다가와 "잘 지내십니까? 건강은?" 등의 의례적인 인사말을 몇 마디 하고는 책상 위에 놓여 있는 백지에 조그맣게 '내일 나간다'라고 끄적이듯 쓰고 나가버리는 것이 아닌가. 내 앞에 있던 수사관은 못마땅한 표정으로 R이 나가는 뒷모습을 지켜봤다. 나는 순간 그의 글씨가 적힌 종이를 살짝 찢어서 입에 넣고 씹어 삼켰다.

그 친구가 나가는 문소리가 나자마자 수사관은 스프링처럼 튀어와 내 책상을 점검했다. 흔적을 찾지 못하자 "(그 친구) 잘 알아요?"하며 다그쳤다. 정말 잘 모르는 사이라고, 대학교 교정에서 스친 문예창작과 교우라고, 몇 년 전 공항검색대에서 우연히 봤을 뿐이라고, 이름도 정확히 모르고, 성씨가 R인 정도만 안다고, 누누이 설명하고 끝냈다.

권력의 구조란 참으로 미묘한 것이로구나. 안기부 내부의 묘한 기운이 감지되었다. 화이트칼라의 조사 방식은 달랐다. 끊임없이 글을 쓰게 하면서 그 속에서 의식을 포착하고 행간을 읽어 내는 인문학적 접근, 서로 다른 메타포와 레토릭, 그것의 낯섦, 신구세대의 이질감, 기획 파트와 수사 파트의 갈등이 느껴졌다.

넷째 날. 타이핑 소리와 함께 다시 아침이 시작되고, 몇몇이 부산하게 움직였다. 그날은 정밀 점검이었다. 기획의도부터 시작해 제작방향, 연출방향, 제작진행, 그리고 지식사회의 반향에 대해 끈질기게 질문 공세를 하고 백지에 답하기를 10시간쯤 했다. 책임자인 P과장이 다시 들어왔다. 안기부에 들어오자마자 나를 발가벗겼던 그인지라 그가 왔다 가면 또 양상이 달라졌다. 그는 내 앞에 다가오더니 책상에 놓인 8절지 백지를 한 장 두 장 세 장 세더니 말했다. "이 다섯 장 가득, 앞뒤 없이 빼곡히, 네 이력서를 써!"

'나의 할아버지는 고광필씨다. 내가 태어나기 훨씬 전에 돌아가셨으니 얼굴도 모르고…' 그렇게 시작하여 아버지와 어머니, 어린 시절, 대학 졸업까지 꼼꼼히 썼는데도 겨우 앞뒤 한 장이었다. 이렇게 다섯 장을 메우는 건 굉장히 어려운 일이었다. 상대의 행적이나 심리를 파악하는 수사기법으로 활용하기에는 탁월해보였다. 이어서 MBC에 입사하고, 이런저런 프로그램 만들고, 아내를 만나고, 결혼하고, 아이를 갖고… '나는 첫딸을 낳았다. 나는 그 아이의 이름을 '주연'이라 지었다.'

주연이라 쓰는데 욱하고 감정이 북받쳐 오르며 눈물이 뚝 떨어졌다. 백지에 눈물이 툭툭 떨어지고 모든 생각이 멈췄다. '얼마나 자주 하늘을 올려다봐야 사람은 진정 하늘을 볼 수 있을까. 얼마나 많은 귀를 가져야 타인의 울음소리를 들을 수 있을까. 얼마나 더 많은 사람이 소리쳐야 민주주의를 들여다볼까. 얼마나 더 많은 사람이 희생되어야 죽음을 알게 될까. 그것은 바람만이 알 수 있다네.' 그 밤은 내 인생을 돌아보고 내다보는 깊은 밤이 되었다.

출소

다섯째 날. 그날도 안기부의 새벽은 요란한 타이핑 소리로 시작했다. 이들의 수사 골격은 일주일에서 보름 단위, 이 기간을 넘기면 3개월 단위로 넘겨지는 듯했다. 오늘이 금요일, 월요일에 들어왔으니 일주일 단위의 금요일이다. 오후 들어서며 나를 내보내려는 분위기가 느껴졌다. 그들은 몇 번에 걸쳐 서약서를 쓰게 했다. '이곳에서 알게 된 모든 사항, 위치부터 시작하여 모든 과정은 일체 함구하라.' 서약서에는 어겼을 경우의 범법 사항, 형량 등이 빼곡히 적혀 있었다. 몇 군데에 지문을 찍고 서명을 했다.

누구보다 나 자신이 이곳에서 있었던 모든 일을 잊고 싶었다. 늦은 오후, 지시에 따라 건물을 나서니 우리를 인계받기 위해 회사의 권효섭 전무와 김민식 총무국장이 승용차 한 대와 함께 기다리고 있었다.

위기감에서 시작한 불법 구금조사는 셋째 날 분기점을 거치며 다섯째 날 혐의 없음으로 끝이 났다. 무겁게 시작했으면 무슨 결말을 내야 하지 않는가? 사상검증은 끝났다. 요시찰 인물이다. 앞으로 조심하라는 엄포를 이런 방법으로밖에 못하는가?

육중한 철문을 빠져나왔다. 어느 누구도 말이 없었다. 차가 남산 길을 빠져나갈 때 만감이 교차했다. 좁은 앞자리, 권전무는 팔을 넘겨 내어깨를 감쌌다. 구불구불한 길을 따라 정동까지 오는 동안 권전무는 나를 꼬옥 감싸 안고 놓지 않았다. 차가 커브를 돌 때는 더 세게 안았다.

회사에 도착해 사장실로 안내되었다. 회사의 건물이며 사람들 모두 나에게는 새롭게만 보이는데, 이 모든 것들은 내가 안기부에 끌려가던 그날처럼 아무 일도 없었다는 듯 나를 그대로 스쳐갔다. 다만 사장실에서 만난 이진희 사장은 달랐다. 그는 나에게 깊은 연민을 보였다. 사장은 한동안 차만 마셨다. 그리고는 그간의 정황을 짧게 얘기하고, 얘기 끝에 제작국장을 날카롭게 힐난했다. "제작국장이 갔다 왔어야 하는 건데." 제작국장은 무슨 말인지 못 알아듣는 것 같았다. 사장은 한마디 더 했다. "그랬으면 나도 옷 벗는 건데…" 1981년 「제1공화국」 필화사건은 이렇게 마감되었다.

사무실에 들러 동료들과 인사를 나눈 다음 MBC 정문을 나서는데 맞은편 유진약국 앞에 막내딸 명선을 포대기에 들쳐 업은 아내가 홀로 정문 쪽을 바라보며 서 있었다. 내가 잡혀갔다는 소식을 들은 직후부터 회사 앞 황실다방에서 줄곧 기다린 것이다. 나는 아내와 딸을 꼬옥 안고 한참을 서 있었다.

12장

굴절시대

MBC 정치드라마 「제1공화국」(1981~1982)

　전두환 정부 시절, 정치는 불안하고 사회는 혼란스러웠다. 특히 5·18광주민주화운동의 후유증이 컸다. 학원가는 한동안 숨죽인 듯했지만 안으로는 용암이 꿈틀거렸다.

　겉으로 보이는 한국사회는 오히려 화려해지고 있었다. 신군부가 도입한 '3S(Sports, Screen, Sex) 정책'의 효과였다. 3S가 무엇인가? 대중에게 놀잇거리, 오락거리를 제공해 국민이 정치 사회 문제에 관심을 갖지 못하게 하고 탈정치를 유도하는 우민화 정책이다. MBC가 중심이 되어 프로야구단을 창설하고, 컬러 TV방송을 시작했다. VTR을 보급해 전국적으로 포르노필름이 기승을 부리기도 했다. 여기에 S를 하나 더 추가한다면 나는 스캔들(Scandal)을 꼽고 싶다.

　연예계를 취재하는 민완(敏腕) 기자가 대접을 받고 스포츠지가 가판의 주인공이 되었다. 인기가수 조용필이 어느날 갑자기 결혼한다고 대서특필이 되었다. 나중에 알고보니 두 남녀가 한두 번 만나는 게 기자 눈에 띄더니 남자와 여자를 따로 어느 절로 초대해 만나는 장면을 촬영해 내보낸 게 '산사에서 비밀결혼' 특종이었다. 한편 착한 연기자 심혜진은 평범한 샐러리맨과 결혼해 행복한 신혼을 잘 보내고 있었는데 언론에서 시도 때도 없이 근거 없는 괴담을 흘리고는 그 때문에 급기야 파경에 이르자 이를 대서특필했다. 인기 있는 국가대표 여자 수영선수 한 명도 옐로페이퍼가 결혼에 '골인'시켰다. 언론 출판을 통제하니 정론은 숨죽이고 가십이 판을 쳤다. 사회가 굴절되고 있었다.

피디에게도 스캔들이

나는 안기부에서 고초를 겪고 나오자마자 일주일간 순천향병원에 입원했다. 병문안을 온 동료들이 참 많았다. 조연출 때 심한 언쟁 끝에 교류가 끊겼던 김수현 작가까지 왔으니 올 사람은 다 온 셈이었다. 그 중에는 배우 정애리도 있었다. 정애리는 '여간첩 김수임' 편으로 고초를 겪었다며 미안해했다. 김수임 역을 맡은 정애리로서는 그런 감정을 가질 만도 했을 것이다. 공범의식 차원에서 일주일 동안 두 번이나 병문안을 왔다.

퇴원 후 회사에 출근하니 안기부에서 내 담당을 정해놓았다. 악역을 자처하던 P과장이었다. P과장은 시시각각 나의 안부를 물었다. 그로부터 만 2년 동안 그는 나와의 끈을 놓지 않았다. 난 공공연하게 큰소리로 외쳤다. "내 인생에 돈과 여자는 담 쌓았다." 그렇게 공언을 하고 그 공언을 지금까지 지키며 살아왔다.

그해 6월, 내 인생의 전환점이 된 웃지 못할 스캔들이 생겼다. 퇴원 후 얼마 지나지 않아 D주간지의 H기자가 나에게 '정애리와의 관계'를 집요하게 물었다. 내가 입원했을 때 정애리가 병원에서 살더라며 짐짓 나를 떠봤다. "24시간 아내가 옆에 있었는데 무슨 말인가? 맹세코 손 한번 안 잡은 투명한 관계다."라고 했는데도 그는 기사를 쓰겠다고 우겼다. 간호사한테 들었다고 했다. 그리고 정말로 기사가 나왔다. 단신이었지만 기사는 기사다.

당시 김성희 국장에게 자초지종을 얘기했더니 웃으며 정문 경비실에 회사로 배달되는 D주간지 전량을 묶어두고 배포를 못하게 막았다. 집에 와 아내에게 퉁명스럽게 전말을 얘기했다. 아내 역시 퉁명스럽게 듣고 나가버렸다. 그다음 날 밤 우리 집 베란다에는 무릎 높이의 주간지 더미가 담요에 덮여 있었다. 아내가 하루 종일 정신병자처럼 돌아다니며 그 주간지를 사들인 것이다. 족히 300~400권은 될 것 같았다. 그 주간지 더미는 보름쯤 지나 치워졌다.

그러고 난 얼마 후, 밤 9시가 넘어 탤런트 반효정이 집으로 전화를 했다. 그가 우리 집에 전화를 한 건 처음이었다. 반효정의 남편인 이상현 작가와는 최근 8·15 특집극을 어렵게 졸속 제작한 뒤라, 쌍방에 얽힌 감정이 남아 있었다. 그런 상황에서 반효정이 전화를 걸어와 별 내용도 없이 의례적 인사만 나누고 끊는 것이 아닌가. 끊고 생각하니 이상했다. 다음 날 녹화 스튜디오로 반효정을 찾아갔다. 반효정은 자꾸 웃기만 했다. 재차 물었더니, 웃지 못할 스토리를 들려주었다.

어젯밤 어린 후배 탤런트인 이미영으로부터 전화가 왔단다. "고석만 선생이 전화해서 바로 나오라는 거예요. 여의도 맨하탄 호텔 706호로… 곧 주말연속극 들어가는데 오디션을 보재요. 어떻게 해요?" 그럴 사람이 아닌데 의아해하며, 목소리는 맞느냐 물으니 "그 선생님하고는 일도 같이 해본 적 없는데 목소리를 어떻게 알아요?"라고 했다 한다. 그래서 나가지 말고 기다리라고 하고는 당사자인 나에게 전화해 자연스럽게 확인을 한 것이었다. 그다음 날 오후에 이미영이 분장실 앞 로비에서 D주간지 H기자와 부딪혔는데 "너 어제 맨하탄에 갔지? 고석만과 같이 있는 걸 본 사람이 있다."라고 했다 한다. 그래서 이미영이 "말도 안 되는 소리 말아요"라고 쏘아붙였더니, 듣기 민망한 욕을 혼잣말처럼 하면서 가더란다. 이런 상황을 반효정 선배에게 얘기하면서도 이미영은 걱정했다. "무슨 기사 안 날까요?" 은밀하고 조잡한, 그러나 연예인에게는 피할 수 없는 옐로페이퍼의 공포였다.

「제1공화국」 복귀

일주일 입원해 있는 동안 「제1공화국」 연출자가 선배인 이연현 피디로 교체됐다. 안기부의 지시에 따른 후속조치였을 것이다. 회사는 연출자의 입원을 핑계 삼을 수 있게 됐으니 입원이 원만한 교체의 처방전이었던 셈이다. 나로서도 안기부에서 나올 때 이미 각오하고 있던 터라 수용했다.

「제1공화국」은 이후에도 '국회프락치 사건' '아! 백범' '5·30선거' '적 치하 90일' 편이 씩씩하게 방송되었다. '반민특위 사건' 편이 이연현 연출로 준비되고 있을 때 정권 쪽에서 바싹 다가와 점검하기 시작했다. 반민특위는 친일파 척결을 내세웠지만 용두사미로 끝나고 말았다. 한국의 보수세력은 친일파에 약하다. 1980년대의 권력도 친일 계보와 맞닿아 있었다. 반민특위는 역사적으로 깊은 뿌리를 갖고 있어 캐도 캐도 끝이 없었다. 굴절시대의 반민특위는 더욱 예민한 소재인 것이 분명했다. 반민특위가 이승만 정권의 압박에 의해 무력화 됐듯이 「제1공화국」의 반민특위도 권력의 압력에 굴절당했다. 김기팔 작가도 그 굴절을 두고두고 부끄러워했다.

연출자 교체 3개월 만에 다시 한 번 연출자가 나로 전격 교체되었다. 의외였다. 복귀 편은 '반공포로 석방과 휴전'이었다. 이승만 대통령이 미국에 '한방 먹인' 사건이다. '치고 나가자! 기가 질리게 만들자!' 반미 소재의 의외성도 좋고, 김기팔 극본의 활력도 좋았다. 그간 침체된 분위기를 새롭게 하자 싶었다.

야외 촬영에 힘을 주었다. 송추의 신흥유원지를 통째로 빌려 거제도 포로수용소로 만들고 엑스트라 500명을 투입했다. 군복 등판에 흰색 페인트로 POW(Prisoner of War, 전쟁포로)를 그려넣고 촬영을 나서면서부터 시선이 집중되었다. 방송이 나가자 물량 면이나 내용 면에서 시청자들을 압도했다. 무겁게 가라앉은 국민들에게 카타르시스를 선사하며 엄청난 폭발력을 보였다.「제1공화국」은 일거에 활기를 되찾고 화제작이 되었다.

오지명 주먹다짐 사건

그런 가운데 예기치 않은 해프닝이 벌어졌다. '자유당 압승' 편의 스튜디오 녹화 날이었다. 두 개의 스튜디오를 통째로 열어 녹화를 하면, 다른 프로그램들은 들어올 자리가 없다. 2층 분장실을 지나 스튜디오 문을 밀고 들어설 즈음 어디선가 "야!" 하고 부르는 소리가 들렸다. 돌아보니 오지명이 소리를 치며 분장실 문을 열고 들어왔다. "나 말입니까?" "그래, 여기 너 말고 누가 있어, 임마!" "뭐? 임마?" "이 자식이…" 하며 달려들어 서로의 멱살을 잡았다. 멱살잡이를 하고, 오지명이 한대 치면 나도 한대 치고, 또 치면 또 받아치며 밀고 당기기를 계속했다. 사람들이 달려와 말렸다. 이정길, 김용건은 선배 오지명에게 쩔쩔매며 어쩌지 못했다. 탤런트 세계에서 오지명이 누군가. 절대 파워맨 아닌가. 의상을 담당하던 장여사가 중간에 끼어들며 육박전은 끝났다.

이 주먹다짐 사건은 2층은 물론 3층 제작부 사무실까지 순식간에 퍼졌다. 방송사의 모든 녹화가 일시에 중지되었다. 2시간 넘게 사과를 요구하며 버티다가 소식을 듣고 달려온 김기팔 작가의 중재로 일단 녹화는 계속되었다. 연출자와 연기자의 폭행사건, 전대미문의 사건이었다. 이는 오지명의 소외감에서 비롯된 것이었다.「제1공화국」의 출연진으로 MBC 탤런트실의 대다수 배우들과 연극배우들까지 대거 참여했는데, 배역을 맡지 못한 오지명의 소외감이 어떠했으랴.

사실 오지명은 임화수 역으로 방송 초반에 이미 내정하고 발표만 안 했던 터였다. 이정재 역에 조경환, 김희갑 역에 정진과 함께 드라마 후반부에 내놓을 비장의 캐스팅으로 이미 준비해둔 상태였다. 다음 날 김기팔 작가를 앞세워 오지명이 사과를 하러 왔다. 흔쾌하게 화해가 이뤄졌다. 이 화해 분위기로 인해 자유당 시절의 깡패 이야기는 예정보다 좀 일찍 등장하게 됐다. 희극배우 김희갑이 임화수 일당에게 몰매를 맞아 병원에 입원하는 에피소드, 가수 나애심을 중심에 둔 조폭과 연예계의 뒷이야기도 화면에 담았다. 이정재와 김두한의 대결은 대단했다. 밀폐된 장소에서의 대결도 볼 만했지만 공개된 장소에서의 멱살잡이 대결은 그때나 드라마에서나 화제만발이었다.

'조폭과 정치의 유착'은 재미도 있고 의미도 있다. 반응도 정말 좋았다. 연기자도 좋아하고, 조폭의 후예들도 좋아하고, 정치인도 좋아하고, 군부 정권도 좋아하고, 시청자도 좋아하고, 광고주도 좋아하고, 방송사도 좋아했다. 오로지 작가와 연출만 고통스러울 뿐이었다. 정치깡패 일화는 흥미롭지만 정치의 본령은 아니다. 깡패와 권력, 그 유착의 핵심을 파고들지 않으면 한낱 흥밋거리에 그치게 된다. 굴절시대의 「제1공화국」 후반부는 역사 앞에 무릎을 꿇고 제작했다. 「제1공화국」 같은 작품은 굴절 없이 다시 제작될 수 있어야 한다.

드라마로 재현된 4·19혁명

이승만의 제1공화국은 4·19에 의해 끝난다. 따라서 드라마 「제1공화국」도 4·19를 마지막으로 막을 내렸다. 김기팔 작가는 4·19세대다. 4·19에 대한 작가적 의무감이 있었다. 상층부의 은근한 조기종료 압박을 받고 있었지만 그는 4·19를 무게 있게 다루고자 했다. 그 의무감만큼 작가는 극본의 골격을 탄탄하게 그려냈다. 그러나 제작시간은 부족하고 제작비도 고갈 상태였다. 우리는 이를 해결할 방법을 고민했고, 지혜를 동원해 다큐드라마 형태를 창안해냈다. 모든 인맥을 동원해 4·19 당시의 필름을 찾아냈다. 리버티 뉴스는 물론이고 미국 워싱턴 중심가에 있는 내셔널 아카이브 필름 창고에서 미정리된 한국편 생필름을 찾아 4·19 부분을 정리해왔다.

창고에 방치된 방대한 분량의 필름에서 고르고 엮고 이어 붙여서 4·19의 기개를 드높이는 데 손색없도록 편집했다. 특히 처음 공개되는 희귀 필름은 충격 그 자체였다. 경무대길 경복궁 옆 담장에서 정복경찰은 앉아쏴 자세로 시위대에 총격을 가했다. 일련의 경찰들이 자행한 조준사격 장면은 보는 이를 격동시켰다. 우리 경찰의 총에 맞아 학생들이 죽어갔다. 죽음을 넘어 또 밀려오는 학생들, 시민들… 경찰은 또 쏘아댔다. 맨몸으로 총알을 받아낸 어린 학생과 시민들은 피를 흘리며 죽음으로써 이 땅에서 민주주의를 소생시켰다. 그때까지 어디 제대로 된 민주주의가 있었던가? 4·19를 통해 이 땅에 민주주의의 희망을 싹 틔운 것이다.

그러나 4·19가 틔운 민주주의의 싹은 다시 짓밟히고, 우리들은 오랜 세월을 신음해야 했다. 쿠데타와 이어진 군사독재 18년, 그리고 신군부에 의해 짓밟힌 민주주의의 굴절시대. '민주주의란 무엇인가'를 주제로 남과 북의 정치를 그려낸「제1공화국」은 1982년 2월 11일 제39회로 막을 내렸다.

　그리고 그해 3월 미문화원 방화사건을 시작으로 이 땅에 반미운동의 불이 붙었다.

13장

"민나도로보데스"

MBC 월화드라마 「거부실록」 '공주갑부 김갑순'(1982)

1982년 2월 「제1공화국」이 주 1회 85분씩 39회로 끝났다. 그다음주에는 경제드라마 「거부실록」이 첫 방송되었다. 50분짜리 주 2회, 연출자 한 명이 일주일 만에 2부를 제작하여 방송을 내보냈다. 다섯 편의 연작이 편당 22부씩, 총 110부가 1년간 방송될 예정이었다(실제 방송은 편마다 회차가 달랐고 총 105부가 방송되었다).

후진적 제작 행태가 한국에서 이뤄지고 있었다. 그 같은 제작 행태가 당연시된 것은 방송사에 연출자가 부족한 것이 첫째 이유겠지만, 그것을 가능하게 만든 것은 무엇보다도 스튜디오 중심의 촬영 방식 덕분이었다. 스튜디오 안에 세트를 만들고 모든 촬영이 그 안에서 이루어졌기 때문에 스튜디오와 대본, 연기자만 있으면 신속 제작이 가능했던 것이다. 그러나 「제1공화국」이 방송 환경을 급속도로 바꿔놓았다. 드라마 제작이 스튜디오를 벗어나 야외 현장 촬영으로 옮겨가고 있었다.

　당시 방송학자들은 TV연출자를 세 세대로 분류했다. 기존의 연극에서 옮겨온 연출자를 중심으로 '연극의 TV화'를 선보인 1세대, MBC가 TV 방송을 시작한 1969년, 정규 공채 피디들이 본격적으로 연출을 시작하며 새로운 TV연출을 만든 2세대, 탈스튜디오를 앞세워 야외 현장에서 'TV 리얼리즘'을 구현한 3세대가 그것이다.

　당시 MBC, KBS, 동양방송(TBC) 지상파 방송 3사 중에서도 MBC는 녹화를 가장 빨리하는 것으로 정평이 나 있었다. 모든 것은 환경이 지배한다. 시설(스튜디오) 면에서 MBC는 KBS의 절반 규모였다. 일일연속극 5~6편 녹화를 하는데 KBS는 이틀이 주어지는데 MBC는 스튜디오가 부족해 하루에 끝내야 했다. 초몰입이 아니면 불가능했다. 상황이 그러니 연기자들의 자세도 달랐다. 작품의 기본부터 진행, 탄력, 리듬감, 속도감, 하모니가 달라졌다. 결국 작품의 질이 달라졌다. 이른바 'MBC표 드라마'가 정립된 것이다. 훗날 연기자들의 출연 자유화가 실행되면서 방송사 전속 개념이 없어졌는데도 MBC 출신 연기자들은 독특한 연기 패턴을 갖고 있다는 평을 들었다. 인간은 환경의 지배를 받게 마련이다. 50분씩 주 2회 제작, 「거부실록」은 정글 같은 최악의 제작 환경에서 만들어졌다.

구한말의 부자들 이야기

「거부실록」은 구한말 거부(巨富) 5명의 이야기다. 그들은 어떻게 부를 쌓았고, 그 돈을 어떻게 썼는가, 돈에 대한 그들의 철학은 무엇인가를 그리고자 했다. 황금만능시대에 돈을 쫓는 것은 모든 사람들의 공통된 욕망이니 거부들의 돈 쓰는 이야기는 시청자에게도 흥미로울 것이리라.

돈을 모아 나라를 위해 쓴 선각자 '남강 이승훈' 편(오재호 극본), 남보다 빠른 정보로 부동산 재벌이 된 '공주갑부 김갑순' 편(김기팔 극본), 빠른 발로 부지런히 돈을 모아 학교를 세운 '보부상 이용익' 편(김기팔 극본), 모든 재산을 독립자금에 헌납한 '백산 안희제' 편(김기팔 극본), 무역을 통해 큰 부를 얻은 '무역왕 최봉준' 편(오재호 극본)이 그 주인공이었다. 그중에 가장 인기를 끈 작품은 단연 '공주갑부 김갑순'이었고, 의외의 인물로 화제를 모은 작품은 '백산 안희제'였다.

'공주갑부 김갑순'이 인기를 끈 것은 당시 사회현상과 맞아떨어졌기 때문이었다. 김갑순은 드라마에서 "민나도로보데스(みんなどろぼうです, 모두가 도둑놈이라는 뜻)"를 입에 달고 살면서 세태를 풍자했는데, 이 말에 딱 들어맞는 대사건이 드라마 방영 중에 터졌다. 바로 '장영자 사건'이었다.

1982년 5월 7일, 최고 권력자의 인척이자 유신체제 이래 독재정권의 비호를 받으며 사채시장의 '큰손'으로 군림해온 장영자가 그의 남편 이철희와 함께 거액어음사취 사건을 저질러 구속되었다. 대통령 전두환의 처삼촌 이규광(당시 광업진흥공사 사장)의 처제인 장영자와 육사 2기 출신으로 중앙정보부 차장과 유정회 의원을 지낸 이철희 부부는 자기 자본율이 약한 건설업체들을 접촉해 유리한 조건으로 자금을 제공해주는 대신 담보 조로 대여액의 최대 9배에 달하는 어음을 받고, 이를 사채시장에서 할인하여 자금을 조성하는 수법으로 6000억 원이 넘는 어음 사기행각을 벌였다. 6000억 원은 지금도 그렇지만 당시에는 정말 천문학적 숫자였다. 장영자는 '권력형 부정축재자'들의 환수자금을 이용해 자금을 조성하기도 했다. 그야말로 '민나도로보데스!' 모두가 도둑놈이라는 탄식이 절로 터져나왔다. 자연스레 '공주갑부 김갑순'이 화제가 되었고 폭발적인 인기를 끌며 시중의 유행어를 탄생시켰다.

김갑순(박규채 분)은 1872년 김현의 차남으로 태어난다. 아버지와 형이 요절하며 13세에 소년가장이 된다. 그는 가난했다. 먹고살아야 했고 돈을 벌어야 했다. 어린 나이에 보부상을 따라다니다가 보부상 이용익을 보게 된다. 이용익은 후일 대한제국의 황실 재정을 총괄하는 내장원경에 발탁된 인물이다. 김갑순은 축지법을 쓴다는 소문이 있을 만큼 발이 빠른 이용익을 따라다니며 이용익에게서 보부상의 이재를 터득하고 돈을 모은다.

김갑순은 1900년 첫 번째 매관매직을 감행한다. 관학분(주사급)에 오르고 관에서 도는 정보에 귀를 기울인다. 일본이 청일전쟁을 도모하면서 그 발판으로 철도 건설 계획을 세운다는 소문이 퍼지고 노선이 알려지자 공주의 유생들은 철도 건설을 반대하고 나선다. 이에 경부선의 노선 변경 논의가 시작되고 김갑순은 식산은행으로부터 저금리의 융자를 받아 대전과 유성 쪽에 있는 황무지 땅을 사들인다. 무려 20만 평. 1905년 서울과 초량 간 445킬로미터 경부선이 대전을 경유하면서 김갑순은 일약 갑부 대열에 오르게 된다. 이후 1906년에 공주군수, 1910년에 아산군수 등 매관매직은 계속된다.

김갑순의 황무지 개발 또한 계속된다. 1930년에는 토지 1,000만 평을 사들여 온양온천을 개발하고 여러 군데 극장을 짓는 등 문화 사업에도 눈독을 들인다. 그는 또 한 번 대전에 땅을 사들이는데, 곧이어 충남도청이 공주에서 대전으로 이전하게 되면서 대전의 땅을 국가가 매입한다. 대전 부지 57만 평 중 22만 평이 김갑순의 땅이었다. 배꽃문양기둥을 한 도청사가 들어서고 김갑순은 명실상부 재벌의 반열에 등극하게 된다. 부자가 된 김갑순은 첩을 둘씩이나 집에 들이는가 하면 김갑순의 집에서는 매일 경옥고를 끓이는 냄새가 온 동네에 진동을 한다. 경옥고를 끓이던 하인은 가마솥 뚜껑을 열고 조금이라도 간을 보는 재미에 밤새는 줄 모르고 불을 지핀다.

『동아일보』의 김상 기자는 '목적성 드러내지 않고 극적 재미도 충분'이라는 제목으로 '공주갑부 김갑순'을 논평했다. 길게 지켜본 따뜻한 관심의 표명이었다.

MBC-TV 월·화요일에 내고 있는 '공주갑부 김갑순'(「거부실록」)은 드라마를 여성 취향적으로 만들지 않아도 시청자들을 사로잡을 수 있다는 것을 보여주는 작품이다. 이 드라마에는 안방극장의 주 관객인 여성들이 좋아하는 안타까운 사랑의 이야기도 없고 인기가 한창 치솟는 여자 탤런트가 나오는 것도 아니지만 '재미있는 작품'으로 평가되고 있다. 우선 매회 드라마 텐션이 강해 극적 재미를 충분히 주고 있으며 묘한 뉘앙스를 주는 내레이션을 십분 활용, 색다른 맛을 낸다. 상놈 모자지간의 끈적끈적한 정도 세밀히 잘 묘사했고 이런 면에서 경제드라마가 갖는 목적성이 표출되지 않아 시청자들에게 호감을 사고 있다. 그러나 인물 전에서는 해당 인물들을 과장해서 긍정적으로 그리기 쉽다는 점은 제작팀들이 항상 조심해야 할 것 같다.[12]

김갑순과 박규채

「거부실록」 '공주갑부 김갑순' 편의 인기에는 '민나도로보데스'라는 유행어 이외에도 김갑순의 인간적인 면모와 연기자 박규채 특유의 해학적 연기가 크게 한몫했다.

박규채는 고려대 시절 연극에 빠졌고, KBS에서 연기자 생활을 시작했다. 그는 "「수사반장」의 주인공은 최불암이 아니라 범인들이다"라고 말했다. 자신은 「수사반장」에서만 16번 교도소에 들어갔다 왔다고 얘기하곤 했다. 연기자로서의 대단한 자부심이다. 그는 단역을 맡아도 최선을 다하며 몰입했다. 그는 훗날 「박순경」에서 주인공을 맡으면서 주연급으로 부상했는데, 그전에 이미 '공주갑부 김갑순'에서 그의 연기력은 한껏 돋보이고 빛을 발했다.

그의 풍모는 서민적 체취가 물씬 풍기지만 연기에는 깊이가 있었다.

「제1공화국」에서 박규채는 이기붕을 완벽하게 재현해냈다. 빼다 박았다. 2인자 역의 이기붕은 서 있으되 없는 듯 투명한 존재로 남아야 했다. 그것을 해내려면 역할로부터 초탈의 경지에 돌입해야 한다. 어느 연기자가 자신의 역할을 투명화하고 싶겠는가. 연기자는 가급적이면 자신을 돋보이고 싶어 하는데 박규채는 자신을 누를 줄 아는 연기자였다. 이는 그의 평소 심성을 닮았다.

「제1공화국」 38회 동안 이기붕은 단 한 번도 눈에 띄지 않았지만 그의 존재감은 모두가 느끼고 있었다. 그러다가 마지막 '양자 이강석' 편에서 그는 혼신의 연기를 펼친다. 온양 제일여관 목욕탕에서 아들 이강석이 등을 밀어줄 때, 김 서린 뿌연 화면을 뒤로 하고 서럽게 울고 있는 이기붕을 봤다. 38회 동안 그림자 연기를 펼치던 박규채의 눈물이었다. 이후 일가족 네 명이 권총 자살했다는 충격적 내레이션을 들으며, 박규채의 눈물을 떠올렸다. 그 내공은 그대로 「거부실록」에서 발현되었다. 사람들은 「거부실록」에서 다시 그를 눈여겨보기 시작했다. 박규채가 말하면 사람들이 따라했다. "민나도로보데스"를 시작으로 "나 돈 없시유" "당신 미인이야요" 등 박규채는 숱한 유행어를 만들어냈다.

공주갑부 김갑순은 매관매직으로 군수직을 맡았지만 선정을 베풀었다 한다. 본인이 돈이 많으니 가난한 서민들의 주머니를 털 일도 없고, 주민들 사이에 분쟁이 일어나면 명쾌하게 해결해주어 훗날 '솔로몬 판정'이라는 평판도 자자했다. 우리 모두에게 잠재적 대리만족도 작용했으리라.

박규채와 김갑순의 공통점도 있다. 박규채는 물욕이 없어 보였다. 밥도 잘 사고, 궂은일에 솔선수범했다. 사회사업도 훌륭하게 했다. 방송가에서도 맘 좋은 아저씨였고, 정치권 인사들도 좋아했다. 그것이 인연이 되어 선거운동도 도와주고 짧으나마 관직을 맡기도 했다. 그 이후 연기자의 불길은 꺼져갔지만, 평생 놓지 않고 있던 사회봉사의 끈은 끈질기게 붙들고 있었다. 취재차 만나본 그의 노년은 아름다웠다.

공주갑부 김갑순은 해방과 함께 급격한 몰락을 맞게 된다. 토지개혁과 화폐개혁으로 재산은 거의 환수되고, 1949년에는 반민특위에 불려 갔다. 김갑순은 역전을 노리며 첩이 낳은 잘생긴 아들 둘을 5·10선거에 내세우지만 참패하고 만다. 이 선거로 김갑순은 모든 재산을 깡그리 다 날렸다. 김갑순은 89세의 어느날 찹쌀떡을 먹다가 목에 걸려 죽었다. 그의 허망한 죽음까지도 화제가 되었다 한다.

6·25전쟁 때 김기팔 작가는 공주로 피난을 갔고 여기서 김갑순의 입지전을 아주 재미있게 들었다. 놀랍게도 공주 사람 어느 누구에게서도 김갑순을 비난하는 말을 듣지 못했다 한다. 왜 그랬을까?

풍자의 소재가 된 구한말의 거부 이야기는 다음 해에 당대의 재벌, 살아 있는 재벌 이야기인 「야망의 25시」로 이어졌다.

14장

한국경제 삼국지

MBC 월화드라마 「야망의 25시」(1983)

「거부실록」이 구한말의 재벌을 소재로 삼았다면 「야망의 25시」는 당대의 살아 있는 재벌을 모델로 삼았다. 오늘의 '한국경제 삼국지'는 민감하면서도 흥미로웠다. 화제가 집중되었다.

대경그룹 회장 조웅(최불암 분), 거산그룹 회장 최일제(정욱 분), 우일실업 회장 박기우(조경환 분), 이 세 재벌을 드라마 속의 이름으로 부르는 사람은 없었다. 분장실에서, 촬영 현장에서, 스태프들, 기자들 그리고 시청자까지 모두 '정주영' '이병철' '김우중'이라고 불렀다. 세상 사람 모두가 그렇게 부르면 그것이 이름이 된다.

「야망의 25시」의 묘미가 또 하나 있었다. 사람들은 주인공 김유장(박규채 분)이 실제 누구를 모델로 한 것인지 궁금해했다. 막대한 부동산을 소유하고 현금 동원력이 대단하며, 돈에 대해서는 셰익스피어의 희곡

「베니스의 상인」에 나오는 샤일록보다 더 지독한 사채업자로 묘사된 김유장의 실제 모델에 대해 세간에서는 S기업의 조모씨가 거론되기도 하고, S기업으로 돈을 벌어 부동산 재벌이 된 정모씨를 꼽기도 했다.

"당신 미인이야요" "나 돈 없시요"에 이어 "당신 사기꾼이야요"를 능청맞게 해대는 박규채의 해학적 요소와 유행어는 김기팔식 풍자의 맛을 한껏 살려주었다. 「야망의 25시」만의 독특한 향기가 진하게 배어났다.

선풍적 인기몰이

드라마는 첫 장면부터 폭발음과 함께 시작된다. 고속도로 공사장 터널을 뚫는 굉음과 함께 흙먼지가 산야를 뒤덮고, 그 먼지 사이로 지프차가 돌진해 들어온다. 노동자들이 부산하게 정리하는 중에 지프차가 서고, 대경그룹 조웅 회장이 뛰어내린다. 작업복에 워커 차림이다. 저쪽에서 현장감독으로 보이는 사람(김용건 분)이 뛰어와 경례하는데, 조웅이 그 순간 뺨을 후려치며, 공사기간을 못 맞춘 것과 안전장치가 미비한 채 폭파한 것을 꾸짖는다. 조웅은 차분히 설명할 틈도 주지 않고 지프차에 올라타 먼지를 날리며 떠난다.

「야망의 25시」는 회오리바람을 일으켰다. 제1회와 제2회가 방송된 첫 주에 펼쳐진 찬반양론을 김기팔 작가와 나는 아직은 관망하는 자세로 보고 있었다. 그리고 둘째 주 제3회와 제4회가 방송되면서는 그야말로 선풍적인 인기몰이로 장안의 화제를 독점했다. 자체 조사 시청률이 60퍼센트를 훌쩍 넘어섰고, 무엇보다 제작부서로 걸려오는 문의전화나 격려전화가 폭발적이었다. 일반 홈드라마나 일일연속극의 경우 여성 시청자의 문의전화가 많다. 그러나 「야망의 25시」는 유독 남성들, 특히 샐러리맨이나 교직에 종사하는 사람들이 태반이었다. 예상대로 "분명 외부의 압력이 많을 거다. 거기에 굴하지 말고 힘내라." 혹은 "그 사람들 훨씬 나쁜 놈들인데 왜 그렇게 미화시키느냐" "좀더 적나라하게 보여줄 수 없느냐" 하는 격려성 항의 전화였다.

하지만 내부의 반응은 달랐다. 내부 사람들의 비아냥에 몸서리가 쳐졌다. 가장 직접적인 사람은 드라마부장이었다. 그리고 상층부로 올라갈수록 반응은 더 냉담해졌다. 심의실에서는 심의를 마친 대본을 다시 회수하여 재심의했다. 드라마부장은 드라마 파트 간부급 전원에게 대본 탐독, 검열을 강요했다. 사내 분위기는 고립화 작전, '썰렁' 그 자체였다.

그때 김기팔 작가로부터 의논할 일이 있으니 동산리 집으로 오라는 연락이 왔다. 작가는 깊은 고민에 빠져 있었다. 1, 2회가 나갈 때는 으레 그러려니 했는데, 3, 4회 이후 양상이 달라졌다고 했다. MBC의 제작 간부 라인은 물론이고 타 방송사 지인들까지 집중적으로 압력, 회유가 몰려온다는 것이었다. 얘기를 나누는 도중에도 두세 통의 전화가 걸려왔다. 수법이 특이했다. 직접적인 압력은 일체 하지 않고 지인을 통해 은근히 압박을 가해왔다.

김기팔 작가의 결방 카드

긴 고민 끝에 김기팔 작가는 지금의 과열 상태를 식히고 또다른 형태의 압력을 막기 위한 방법으로 3주차 결방 카드를 제시했다. 군사정권에서 방송을 심의하고, 검열하고, 삭제하고, 폐지시키는 일이 생활화되어 있었다. 그러나 자진하여 프로그램을 결방시키는 행위는 최초일 것이며, 정권 입장에서 보면 도전 혹은 하극상으로 보일 것이다. 특히 압력에 의해 도중에 중단되었다고 오해를 살 수 있기 때문에 우리의 행동을 두려워하거나 이에 분노할 것이다. 이후 감시는 더욱 심해질 것이 분명했다. 하지만 나는 멀리 보고 작가의 의견을 받아들이기로 했다. 결방은 연출자에게는 자해행위다. 자기 자식에게 생채기 나는 걸 그냥 보고 있는 어미가 되고 말았다.

3주차 제5, 6회 방송의 결방을 예고하자, 사내 분위기가 험악해졌다. 고개를 푹 숙이고 작가의 와병을 앞세웠다. 논란 끝에 대외에 공표했다. 시청자들의 비난이 쏟아졌다. 제작진의 무책임함을 비난하는 항의가 주류를 이루었다. 방송사 고위 간부들도 작가와 연출자를 질책하고 나왔다. 우리는 비난의 소리를 들으며 대책을 수립했다. 기획의도대로 '경제민주화'를 끌어내자. 그렇게 하기 위해 픽션의 최소화와 진실의 구현에 몰입하자. 정공법으로 외압을 정면 돌파하기로 했다.

『한국일보』의 김훈 기자는 결방 직후 즉각 비판 기사를 냈다.

MBC-TV가 월화에 방영하는 기업드라마 「야망의 25시」가 작가 사정으로 18, 19일 양일간 방송이 중단되었다. MBC는 이 시간대에 「게리슨유격대」 고별편을 대신 방영키로 했다. 「야망의 25시」 방영 펑크는 석연찮은 뒷맛을 남기고 있다.

「야망의 25시」가 현존하는 유수 기업체의 총수를 모델로 하고 있음이 훤히 들여다보이는 만큼 방송국 측에 기업 측의 항의가 들어오지 않았나 하는 의문을 갖게 한다.[13]

『조선일보』의 정중헌 기자도 그다음 날 기사를 냈다.

그러나 시청자들은 연속드라마의 갑작스런 펑크에 대해, 의아심을 풀지 못하고 있다. 일부에서는 「야망의 25시」가 누가 보아도 쉽게 연상할 수 있는 재계 총수들을 극중 모델로 하고 있어, 재벌들의 압력이 작용한 게 아니냐는 추측을 하고 있다. 그 같은 추측은 이 드라마가 나가자 모델이 된 3대 재벌그룹의 홍보 관계자들이 자사에 유리한 홍보 자료를 보내오고 제작에 간접 편의까지 제공한다는 설과, 매회 방영 내용을 VTR로 녹화하는가 하면, 모델의 부인이나 비서 등 주변인물들이 잘못 그려지고 있다는 항의도 했다는 얘기들이 항간에 나돌고 있다는 데 뿌리를 두고 있다.[14]

언론에서 경위를 알리는 기사가 화요일과 수요일 조간신문에 나가자 상황이 바뀌었다. 시청자들의 격려가 빗발쳤다. "나쁜 새끼들, 방송이란 게 네 맘대로냐." "어떤 새끼가 압력을 넣었어, 말해, 우리가 쳐들어갈 테니까." "죽일 놈들 중요한 회사일도 미뤄놓고 와서 기다리는데 세상에 이럴 수가 있냐." "수고하는 것 우리가 알고 있다. 힘내라. 어떤 일이 있어도 중단해선 안 된다."

전화는 방송사는 물론이고 방송위, 문화부, 그리고 재벌기업에도 쏟아졌다. MBC 정문 데스크에 그때만 해도 흔치 않았던 꽃다발이 쌓였고, 떡 바구니도 배달됐다. 전보도 많이 오고, 손 편지도 여러 장 붙어 있었다. 지금 생각해도 정말 고맙다. 잊을 수 없다.

저 멀리 광장의 함성이 들려오고, 시장의 노래가 들려오는 듯했다. 여론이 움직이자 '간섭'은 일단 중지 상태로 들어갔다. 폭풍전야 같았다.

아무것도 묻지 말고 잘 마무리해

「야망의 25시」는 맹렬히 달렸다. 시청자들은 주제곡만 들어도 신나 했다.

「야망의 25시」에서는 기업 간의 담합도 다뤘다. 극동건설의 김회장, 대동건설의 박회장, 동아건설의 최회장, 대림건설의 이회장이 모여 공사 하나를 놓고 회의가 벌어진다. 서로가 양보할 수 없는 일감이었지만 동아의 최회장이 그 공사를 기어코 자기가 해야겠다고 부득부득 우긴다. 다른 회장들의 양보는 받았는데 대림의 이회장만 요지부동이다. 서로 자기가 하겠다고 불꽃 튀는 설전 끝에 최회장이 갑자기 얼굴이 벌겋

게 상기되면서 "나는 고혈압인데…" 쓰러지듯 누워버린다. 깜짝 놀란 대림의 이회장이 거두절미하고 "그래, 그 공사 너 가져"라고 한다. 그 말을 듣자 최회장이 "음, 조금 낫군" 하면서 부스스 일어난다.

이전투구를 벌이는 건설 현장에서 꽤 낭만적인 이야기 같지만 이건 낭만이 아니다. 그래봤자 순서만 다를 뿐 어차피 차례는 오게 되어 있다. 담합은 법으로 금지됐지만 당시에는 공공연한 관행이었다. 권력에 찍히지 않는다면 관(官) 역시 알면서도 눈감아 준다. 재벌기업의 명(明)과 암(暗)을 다뤘다. 그 진실을 그려내는 것은 「야망의 25시」 책임이다.

드라마의 회차가 거듭되면서 극중 재벌 회장 역할을 맡은 최불암, 정욱, 조경환 등 연기자들의 활약상이 빛을 발했다. 그리고 후반부에 급성장한 신흥 재벌 회장이 등장했다. 그가 등장하며 온갖 소문이 돌았다. 재벌 회장의 실제 모델이 청와대와 친분 있는, 특히 영부인인 이순자 쪽과 특수한 관계라는 믿을 만한 제보도 잇따랐다. 그만큼 압박감도 느껴졌다.

제21회와 제22회 녹화 당일, 2시간을 쉼 없이 내달려 12시에 리허설을 마치고 2층 부조정실로 조명계단을 타고 올라갔다. 문을 열고 들어서니 이웅희 사장을 비롯한 중역들 10여 명, 그 뒤로 기술파트 5~6명이 기다리고 있었다. 웬일인가? 사장은 나를 데리고 부조정실 밖으로 나가 텅빈 복도에서 "아무 말 묻지 말고, 오늘 녹화로 끝내시오"라고 조용히 말했다. 내가 놀란 눈으로 쳐다보자 이웅희 사장은 엄지손가락을 세워 보이고 내 등을 두세 번 다독이더니 부조정실 문을 열고 중역들에게 가자고 했다. 사장의 말에 중역들과 직원들은 우르르 몰려나갔다.

텅 빈 부조정실. 아무 생각이 들지 않고 머릿속이 하얬다. 점심시간이라 모두 나가고 없어 혼자 멍하니 앉아 있었다. 10분, 30분, 1시간쯤되었을까, 전화벨이 울렸다. 안 받자니 그렇고 해서 받았더니 드라마제작부장이었다. 앞도 뒤도 없이 "난데… 그냥 잘 끝내, 엔딩을 잘 마무리해서… 잘 끝내…" 하는 부장에게 "이 ×××××××" 나도 모르게최악의 욕설이 튀어나왔다. 내 입에서 이렇게 심한 직설적 욕설이 튀어나오리라곤 상상도 못했다. 전화기를 내던졌다. 지금까지 하얗던 머리는 분노로 터질 것 같았다.

드라마 제작부장은 일제시대 고등계 형사 같은 부역자였다. 정보기관과 내통설이 꾸준한, 부끄러움을 모르는 두터운 얼굴을 지닌, 모든 일을 술 먹기 경쟁하듯 뻔뻔하게 해치우는, 전무후무한 파렴치한이었다. 사장의 의지를 눈치 챈 제작본부장이 발 빠르게 전략을 내비치자, 부장이 부리나케 나선 것이다. 그날, 그들의 전략은 방송을 하는 사람으로서 있을 수 없는 비윤리적 행태였다. 사장의 '엄지손가락' 사인으로 보아 대통령의 지시 같은데, 더 밉고 용서되지 않는 것은 본부장, 부장 같은 내부의 부역자들이었다. 부장의 갑질 횡포가 극단으로 치달은 것은, 김기팔 작가에게 전화해 '완결성 마지막 장면'을 새롭게 써오라는 '정식 오더'였다. 부장의 이상한 취향이 다시 발동했던 것이다. 전체 진행과 상관없이 마지막 장면으로서의 형식만 갖추면 마지막 장면이 되는, 논리 아닌 논리다. 지나친 형식주의에, '눈 가리고 아웅' 식 논리다.

'오더'대로 쓰인 마지막 장면

녹화는 침통한 분위기에서 진행되었다. 거의 끝나갈 즈음, 김기팔 작가는 그 문제의 마무리 원고를 손에 들고 부조정실에서 녹화하고 있는 내 뒤에서 넋 나간 사람처럼 서 있었다. 그 원고뭉치를 보니 눈물이 핑 돌았다. '기개 넘치는 대한민국 최고의 작가가, 저 원고를 쓰며 얼마나 심란했을까.' 고개 숙여 원고를 받았다. 다섯 쪽 원고를 받아 빨리 읽어보고 조연출을 불러, 적당히 복사하여 해당 연기자와 스태프에게 나눠주라고 했다.

김기팔 작가의 '의심의 철학'이 발동되었다. "세상을 바꾸기는커녕 감내하기조차 힘들다는 무력감에 빠져들수록 의문은 더욱더 커져간다. 우리는 어떤 세상에 살고 있는가? 우리가 살고 있는 이 세상은 왜 이래야만 하는가? 세상에서 가장 부유한 상위 1퍼센트 부자가 나머지 99퍼센트의 사람보다 더 많은 부를 축적하고 있다고 하는데… 왜 소수가 다수를 지배해야 하는가?"

문제의 추가 '마무리 장면' 녹화가 진행되었다. 소식을 들은 기자들과 사내의 뜻있는 동료들 100여 명이 스튜디오 김유장의 거실 세트 앞에 운집했다. 카메라가 움직일 길이 없이 꽉 찼다.

S# 거실. 수민과 가정교사가 무겁게 기다리고 있는 중에, (느닷없이) 자막 "10년 후" 나가고 그 뒤로 늙은 김유장이 등장한다. 그는 반신불수가 되어 부인의 부축을 받고 있다. 카메라 쪽으로 다가와 네 명(박규채, 엄유

신, 심양홍, 길용우)가 한 화면에 잡히면 박규채가 뒤틀린 입으로 "당신 미인이야요."

보고 있던 100여 명 중 반은 웃었고, 반은 침통한 기색으로 서 있었다.

지극히 형식적인 권선징악형 '마무리 장면' 녹화가 끝나고 세트장 한쪽에서 드라마 종료 기념촬영을 했다. 평소에 사진 찍기를 싫어하던 스태프들까지 다 모였다. 우리 모두가 이 순간을 꼭 기억하고 싶어 했다. 김기팔 작가와 나도 구석에 끼어 찍었다.

통상 연속극 형태의 시리즈물이 끝나면 성공 여부에 따라 약간의 차등은 있지만, 회사에서 공식적인 '쫑파티' 비용이 나온다. 조연출의 전언에 의하면, 제작부장의 명령으로 쫑파티도 금지라고 했다. 모두가 어이없어 하는데, 누군가 스튜디오 앞 탤런트실 로비에서 그냥 하자고 의견을 냈다. 소파가 모자라 맨바닥에 신문지를 깔고 앉았다. 그때 또 제작부장의 명령이라며, 회사 안 음주 금지령이 떨어졌다. 귤 몇 개와 사이다와 콜라, 그렇게 차려놓고 아무 말 없이 앉아 있었다. 얼마간의 시간이 흐르고 중도하차 원인을 분석하기 시작했다.

중도하차가 오늘 아침 대통령의 명령이란 것을 알 만한 사람은 다 아는 사실이었다. 그렇다면 누가 대통령을 움직였느냐로 추측 범위가 좁혀졌다. 일단 「야망의 25시」의 화제성이 확산되는 것에 위기감을 느끼는 재계인사들의 이름들이 나왔다. 온갖 인사들이 다 등장하는 중에, 근거 없이 대우가 많이 회자되었고 삼성, 럭키금성, 명성, 한진도 떠올랐다. 그중에 최근 등장한 명성이 영부인과 관련 있다는 소문이 파다하다는 것이었다. 방송사 내부자의 정보기관 내통도 큰 몫을 했을 거라고 했다. 중요한 것은 대통령이 누구의 보고를 받고, 어떤 판단에서 일개 드라마의 중도하차 명령을 내렸느냐 하는 것이었다. 근본에 끈끈한 정경유착이 작용하고 있다는 합리적 의심에 도달할 수밖에 없었다.

지금의 상황은 첫째 지도자(사표, 롤모델)가 없는 사회, 둘째 가치의 중심(공감)이 없는 사회, 셋째 미래의 지향점(목표, 비전)을 갖지 못하는 사회가 겪어야 하는 필연적 귀결이었다.

일생의 기로

1983년 6월 14일, 제22회 마지막 회가 방송되었다. 방송 끝에 시청자들에게 엎드려 사죄하는 마음으로 "고맙습니다"를 화면 가득 채우고 페이드아웃시켰다.

늦은 밤 카메라맨 김명균 형에게서 전화가 왔다. '웬만해서는 전화할 사람이 아닌데…' 아쉬움의 한숨을 길게 내쉬며 말을 잇지 못하는데 눈물이 났다. 결국 전화를 끊고 소리 내어 통곡을 했다.

이것은 자기 시대에 절망한 사람의 기록이다. 삶을 향한 갈망을 무너뜨릴 만한 그런 절망, 이 절망감을 통곡으로 쏟아내고, 그 울음 끝에 구한말 매천 황현이 떠올랐다. "나라가 망하는데 자결하는 선비 하나쯤 있어야 하지 않나?" 그는 국치 다음 날 자결했다. 그가 죽고 난 다음, 매화가 온 사방에 소리 내어 피었다지 않는가.

마지막 방송이 끝나고 여기저기에서 위로와 격분의 전화가 많이 왔다. 「야망의 25시」가 한국 TV드라마의 첨병 역할을 맡았기 때문이리라. 첨병은 나침반과 같다. 일개 부대가 첨병의 발자국을 따라간다. 그래서 첨병은 목숨을 걸어야 한다. 시민의 공분을 공동의 선으로 이끌어야 한다. 그것이 뜻있는 방송인이 남길 발자국이다. '당신의 빛을 비추려면 어둠 속으로 들어가야 한다.' MBC 10층 옥상에서 뛰어내리자. 그리하여 「야망의 25시」가 계속될 수 있다면, 이 한 목숨 내던질 각오가 되어 있다. 그런데 이것은 명예욕인가? 희생정신인가? 죽음으로 내 이름 석 자 남기고 난 그다음은? 회사가 발칵 뒤집힐 것이다. 그다음은? 회사 앞에서 노제를 지내줄 것이다. 연기자들이 모두 나와 울 것이고, 여기저기 뉴스가 한 토막씩 나올 것이다. 그다음은? 또 그다음은? 「야망의 25시」는 절대 다시 이어지지 않을 것이고, 첨병이 닦아놓은 길은 소나비 몇 번에 뭉개질 것이다. 시간과 함께 자취도 못 찾을 것이다. 승리자의 펜으로 지워질 것이다.

새벽이 왔다. 긴 밤을 지새우며 생각에 빠졌다가 결론에 도달했다. '분노하자! 항의하자! 기억하자! 그러기 위해 살아남자! 지나간 일을 기록하여, 미래를 기약하자.' 「야망의 25시」는 시민의 힘이 박차가 되어 달렸다는 것을 잘 알고 있었다. 특히 3주차 결방 이후 시민의 힘을 온몸에 안고, '광장의 언어' '시장의 언어'로 쓰고 그렸다. 이 골목을 박차고 나가면 저기에 경제민주화가 두 팔 벌려 맞이할 것이라는 확신 속에 매진했다.

기로였다. 기로에서 나의 일생을 찬찬히 돌아봐야겠다 마음먹었다.

제2부

피디로 가는 길

1장

어머니

가출 청소년에서 방송사 피디로

여덟 살 봄날, 어머니가 돌아가셨다. 나를 잉태했을 때 병원에서는 산모를 위해 아이를 떼어내라 했단다. 어머니는 심장이 좋지 않으셨다. 나를 낳은 후에는 심장판막증으로 아예 8년을 몸져누우셨다. 나를 세상에 내놓으시고 당신은 이 세상을 떠나신 것이다. 나에게 예술적인 재능이 있다면 그것은 어머니가 나에게 안겨주고 가신 것이리라. 나는 어머니와의 추억이 거의 없다. 얼굴도 그릴 수가 없다.

어머니의 죽음

국민학교(초등학교) 2학년 새 학기가 시작된 1955년 4월 1일이었다.

학교에 다녀온 후, 동구 밖 사촌형네에 김치 한 항아리 갖다주라는 어머니의 심부름을 마치고 문을 들어섰을 때, 친척 아저씨가 마루 끝에 앉아 날 부르며 어머니가 돌아가셨다고 했다. 방에 들어서니 어머니는 몸이 많이 부어 있었다. 더이상 깨어나지 않는 어머니를 보며 나는 "오늘 만우절인데" 하며 웃었다. 장례식 때 대문 앞에 친 흰 천막 아래 영정 앞에서 상복을 입고 대나무 지팡이로 자치기하며 노는 나를 보며 문상객들이 많이 울었다고 한다. 노란색 영구 트럭과 수많은 만장, 장례 행렬이 근사했다. 차들이 불을 켜고 줄줄이 달릴 때 즐거웠다. 전주에서 변산까지 군 경계를 넘을 때마다 차들이 늘어나 부안에 당도했을 때는 "열네 대다!"라며 환호했다.

당시 아버지는 호남평야를 호령하던 전라북도 양정과장으로 그 위세가 대단했다. 어머니는 멀리 서해바다가 보이는 변산의 작은 언덕 송림 선산에 묻혔다. 영구차가 송림 산소 입구에 다다르자 부안의 거지들이 어귀에 모여 있었다. "배고픈 거지들에게 쌀 한 바가지 가득 퍼주시던 부안군수의 마님, 아랫것들에게 베풀다 가신 마님, 마님 마지막 가시는 길, 저희들이 메고 가게 해주세요." 그들은 상여꾼이 되어 산에 올랐다.

그로부터 4개월 뒤 아버지는 새 장가를 들었다. 스물네 살 시골 처녀가 계모로 들어왔다.

전주 오목대에서 내려다보면 왼쪽으로 교동 한옥마을이 반듯반듯 들어서 있고, 그 안에 내가 태어난 기와집이 보인다. 오른쪽으로 시선을 옮기면 불에 타버린 문화연필 공장과 원불교 교당, 더 옮기면 크고

둥근 돔이 우뚝한 전동성당, 더 오른쪽으로 옮기면 풍남문과 경기전, 그리고 끝까지 오른쪽으로 돌리면 한옥마을 본령, 그 한가운데 우리 집이 있었다. 우리 집을 앞세우고 전주시가 쫙 한눈에 펼쳐져 있다.

어머니가 돌아가시고 난 뒤, 어린 시절 오목대는 내 놀이터이자 나만의 작은 영토였고 비밀스러운 동산이었다. 고추잠자리가 떼 지어 노니는 붉은 석양이 있고, 상수리나무와 집게벌레와 풍뎅이가 있었다. 나는 상수리나무에 오르는 남다른 재주가 있었다. 높은 상수리나무에 오르면 풍뎅이가 나를 반겼다. 이놈들은 대여섯 마리씩 떼뭉쳐 한주먹에 잡힌다.

나는 풍뎅이 냄새가 좋았다. 풍뎅이한테는 어머니 냄새가 났다. 풍뎅이는 잡히면 그 자리에서 짧은 다리만 꼼지락거린다. 이놈을 뒤집어 내려놓으면 그 자리에서 맴돈다. 우리는 풍뎅이를 잡으면 재미있어라 머리와 다리를 비틀었다. 그러면 이놈은 맹렬하게 날개집을 펄럭거리며 빙글빙글 돌고, 날개집은 바람을 일으킨다. 끝내 숨어 있던 양 날개가 비집고 나와 구겨진 날개를 펴 나풀거리며 비상을 시도한다. 그러나 공중으로 날지는 못한다. 이놈의 한계는 거기까지다. 녀석은 사람의 시선이 비켜서면 삶을 향해 버둥거린다. 비틀린 목은 어느새 제자리로 되돌아와 있고 눈은 나를 향해 애원한다. 다음 날 아침이면 다시 멀쩡한 듯기어다닌다. 그놈의 생명력과 회복력은 어디서 온 걸까?

아버지는 어머니가 돌아가신 후부터 불쌍하다며 막내인 나를 데리고 잤다. 계모가 들어와서도 마찬가지로 같이 잤다. 어느날 잠결에 나도 모르게 계모의 가슴을 더듬다 뿌리침을 당했다. 그 순간 잠에서 깼다. 아버지도 계모도 아무것도 모르고 자고 있는데, 나는 잠들지 못하고 밤새도록 소리 없이 울었다. 내 일생을 통틀어 가장 긴 밤이었다. 그 다음 날로 돌아가신 어머니가 덮던 이불 하나를 챙겨들고 나와 골방에서 혼자 잤다. 식구들은 내가 왜 그랬는지 아무도 영문을 몰랐다. '어미 없는 자식'의 서러운 소년기가 시작되었다.

그 시절 나는 영화 보는 것을 참 좋아했다. 아버지와 계모의 밤 마실을 따라갔다. 데려가지 않으면 먼저 극장 앞에서 기다렸다가 따라 들어가기도 했다. 그도 안 되면 극장 앞 스피커에서 흘러나오는 소리를 들으며 영화의 장면들을 상상했다. '아! 김지미가 최무룡과 만나네.' 영화가 끝날 즈음이면 극장 문을 미리 여는데 관객들의 머리 사이로 최은희가 울고 있는 화면이 보였다. 잠깐 보아도 배가 불렀다. 나중에는 전주에 있는 극장 세 곳의 개구멍을 섭렵했다. 그 당시 전주에서 상영한 모든 영화를 다 봤다.

싸움꾼 어린 시절

국민학교 5학년 여름방학, 동네 친구들과 고기잡이에 나섰다. 집에 있던 농약병 하나를 들고 한벽루를 지나 전주천을 거슬러 올랐다. 중바위 밑의 칼바위를 지나 각시바위를 맴도는 물구덩이를 건너서 서방바위 밑에서 고기잡이를 시작했다. 농약을 붓고 고기떼를 몰았지만 고기가 떠오르지 않았다. 농약을 믿고 나를 따라온 친구들이 심하게 핀잔을

쳤다. 조그만 방죽 같은 데서 써야 할 농약을 흐르는 냇물에 쏟아놓았으니 될 턱이 없었던 것이다. 친구들은 돌아가고 우두커니 서방바위 위를 흐르는 물만 보고 있었다.

석양이 질 무렵 철길을 따라 뚜벅뚜벅 돌아오는데, 정신을 차려보니 집 동네를 지나 전주역 쪽으로 걷고 있었다. 전주역에 정차 중인 어둡고 썰렁한 빈 기차에 올라 의자에 앉았다. 까무룩 잠이 든 사이 기차는 출발했고 그렇게 3박 4일간의 첫 가출이 시작되었다. 남원, 순천, 부안, 줄포 등지를 이리저리 떠돌았다. 이동은 도둑 기차로, 낮에는 아이스케키 장사를 하고 밤에는 역 대합실이나 빈 객차에서 잤다. 순천에서는 모르는 사람을 따라갔다가 그 집 양자가 될 뻔했다. 새벽에 그 집에서 도망쳐 버스를 타고 전북 줄포 버드내(유천리)에 있는 외갓집을 향해 내달렸다. 저녁 무렵 외갓집에 당도하자 온 식구들이 놀라며 반겼다. 내가 없어진 동안 우리반 학생들 전체가 비상 소집되었고, 집에서는 당시로서는 정말 큰돈인 300만 원이라는 현상금을 걸고 종일 지프차로 온 동네를 돌며 가두방송을 했단다. 외갓집 식구들은 번갈아가며 나를 안고 울었다. 늙으신 외할머니는 돌아가신 어머니 이름을 몇 번이고 되뇌며 소리 내어 우셨다. 그 가출을 시작으로 성인이 될 때까지 50여 차례의 가출이 반복되었다.

정치 현장도 들여다봤다. 4·19혁명 직후 7·29총선거에 아버지가 고향 부안에서 국회의원에 출마했다. 무소속이었다. 민주당 공천을 받으면 말뚝만 박아도 당선되던 선거에서 무소속으로 될 법이나 할까. 당시 중학교 1학년이던 나는 아버지의 선거사무소에서 온갖 허드렛일을 도

왔다. 그때 정치 현장의 온갖 추태를 다 봤다.

중학교 2학년 때 최초의 가출일지를 '외갓집 가는 길'이란 제목으로 공보처 주최 전국 시나리오 공모에 응모했다. 물론 예선에서 탈락했다.

그 시절 나에게는 꿈이 있었다. 서울 광화문 국제극장 자리에 16층짜리 건물을 세우고 10층까지는 지금으로 치면 멀티플렉스 영화관을, 그리고 나머지 층에는 연극, 갤러리, 오락실, 당구장을 모두 모아놓은 종합 문화관을, 맨 꼭대기에는 내 방을 만들고 싶었다.

그리고 조직의 두목이 되고 싶었다. 5·16쿠데타 후에 '나는 깡패입니다'라는 플래카드를 들고 종로를 행진하는 깡패들을 보며 비웃었다. 깡패가 되려면 최소한 알 카포네 정도는 되어야겠다고 생각했다. 그런데 실상은 고작 동네 불량 청소년들과 어울려 다녔다. 종점 패거리와 극장 앞 패거리가 싸움이 붙으면 나는 앞장섰다. 어린 시절 사촌형을 도와 싸우지 못한 비겁함을 씻기라도 하듯 곧잘 앞에 나서곤 했다. 싸우는 법을 일찍 터득했다. ''쌈'을 두려워 말라. 무서운 건 없다. 겁먹지 마라. 주먹이 날아오는 걸 보아라. '쌈' 초단이 태권도 5단을 이긴다. 선방으로 제압해라. 가능하면 싸우지 않고 무릎 꿇게 하라.'

대충 4년, 험난한 세월을 보냈다. 그러다 보니 스스로 철이 들었다. 어느날 길었던 머리를 삭발하고 아버지 앞에 무릎을 꿇었다. "이제 공부를 해야겠습니다. 영화 공부를 하려 하는데 어디서부터 해야 할지 모르겠습니다. 대학 갈 기초부터 잡아줄 학원에 보내주십시오." 아버지는 묵묵히 듣고 계시는데, 그 옆에 앉아 있던 계모가 툭 한마디 던졌다. "미친놈!" 그 한마디에 모든 생각이 뒤집혔다. 박차고 일어나 현관 쪽문 유리창을 주먹으로 내질렀다. 유리는 박살이 나고 깨진 유리 조각들이 칼날처럼 주먹에 박혔다. 피가 솟구치고, 주먹을 바닥에 뿌리자 유리 조각이 우박처럼 소리 내며 쏟아졌다. 옆방에 있던 누나가 쫓아 나와 천을 찢어 감싸고 병원으로 내달렸다. 가장 가까이 있는 버스 종점의 김외과에 들어서자 의사가 외면하며 돌아섰다. "저 사람 외상이 많아 안 받아요." 누나는 외마디 항의를 하고 두 정거장을 뛰어 지서 앞 병원으로 향했다. 가는 길에 피가 땅바닥에 뚝뚝 떨어졌다. 응급조치를 하고 도합 36바늘을 꿰맸다. 누나는 돌아앉아 하염없이 울고만 있었다.

나의 골방, 나의 베개에는 항상 눈물 자국이 수놓아져 있었다. 자다가 문득 잠에서 깨면 등을 쓰다듬어주시던 어머니의 손길이 느껴질 때가 많았다. 주변의 가난한 사람에게 끊임없이 베풀다 가신 어머니의 뜻은 어디에서 비롯되는가. 이제 실바람도 느끼고, 대나무 소리도 들린다. 줄지어 나는 기러기도 눈에 띄고, 연못의 그림자도 보이기 시작했다.

시학과 브레히트 사이에서

1966년 서라벌예대 등록금을 건네주시던 날, 아버지는 안경 너머로 눈물을 비치셨다. 이제 아버지는 젊은 아내에게 모든 걸 다 내주셨다. 가장의 위엄도 경제권도 자존감까지도 다 내놓으시고 당뇨만 안고 계셨다. 나는 정식으로 집을 나와 독립했다. 대학교 2층 103 강의실에서 침낭을 펴고 잠자고, 친구들이 날라다 주는 도시락을 까먹으며 대학극장의 모든 일을 맡아 했다. 음향부터 조명, 미술, 카메라, 시설까지 관리하고 운영했다. 실기 장학생이 되어 학비를 줄곧 면제받았다.

당시 유엔군 총사령부 방송(VUNC, Voice of United Nations Command)에서는 전국의 방송 전공 학생들을 위해 목요일 아침 8시부터 30분씩 순회방송을 배정해주었다. 학생들이 프로그램을 제작하여 전국과 아시아권에 방송하는 것이다. 우리는 월 1회 방송하는 라디오 드라마 고정을 따냈다. 이 드라마에서 나는 '배다른 동생의 유괴일지' '계모의 횡포' 등 불편한 스토리를 토해내 우리 집에 폭탄이 되곤 했다.

1967년에는 아버지를 놀라게 한 일이 터졌다. 동양방송이 주최한 '전국대학방송경연대회'에서 단막극 「흑설(黑雪)」(고석만 극본, 연출)로 작품상, 극본상, 연출상, 기술상, 연기상 등 5개 부문을 휩쓴 것이다. 경쟁 학교인 이화여대와 경희대를 무색하게 만들었다. 달리는 기차에서 우연히 만난 두 친구의 우정과 갈등, 충돌에서 화해에 이르는 속도감 넘치는 설전을 기차 특유의 음향과 접목해 소리 예술의 진수를 표현했다는 찬사를 받았다. 동양방송 시상식장에 오신 아버지는 내무부에 근무할 시절 아는 사이인 동양방송 홍진기 회장에게 '내 아들놈'이라고 자랑하셨다. 난생 처음 아버지에게 인정받는 아들이 되었다.

1968년 군대에 갔다. 졸병으로 잘 지내다가 국방부 국군영화제작소 촬영병 모집에 응모했는데 『전우신문』에 단독 합격이 발표됐다. 우여곡절 끝에 월남에 파병되어 백마 30연대 촬영병이 되었다. 전쟁터의 촬영병은 남보다 한 발짝 앞서 가야 한다. 포화를 찍으려면 멀리 내달려야 한다. 첨병보다 앞설 때도 많았다. 월남전은 지뢰, 부비트랩 등의 위험요소가 태반이었다. 여기서 죽으면 개죽음이다. 전장에 가서야 월남 파병의 정치적 진실을 알게 되었다.

'전쟁은 롱숏이다. 전쟁은 클로즈업이다. 전쟁은 플래시컷이다. 전쟁은 무빙숏이다.' 전장에서 사실주의 영상의 기초를 자연스럽게 터득했다. 현장에서 찍어 한국으로 보내는 필름은 내가 편집할 수가 없는 구조라서, 찍기 전에 미리 편집 콘티를 구상하고 촬영을 진행해야 했다. 한두 컷이 뒤바뀌면 생사가 뒤바뀌듯, 죽음 앞에서 인간의 참모습도 그렇다. 세상을 보는 시각이 달라졌다. 예술의 원론적 의미도 봤다. 예술이란 내 시각으로, 내 철학으로 새롭게 사물을 발견하여 나만의 이미지를 구축하는 것임을 깨달았다.

제대를 하니 서라벌예대는 중앙대로 합병되어 있었다. 연극영화과 4학년에 편입해 쉴 틈 없이 실습작품에 매달렸다. 6개월 동안 3분짜리부터 20분짜리까지 크고 작은 작품을 16편이나 찍어댔다. 제작비가 많이 부족했다. 서로의 역할을 바꿔가며 1인 다역을 했다. 학생식당에서 간식으로 라면을 사 먹는 동료들을 보면 '저 돈으로 필름 사지'라고 생각했다. 어린 시절 오목대 풍뎅이의 회복력, 생명력을 기억하며 매진했다.

4학년 가을, 이제는 선택해야 할 때가 왔다. 지금껏 아리스토텔레스의 『시학』을 드라마의 절대선으로 알고 왔던 나에게 '프로파간다'와 '브레히트'가 다가왔다. 브레히트의 소격효과를 테마로 졸업논문을 준비하며 고민했다. 영화를 할 것인가, TV 드라마를 할 것인가? "여우는 많은 것을 알고 있지만, 고슴도치는 큰 것 하나를 알고 있다"라고 했던

가. 지금껏 나를 끌고 온 어머니의 뜻은 무엇인가? 백만장자의 구두를 만들 것인가, 100만 인의 구두를 만들 것인가? 결국 나는 진로를 MBC로 정하고 낮밤 가리지 않고 매진하여, 1973년 AD에 합격했다.

2장

조연출 시절, 윤이상과 함께 '용의 꿈'을 꾸다

MBC 입사(1973)

하나, 첫 출근

MBC 합격 통보를 받고 첫 소집일, 정동 16층 사옥을 올려다보며 정문을 통과할 때, 보초를 서던 군인이 다가와 M16 소총으로 내 가슴팍을 쳤다. 기습적이었다. 아팠다. 유신 직후인 1973년, 계엄령하에서 도처에 탱크와 기관단총을 거치한 지프차들이 압도하고 있던 때였다. 내가 '의식화'가 되었다면 이날의 충격이 계기가 되었을 것이다.

기본 연수를 끝내고 정식 사령장(辭令狀)을 받은 1973년 2월 1일, 나는 TV제작부에 배치되었다. 홍의연 제작부장 앞에 다섯 명이 줄 서 있는데 한정진 음악반장이 다가왔다. "야! 너, 넥타이 풀어." 엉겁결에 첫 현장 녹화를 나갔다. 서울 무교동 극장식당 '월드컵' 무대에서의 쇼 녹화였다.

스태프와의 첫 만남은 순조로웠다. 땀 흘려 카메라를 함께 옮긴 효과였을 것이다. 방송국 사무실에는 다음 날 아침 생방송을 준비하는 정완재 교양반장이 나를 기다리고 있었다. 그로부터 3년, 매일 아침 생방송 교양 프로그램의 조연출을 했다.

둘, 통금 사이렌 소리에 잠들고, 잠깨다

매일 아침 5시부터 방송을 준비하여 7시부터 8시까지 「임택근의 모닝쇼」가 끝나면 1시간 동안 세트를 전면 교체한다. 육박전 같은 작업이 이뤄진다. 연출 쪽에서 미술세트 작업을 도와주지 않으면 안 된다. 자연스레 전우애 같은 것이 생겼다. 그 먼지 구덩이에서 9시부터 30분짜리 「여성백과」 생방송, 이 프로그램이 끝나면 2분 30초 안에 지하 1층에서 지상 4층까지 뛰어올라가 주조정실 슬라이드 체인의 공개홀 자료를 교체한다. 내려오면 30초쯤 숨 쉴 틈이 났다. 그다음 카메라를 돌려 10분짜리 「가정요리」가 생방송된다. 아침 생방송 세 개가 끝나면 오전 10시쯤, 단골 식당으로 옮겨 아침을 먹는다. 시킨 밥이 나오기도 전에 잠에 빠지기 일쑤였다. 오후 시간에는 교양반의 다른 프로그램들 조연출을 해야 한다. 바둑, 퀴즈, 어린이, 대담, 그리고 행사 프로그램이 끊임없이 밀려 있었다. 하지만 교양반에 배속되는 모든 피디들은 「실크로드」 같은 프로그램을 꿈꾼다. 나는 '윤이상 다큐멘터리'를 하고 싶었다.

베를린에 있던 윤이상은 1967년 6월 17일 누군가로부터 괴전화를 받고 납치되었다. 고문당하고, 자살을 기도했다. 중앙정보부에 의해 고국으로 송환돼 '동백림 간첩단 사건'으로 부인과 함께 기소, 그해 12월 13일 1심에서 종신형이 선고되었다. 베를린 주재 북한 대사관을 왕래하고 평양을 비밀리에 방문한 혐의였다. 그 시절, 이 땅에서 '윤이상'은 금기어였다. 내가 윤이상의 예술 세계를 처음 만난 것은 1972년 뮌헨올림픽 문화행사로 독일에서 공연된 오페라 「심청」의 비디오테이프를 보면서였다. 그가 클래식의 본고장 유럽에서 현대음악의 기둥이 된 역사를 처음으로 알게 됐다. '상처 입은 용의 꿈'을 접하면서 윤이상을 이야기하고 싶었다. 피디로서 풀어야 할 큰 숙제였다.

셋, 기술이 예술을 구원하리라

유럽의 1960년대는 무거웠다. 특히 현대미술은 30년 이상 암울한 정체기를 맞았다. 개념미술 아니면 설치미술, 그도 아니면 개념 플러스 설치 정도의 동의어가 반복되었다. '예술은 죽었다'고 얘기했다. 예술 종말론이 팽배했던 시절, 변화와 움직임을 캐치프레이즈로 내세운 플럭서스(fluxus) 운동이 등장해 모두를 놀라게 했다. 그 중심에 백남준이 있었다. 예술가들은 엄숙주의를 배격하며 기술 발전의 추이를 지켜보고 있었다.

1958년과 1959년 독일 다름슈타트 국제 신음악 하기 강좌에서 백남준을 만난 윤이상은 무엇을 생각하고 무슨 얘기를 했을까. 작곡가 윤이상은 한국음악과 서양음악을 융합하며 새로운 음악세계를 창조해냈다. 그는 서양 현대음악의 중요한 기둥으로 자리 잡았다. 윤이상 덕분에 서양 현대음악에 국악이 등장했고, 윤이상의 음악을 통해 외국의 음악가들이 우리나라의 음악 기법을 익히게 되었다. 첼리스트이자 물리학자인 고봉인은 윤이상의 음악에 대해 다음과 같이 평했다. "여기 매우 중요한 대목이 하나 있다. 서양 현대음악의 대가로 꼽히는 작곡가 윤이상의 초창기 작품이 우리가 쉽게 흥얼거릴 수 있는 가곡, 교가, 동요라는 사실. 통영 앞바다의 파도 소리, 어부들의 흥겨운 노랫가락, 경남 지방의 민요 등 윤이상이 사용한 물감은 '한국'이었고, 그는 나중에 붓을 바꾸더라도 물감은 그대로 사용했다. 그래서 아무리 색감과 붓칠이 달라도 윤이상의 음악은 한국의 색을 띤다."[15]

넷, 군고구마 장사를 해도 일류의식을 가져라

추운 밤, 병원에 입원한 선배에게 병문안을 갔다가 그날의 정치 이슈를 전했다. 선배가 신문을 보고 싶다고 했다. 늦은 밤이라 가판대는 이미 철수한 뒤였다. 병원을 뒤지고 영등포 시장판까지 헤매고 다녀도 신문을 찾지 못했다. 힘 빠져 돌아오는 길에 군고구마 장수가 칙칙한 남폿불 밑에서 신문을 보고 있는 걸 발견했다. 신문값의 몇 배를 부르며 그 신문을 팔라고 했다. 군고구마 장수는 휙 돌아앉으며 팔 의사가 없음을 밝혔다. 값을 더 올려 제시했지만 싫단다. "내가 지금 보고 있는데 왜 그래요?" 나는 애가 달아 1만 원까지 주겠다고 했지만 군고구마 장수는 거절했다. 포기하고 돌아서다가 군고구마나 1,000원어치 달라며 돈을 냈다. 그 사람은 봉투를 꺼내 군고구마 몇 개를 담아 건네면서 "아저씨, 이 신문 그냥 가져가세요. 서비스예요."라며 신문도 같이 주었다. 그 사람은 신문을 파는 사람이 아닌 군고구마를 파는 사람이다. 아차 싶었다. 신문을 받아오는 발길은 무거운데 군고구마는 따뜻했다. 군고구마 장수는 비록 가난하고 남루했지만, 일류였다.

당시 MBC는 진골과 성골의 구분이 엄격했다. SKY(서울대, 고려대, 연세대) 출신들의 결집은 무서울 정도였다. 나의 돌파구는 그들보다 몇 배 더 열심히 하는 것뿐이었다. 10년 정도 줄기차게 하면 따라잡을 수 있다고 봤다. 내 방식대로 생각하고 그렇게 일류의 길을 찾았다.

다섯, 내일 오시면 공짜

"내일 오시면 커피가 공짜"라고 써놓은 커피숍이 있다. 오늘 이 문구를 본 사람은 공짜 커피를 마시기 위해 내일 또 커피숍에 갈지도 모른다. 하지만 공짜 커피를 먹을 수 있는 건 '오늘'이 아닌 '내일'이다. 그저 상술일 뿐이다. 오늘의 아이디어는 오늘 써야 한다. 단막드라마의 소재를 찾아 끙끙 대는 선배들이 후배에게 말한다. "네가 갖고 있다는 소재 내놔. 네가 연출할 때쯤에는 구식된다." 아이디어 강탈이 아니다.

옳은 말씀이다. 트렌드는 빛의 속도로 변한다.

「수사반장」 조연출을 할 때, 이상현 작가는 프롤로그 다음에 꼭 서브타이틀(부제)을 설정했다. 대본에는 자막으로 처리하라고 되어 있는데, 나는 자발적으로 야외 촬영을 감행하여 20초짜리 서브 타이틀백을 필름으로 제작했다. 새로운 접근, 특이한 기법에 작가와 연출이 참 좋아했다. 그렇게 오늘의 내 역할에 충실했다.

여섯, 멘토는 없다. 이 시대의 트럼펫이 되어라

큰 물결은 발원지를 떠났다. 1968년 파리에서 시작된 68혁명은 군사독재와 30만 월남 파병으로 가로막혀 이 땅에 상륙하지 못하다가 21세기를 훌쩍 지난 이제야 촛불혁명으로 우리에게 다가왔다. 민주주의의 새로운 지평이 열렸다. 그러나 지금, 광화문의 촛불혁명은 거기에 멈춰 있다.

고봉인은 윤이상의 첼로 협주곡에 대해 이렇게 말했다. "첼로는 솔#에서 안간힘을 다해 1/4음까지 음정을 높이지만, 끝내 라에 도달하지는 못한다. 하지만 트럼펫이 대신 라를 달성해주며 협주곡은 끝난다. 현실의 우리는 저 트럼펫 소리를 과연 언제쯤에야 들을 수 있을까?" 윤이상은 평소 첼로를 자신의 목소리라고 말하곤 했다. 윤이상의 통일 염원은 절절히 저 트럼펫 속에 담겨 있었다. 윤이상은 사회생활이나 예술에서 근원적으로 분단을 거부하는 삶을 일관되게 살았다. 그것은 그의 본질이었다. 아직은 우리가 윤이상을 잊어도 좋은 때가 아니다.

일곱, 내 것으로 만들어라

"윤이상의 음악은 (⋯) 흐름, 리듬, 음과 음 사이의 입체적인 공간, 그리고 음에 담겨 있는 감정을 온몸으로 느껴야 한다. 그러면 국악이 들린다. (⋯) 기타의 피크를 사용해 첼로 현을 튕기면 거문고, 손톱으로 첼로 현을 튕기면 가야금, 널찍한 비브라토를 사용해 반음을 오르락내리락하면 아쟁. (⋯) 조금 더 자세히 들어보면 한국인이라면 쉽게 다가서는 음색과 우리말도 알아챌 수 있다. 한 음의 시작, 움직임과 마무리를 어떻게 조절하라 등 윤이상이 악보에 적어놓은 지시를 따르면 경상도 사투리와 전라도 사투리 고유의 억양이 되살아난다. (⋯) 그래서 윤이상의 음악은 현대음악에 익숙한 유럽인이 아니라 우리에게 훨씬 더 친근감 있다. 그러면서도 깊은 울림을 가져온다. 그의 음악을 한국의 음악가가 연주하면, 설명하기 어려운 요소를 마음으로 표현하는 데 더 유리하지 않을까?"[16]

윤이상의 명곡들은 헤아리기 어려울 정도로 많다. 주옥같은 명작들을 어떻게 하면 다 듣고, 보고, 널리 전할 수 있을까?

여덟, 결혼은 운명적이다

아내 진경옥. 1974년 7월 14일 형수의 주선으로 처음 만나 그날로 결혼을 결심하고, 그해 11월 9일 결혼식을 올렸다. 제주도로 신혼여행을 다녀와 은평구 대조동 단칸방에 들어설 때 나의 호주머니에는 1만 5,000원밖에 없었다. 그후 두 딸을 낳았고, 두 딸이 다 시집가서 아이를 낳은 지금껏 우리는 서로 사랑하며 잘 살고 있다. 결혼은 운명적이다.

아홉, 피디 비리 사건의 진실

피디 비리 사건은 주기적으로 터진다. 전략적이다. 검찰은 이미 수많은 자료를 쌓아놓고 있다. 피디 비리 사건이 터지면 잡혀가는 피디도 있고, 도망가는 피디도 있고, 숨는 피디도 있고, 회사의 징계를 받는 피디도 있지만, 대다수의 피디들은 억울하다.

윤이상의 후두부에는 거머리가 달라붙어 있는 듯한 상흔이 있다. 그는 옥중에서 자살을 시도하면서, 고문실에 있던 무거운 금속 재떨이로 자신의 머리를 내려쳤다. 고문실에서의 굴욕, 고통, 절망이 얼마나 혹독했겠는가. 윤이상의 음악에서 지극히 고음의 소프라노가 비명처럼 울려 퍼지면서 허공 속으로 빨려 들어가는 구절, 참으로 비통하고 아름다운 소리, 그 심상은 잔인하고 냉혈한 정치권력에 의해 박해받고 살육당한 사람들의 것이다.

1975년 허준의 일대기를 다룬 드라마 「집념」의 조연출 때였다. 원고가 늦기로 소문난 이은성 작가의 원고를 기다리다가, 소재 빈곤에 처한 작가에게 민간요법을 드라마에 쓰시라 제안했다. 처음에는 펄쩍 뛰더니, '아들 낳는 법'이 방송되자 빅히트를 쳤다. 시청자들의 전화로 방송사 전화교환원의 업무가 마비될 지경이었다. 작가에게 계속 동의보감의 민간요법 자료를 넘겨줬다. 「집념」의 인기는 치솟았고 횟수는 연장되었다. 이은성 작가는 감사의 표시라며 봉투 하나를 나의 주머니에 찔러줬다. 하루 종일 주머니 속의 봉투를 만져보며 떨렸다. 방송사에 들어와 처음 받아본 촌지였다. 저녁에 집에 들어가서야 열어봤다. 아내도 놀랐다. 10만 원, 한 달 봉급인 8만 4,000원보다 많았다. 그다음 날도 떨림이 가라앉지 않았다. 이틀 후 표재순 연출이 나를 불렀다. "은성이한테 돈 받았지? 이리 줘." "아… 예, 집에 두고 왔습니다. 내일 갖다 드릴게요."

이은성 작가는 무슨 생각에서 표재순 연출에게 얘기했을까? 감사의 표시라더니 공용으로 같이 쓰라는 의미였던 걸까? 그다음 날이 봉급날이었다. 이미 아내에게 준 10만원을 다시 달라고 하기가 뭐하여 그 달의 봉급과 함께 모자란 돈은 주머니를 털어 10만 원을 만들어 표재순 연출에게 전했다. 내 노력에 대한 보상이라고 생각했는데 갈취당한 기분이었다. 그 돈을 받고 기분이 좋아 아내에게 자랑했던 내 모습이 떠올라 치욕스러웠다. 내 머리를 내려치고 싶었다. 그 치욕은 평생의 가치 기준이 되었다.

열, 피디의 조건

녹화가 진행되는 부조정실에 들어가면 피디는 외롭다. 기술 스태프만 10여 명 속에 피디는 혼자다.

퀴즈! 누가 가장 유능한 피디일까?

1. 주위 시선 아랑곳 않고 시침 떼는 관록형
2. 군것질거리나 음료를 듬뿍 사 들고 부조정실에 들어가는 선물형
3. 완벽하게 준비하여 현장을 제압하는 압도형
4. 모든 스태프에게 끊임없이 "예, 예" 하는 아부형
5. 녹화 후 스태프와 걸판진 회식을 약속하는 음주형.

이 다섯 중 정답은 몇 번일까? 정답은 다섯을 다 찍어야 한다. 피디가 마주하는 현실은 하나의 답으로 절대 해결되지 않는다. 슬픈 현실이지만 방송사에서 피디는 영원한 '을'이다. 그러니 좀 한다 하는 피디는 프리랜서를 선언하고 나간다. 나간다고 끝이 아니다. 거긴 더 깊숙하고 위험한 정글이다.

연출로 가는 길, 고달픈 열 고개를 넘는 조연출 생활 내내 나는 윤이상과 함께 '용의 꿈'을 꾸고 있었다. 1917년 경남 산청에서 태어나, 세 살부터 통영에서 산 윤이상은 평생 통영을 진짜 고향으로 여겼다. '동백림 사건' 이후 내쫓기듯 독일로 돌아가 고국 땅을 밟을 수 없었던 그는, 음악 연주차 일본을 방문할 때면 낚싯배를 타고 먼 바다로 나가 통

영 앞바다를 그리워하며 슬피 울었다고 한다. 지금은 고향에 돌아와 편안히 잠드셨을까? 아직도 윤이상 다큐의 꿈을 실현해내지는 못했지만, 곧 윤이상의 꿈은 이 땅에서 실현되리라 믿는다.

3장

연출이 되다

MBC 어린이 드라마 「엄마를 찾아서」 「철이의 모험」 「달려라 삼총사」 (1976)
MBC 화요주간단막극 「제3교실」 (1977)

1975년 방송된 허준의 일대기를 기획할 때다. 이 드라마의 제목을 놓고 수십 개의 안이 자웅을 겨루고 있던 어느날, TV국장이 원고지 한 장을 들고 사무실로 들어섰다. 이윽고 그 원고지 뒷면을 까 보이는데 거기에는 한자로 '執念(집념)'이라고 쓰여 있었다. "박정희 대통령의 친필이야!" 일국의 대통령이 자상하게도 일일연속극의 제목을 정해주셨다. 모두들 놀라고 모두들 웃었지만, 훈육서 같은 이름의 「집념」은 곧 일일극의 제목이 되었고, 자꾸 부르니 익숙해졌다. 습관이란 무섭다.

정부는 TV의 영향력에 신경을 곤두세우고 있었다. 1976년 4월, TV 방송에는 '패밀리 아워(family hour)'가 일률적으로 설정되었다. 지금이야 24시간 방송이 일상이지만, 과거에는 낮 12시 정오뉴스가 끝나면 화면조정 시간이 있었다. 그리고 애국가가 나온 뒤 오후 5시부터 방송이 다시 시작되었다. 방송이 다시 시작되는 오후 5시부터 9시까지는 온 가족이 함께 볼 수 있는 프로그램만 편성해야 하는 '가족 시간대'를 강제적으로 만든 것이다. 가족 시간대에는 쇼, 예능, 코미디, 드라마는 방송 금지되고, 검열을 거친 외화, 교양·교육 프로그램, 건강 다큐멘터리, 스포츠와 뉴스만 허락되었다. 이에 따라 MBC에는 세계의 명작동화를 순례하는 연속극 「어린이 명작극장」이 월요일부터 금요일까지 저녁 6시 30분부터 20분씩 편성되었다.

리얼리티와 공상성이 공존하는 어린이 드라마

어느날 나는 영문도 모른 채 표재순 드라마반장의 손에 이끌려 방송사 옆 피어선빌딩의 작은 서점에 들어섰다. 아동서적 코너 앞에서 표재순 반장이 나에게 물었다. "읽어본 명작동화가 뭐야?" 의외의 질문이었다. 내가 읽었던 책 중에 기억나는 제목이 '톰 소여의 모험'과 '엄마 찾아 삼만리'였다.

"모험은 어렵겠고… 엄마 찾아 삼만리, 연출해봐."

'연출? 내가?' 이렇게 엉겁결에 연출이 맡겨졌다. 강제 편성된 「어린이 명작극장」은 아마도 모든 선배 연출자들이 기피하는 프로그램이었을 것이다. 그러나 연출이다. 조연출을 하면서 연출이 되기 전까지는 절대 아이를 갖지 않겠다고 다짐한 것이 수십 번이었다. 여러 가지 인격적 모욕감에 붉어진 얼굴로 자식 보기가 창피했던 것인데, 자식이 태어나기 전에 연출이 된다는 것이 우선 기뻤다. 드디어 입봉이다.

첫 작품으로 에드몬도 데 아미치스의 『엄마 찾아 삼만리』를 각색하기로 하고, 제목은 「엄마를 찾아서」로 정했다. 대한극장 옆 아리랑호텔에서 이기명 작가와 윤혁민 작가를 만났다. 첫 번째 논쟁은 어린이 드라마의 리얼리티 확보였다. 나는 작가들을 설득했다.

"오늘의 어린이 연속극은 옛날이야기, 민담, 우화, 신화, 전설 등과 같은 설화를 재구성하거나 개작하는 것이 아니라, 시대정신에 입각한 인간 보편의 진실을 표현하는 문학 양식이어야 한다."

윤혁민 작가는 동의했다. 당시만 해도 어린이를 위한 프로그램은 대부분 애니메이션 중심이었다. 리얼리티가 살아 있는 아동극을 보여주고 싶었다. 어린이들은 그 시간이 되면 습관적으로 TV 앞에 앉는다. 어린이들의 시청 패턴에 맞춰 드라마의 속도와 리듬을 조정하고 유도해야 했다. 예고편부터 새롭게 만들었다. "6시 30분에 엄마와 함께 만나요!" 시간을 주지시킴과 동시에 '엄마'를 주입했다.

배우 캐스팅에 들어갔다. 엄마 역할은 당시 20대 중반이었던 오미연, 주인공 아이는 만 여섯 살인 천동석으로 정했다. 아이들 눈높이에서 캐스팅해 아이들의 기대치를 자극했다. 천동석은 첫 연습 날 주의가 산만해 대본 읽기도 힘들어했다. 큰일이다. 핀잔을 주었다. 동석이 어머니께도 걱정을 늘어놓았다. 그런데 두 번째 연습에서는 대본을 펼치지도 않고 암기해 읽어 내려가는 것이 아닌가?

모든 연습과 촬영은 방과 후에 했다. 특히 스튜디오 녹화 날을 일요일로 잡았다. MBC 최초의 일요일 녹화였다. 스태프들의 항의와 불만

속에서 강행했다. 보호자인 엄마들의 방송국 출입을 삼가도록 단속했다. 한 달에 한 번씩 아이들의 학교생활을 확인하기 위해 담임선생님과 반드시 전화통화를 했다. 아이들에게는 성적이 떨어지면 배역에서 탈락시키겠다고 선언했다. 하지만 녹화 때는 아이들을 격려했다. "마음껏 뛰어 놀아라! 유리창이 깨지면 내가 다 물어 내겠다. 그 대신 녹화는 재미있게, 진지하게, 거짓 없이 잘하자!" 참여하는 모든 어린이들에게 녹화장은 해방구가 되었다.

첫 녹화 날이 왔다. 많은 스태프들이 우려와 반감을 비쳤다. 처음 연출을 맡은 신인은 서툴고 불안하다. 녹화는 혼란스럽고 지연되기 일쑤다. 드라이 리허설을 마치고 부조정실에 들어서는 순간부터 초보 연출자인 나를 노골적으로 무시하는 스태프도 있었다. 적진 속에 홀로 들어선 기분이었다. 나는 콘티 대본을 덮고 대본을 보지 않은 채 지휘했다. 총보를 다 꿰찬 교향악 지휘자의 지휘봉이 하늘을 나는 마냥 연출했다. 일주일분 5회를 모두 암기하고 있었던 것이다. 이것은 사건이었다. 당시 권태수 기술감독은 훗날 기술이사가 되고 나서도 그날을 전설처럼 얘기했다고 한다. 여섯 살 천동석도 하는데 못할 게 무어냐. 「엄마를 찾아서」는 MBC 어린이 드라마의 포문을 성공적으로 열었다.

첫 연출작 「엄마를 찾아서」가 성공을 거두자 두 번째 작품부터는 연출자의 자율권을 인정해주었다. 곧 나연숙 작가를 섭외해 「철이의 모험」을 기획했다. 작가와 연출이 서로 동의하는 바는 전래동화처럼 추상적인 것이 아니라 구체적이고 리얼한 이야기를 보여주자, 기존에 없던 독특한 어린이 드라마를 만들어보자는 것이었다.

「철이의 모험」은 어촌을 배경으로 아역배우 홍종현과 강남길이 중심이 되어 어린이 드라마로서의 공상성을 그려나갔다. 동화가 가진 공상성을 어린이 드라마의 특징으로 살리고자 했다.

나연숙 작가는 오빠인 나한봉 시나리오 작가의 영향을 받아 영화적 문법과 감각을 TV에 전파시켰다. 구술문화와 문자문화가 만나는 지점에 나연숙 작가가 위치해 있는 것 같았다. 동심이라는 이름으로 천사주의적 경향에 경도되어 있던 한국 어린이 드라마의 외연을 확장시키고 사상과 내용의 깊이를 확보해냈다. 스튜디오에 거대한 폐선이 등장하고, 폐선의 이곳저곳이 드라마의 주 무대가 되었다. 특이하지만 친근하고, 새롭지만 낯설지 않은 폐선 무대는 꿈의 공장이었다.

「철이의 모험」에서 탄력을 받은 어린이 드라마는 「달려라 삼총사」의 기획으로 이어졌다. 「달려라 삼총사」는 전작에 비해 리얼리티를 훨씬 강조한 도시 홈드라마였다. 삼총사에 당대 최고의 아역배우 홍종현, 손창민, 박종범이 캐스팅되었고 임예진, 송승환, 신미경이 가세한 초호화 캐스팅이었다. 이제 주인공 부모의 캐스팅만 남았다. 나연숙 작가와 나는 긴 시간 고민 끝에 최불암을 캐스팅하고 결재를 올렸다. 데스크에서는 콧방귀를 뀌었다. 최불암을 진지하게 만났다. 그러나 최불암은 진지하지 않았다. 긴 시간 취지를 설명하며 설득했다. 그래도 꼼짝하지 않았다. 나는 마지막 공격카드를 꺼냈다.

"최선배는 최고의 배우로서 국민들의 사랑을 받고 있습니다. 그러나 자식들에게도 사랑받고 있습니까? 아들 동녘이, 딸 동비에게 배우로서, 아버지로서 해준 게 뭐가 있습니까? 이 드라마를 자식을 위한 선물로,

봉사할 의향은 없으신지요?"

이로써 당대 최고의 배우 최불암, 김혜자가 어린이 드라마에 고정 출연하게 되었다. 그 자체로 화제가 되었다. 「달려라 삼총사」는 6개월간 방송하며 본격 일일극으로 성공했다. 그 덕분에 나연숙 작가와 나는 러닝메이트가 되어 청소년 드라마 「제3교실」 작업까지 이어나갈 수 있었다.

학교 울타리를 뛰어넘은 「제3교실」

1975년 첫 방송된 「제3교실」은 10대 청소년들의 문제를 정면으로 다룬 색다른 소재의 드라마로 좋은 평가를 받고 있었지만, 선배인 이병훈 피디가 혼자 맡아 2년간 힘겹게 유지하고 있었다. 새롭게 바뀌어야 했다. 우선 이정길, 이효춘 두 톱스타가 맡은 고등학교 카운슬러 역할을 폐지하기로 했다. 두 사람이 활약하려면 드라마의 구도가 틀에 박힐 수밖에 없다. 소재 또한 학교 안에만 머물지 말고 울타리 밖으로 뛰쳐나가야 했다. 두 톱스타의 배제는 어려운 일이었지만 모두가 공감하는 바이기도 했다. 이병훈 선배도 흔쾌히 동의했다.

문제는 공동 연출이 아닌 격주 연출 체제에 있었다. 내가 투입되면서 당시로서는 특이한 격주 연출로 둘 사이에 경쟁구도가 형성되어버렸다. 매주가 비교되는 가혹한 현실이었다. 격주 체제가 한 달을 넘기면서 판도가 바뀌었다. 이병훈 선배는 100회 특집을 준비하겠다며 빠져나갔다. 후배로서 고개를 들고 다니기 어려웠다.

「제3교실」이 학교 울타리를 벗어나면서 예기치 않은 제재에 봉착했다. 표현상의 금기사항이 표현의 자유를 가로막았다. '77년 지침'이 바로 그것이다.

화면에 노출되어서는 안 되는 사항! 판자촌, 거지, 리어카, 지게, 군인 등 5대 금지물. 그리고 폭력 장면, 애정행각, 애무 장면, 풍기문란, 계층 위화 요소가 있는 모든 장면.

1986년 『한국일보』 출신 김주언 기자가 시사월간지 『말』에 폭로한 '70년대 말 언론지침'과 흡사하다.

학생들의 '시위'는 '학원사태'라고 쓰게 했고 (…) 부천서 성 고문 사건은 '운동권 학생들이 성을 혁명도구화한다'는 공안 당국의 발표 내용을 쓰게 했다. 미국의 민주화 압력은 철저하게 통제했고, 군 관련 뉴스나 정부 고위층의 부패도 보도관제 사항이다.

보도지침은 '가' '불가' '절대불가' '과대선전보도' '용어사용불가' '이행 안 하면 엄중문책' 등과 함께, 어느 면에 몇 단 등 제목과 단수, 활자 크기, 사진 내용 등을 구체적으로 명기해 내려왔다.[18]

지침이 아무리 무서웠어도, 한국의 방송이 민주주의의 적이 된 이유는 자명하다. 테오도어 아도르노(Theodor Adorno)의 말처럼 "민주주의는 성숙한 인간을 필요로 하고, 성숙한 인간의 사회로서만 실현될 수 있는 체제다."

우리는 「제3교실」의 캐치프레이즈를 "우리 모두의 관심!"이라고 정했다. 지금까지는 방송 프로그램에서 캐치프레이즈를 내건 적이 없었다. 곧 인구에 회자되었다. 그리고 이 캐치프레이즈는 우리의 목표가 되어 실행으로 옮겨졌다.

대학 시절 편성론 첫 수업을 떠올렸다. 배준호 교수의 강의였다. "방송은 반 발짝만 앞서 가야 한다. 두 발짝 앞서 가면 못 쫓아오고, 한 발짝 뒤쳐지면 사회적 폐악이다." '우리 모두의 관심'을 끌어내기 위해 반 발짝 앞에 섰다.

학교 울타리를 뛰어넘은 「제3교실」이 맨 처음 찾은 곳은 구로공단의 어린 여공들 곁이었다. 나연숙 작가는 30여 차례, 나도 20여 차례 여공들을 만나 소통했다. 처음 인연을 맺은 구로공단 청소년들이 모여 공부하는 야학에 강사로 참여하기도 했다. 시간도 없고 강의 경험이 부족한 나는 국어를 맡아 '책 읽어주는 남자'가 되었다. 그렇게 나온 첫 작품이 1977년 4월 25일 방송된 '불타는 나무' 편이었다.

이 방송이 나가자 모두가 놀랐다. 구로공단의 여공들은 방송을 보고 얼마나 울었는지 이튿날 눈이 부어 창피했다고들 했다. 그 당시만 해도 신문은 방송 관련 기사에 인색했는데, 『조선일보』 정중헌 기자는 방송 다음 날 이례적으로 '보기 드문 수작'이라고 논평했다. 그후 각 언론의 칭찬 기사가 쇄도했다. 임상원 교수는 '리얼리즘을 살려가는 드라마'라 호평했고, 정일몽 평론가도 '청소년 이해에 도움 되는 드라마'라고

평했다. 또한 천주교 서울대교구에서 선정한 '가장 바람직한 드라마'
에 「제3교실」이 뽑히기도 했다.

소외계층을 찾아가는 「제3교실」의 발길은 쉼 없이 이어졌다. 버스 안
내양의 눈물을 그린 '기름꽃' 2부작, 소년원에 묶여 있는 문제 청소년
이야기를 다룬 100회 특집 '돌기둥', 고아원 형제가 맞닥뜨리게 되는 싸
늘한 사회 현실을 부각시킨 '새벽바람' 4부작, 소외된 노인과 버려진
청소년의 교감 '학노인', 만 18세가 되면 어쩔 수 없이 사회로 내몰리는
보육원 고아의 문제점을 다룬 '달무리지네'…

나연숙 작가는 실존적 문제의식을 사회와 역사의 지평으로 확대해
나갔다. 「제3교실」은 사회성이 강한 사실적 드라마로 정착하기 위해 야
외 로케이션에 시간과 열정을 투자했다. 시간과 공간이 구체적이고 현
실적이어야 한다고 여겼기 때문이었다. 청소년들의 직업군도 다양하
게 선정했다. 학생부터 불량청소년, 여공, 권투 선수, 어린 파출부, 경마
장의 기수, 초보 드러머, 배우 지망생, 음악다방의 디스크자키… 항의도
많았고, 격려도 넘쳐났다. 양인자, 정하연, 이홍구, 박찬성 작가도 반 발
짝 앞서 나가는 데 큰 힘이 되었다.

「제3교실」이 발굴해 배출한 배우들이 정말 많았다. 진유영, 김보연,
길용우, 송승환, 임예진, 문영애, 송경철, 그리고 유명한 연극배우였던
추송웅, 이영하도 이때 처음으로 TV에 진입했다. 극장에서도 하이틴
영화가 덩달아 붐을 이뤘다.

「제3교실」의 성가가 비등점에 오를 때, 임성기 TV제작국장이 나연
숙 작가에게 어린이가 주인공인 일일연속극을 써보지 않겠느냐고 제

안했다. 나연숙 작가는 진지하게 고민했다. 나에게 콤비가 되어 같이하자고 제안했다. '연출 입봉 2년차에 간판 연속극의 연출이 된다?' 생각만 해도 떨렸다. 나연숙 작가는 곧 시놉시스 작업에 들어갔다. 어느 달동네 이야기를 쓰고 싶다고 했다.

그즈음 영화 쪽에서 나에게 스카우트 제의가 들어왔다. 영화제작자로 막강했던 곽정환 사장의 제의였다. 파격적인 조건이었다. 듣는 순간 심하게 흔들렸지만, 첫마디에 정중히 사양했다. 그후로도 두세 번 만나 증폭된 제안을 들었지만 전부 사양했다. 내심 나연숙 작가와의 일일연속극 연출을 꿈꾸고 있었기 때문이었다. 그런데 김포천 드라마부장이 나서며 일이 꼬였다. 김포천 부장은 라디오 시절부터 친밀한 관계였던 김수현 작가를 내밀었다. 당시 김수현 작가는 MBC에 공적이 높은 터라 결정은 힘들지 않게 났다. 김수현 작가의 승리. 나연숙 작가는 심한 배신감을 느끼며 동양방송으로 옮겨갔다. 이후 나연숙 작가는 1979년 「야 곰례야!」를 크게 성공시키며 MBC에 일격을 가했다. MBC로서는 꽤나 배가 아팠을 것이다.

4장

범행동기를 찾아서

MBC 일요주간단막극 「수사반장」(1978~1979)

"짜자자잔, 짜자자잔." 윤영남 작곡의 「수사반장」 주제곡은 명곡이 되었다. 유복성의 라틴 퍼커션과 경쾌한 나팔 소리가 혼합된 재즈 축제. 그 시대를 관통한 모든 사람들의 기억에 남아 있는 그 주제곡은 100장이 넘는 사건 현장 형사들의 스틸 사진으로 조각된 배경화면에 얹혀 전국에 퍼졌다. 당시로서는 파격적인 타이틀백이었다. 일요일 밤 8시 주제곡이 울려 퍼질 때면 서울의 모든 택시가 '올 스톱' 되었다. 기사식당은 초만원이었다. 대통령도 꼭 시청했다고 한다. 「수사반장」을 통해서 민심을 파악했다는 것이다.

1970년대 후반 MBC는 일요일 밤 최고의 편성으로 황금시간대를 장악했다. 7시 「웃으면 복이 와요」, 8시 「수사반장」, 9시 「뉴스데스크」, 10시 「MBC 권투」, 11시 「명화극장」. 방송사의 이미지는 탄탄했고, 「수사반장」은 '만나면 좋은 친구'였다.

한국 최초의 본격 수사물

「수사반장」이 처음 방송됐던 1971년 3월만 해도 TV가 귀하던 시절이었다. 외화를 통해서만 수사물을 접할 수 있었다. 「수사반장」은 한국 최초의 본격 수사물로서 시청자들은 우리 형사들을 만나는 것만으로도 즐거웠으리라. 첫 연출은 허규 선생이 맡았고, 드라마가 자리를 잡은 것은 이연헌 선배가 맡았을 때였다. 「수사반장」은 인과응보, 사필귀정의 원리에 입각해 사회 부조리를 고발하는 '한국형 수사물' 모델을 만들어냈다. 당시 범죄는 대부분 우발적이고 생계형이어서 범인에 대해 동정심을 유발하는 '인정극(人情劇)'이 많았다.

예를 들어 이런 내용이다. 어느 집에서 아기의 백일잔치가 열린다. 아기의 아빠는 그날 밤 손님들이 권한 축하주에 취해 인사불성이 되고 만다. 손님들이 모두 떠나고 통금이 임박한 시각에 아기가 갑자기 불덩이가 되더니 경기를 하며 울기 시작한다. 젊은 새댁은 아기의 아빠를 깨웠으나 꼼짝도 하지 않는다. 급한 마음에 새댁은 아래층으로 내려가 차를 가지고 있는 3층 아저씨에게 사정한다. "아저씨, 우리 아기가 위독해요. 죄송하지만 병원까지만 차로 태워주세요." 그러나 그는 통금시간이 되어 태워줄 수 없다고 매정하게 거절한다. 새댁은 아기를 들쳐 업고 병원으로 달려갔으나 아기는 이미 죽고 난 뒤다. 그런데 그 일이 있은 후 밤이면 밤마다 3층의 유리창이 깨지는 일이 발생한다. 형사들이 범인을 잡기 위해 잠복근무에 들어간다. 막상 범인을 잡고 보니 정신 이상을 보이던 새댁이 아니라 어이없게도 동네 꼬마들이다. 누가 시키지도 않았는데 꼬마들이 3층 아저씨가 미워서 밤마다 돌을 던졌던 것이다. 철없는 아이들의 대답을 들은 수사반장 최불암은 그 아이를 덥석 품에 안는다. 아무 말도 못 한 채 꼭 껴안고만 있다. 인정극으로서 「수사반장」은 그렇게 서민들에게 다가갔다. 보도통제하의 방송에서 한 줄기 돌파구였다.

인정극에서 사회물로의 대전환

1978년 「수사반장」은 고비를 맞았다. 사회가 복잡다단해짐에 따라 범죄의 양상이 다양해지고 폭력화되고 지능화되어갔다. 눈물샘을 자극하던 「수사반장」도 달라져야 했다. 변곡점에 도달한 것이다. 이러한 때 새로운 연출에 내가 발탁되었다. 나에게 주어진 책무는 현실성, 현장성 강화였다. 나는 시대 변화에 따른 사회성에 착안했다. 「제3교실」에서 보여준 사회적 접근과 과감한 현장 중심이 그것이었다. 나는 모든 강력범죄에서 범행동기를 첫 번째 문제로 제기하고 나섰다. 범인의 성장 배경, 환경, 사회구조가 범행동기를 잉태하고 있다고 봤다.

우선 연극연출가 김상열을 만났다. 그는 극단 '현대극장'의 상임연출가였다. 극단 대표였던 김의경 최문경 부부의 강력 반발에도 불구하고 김상열 작가와 나는 의기투합했고, 함께「수사반장」전환의 대장정에 나섰다. 김상열 작가와 함께 그려낸 '비정의 도시' 편은「수사반장」전환의 대표적인 작품이다.

드라마는 행복한 모녀를 비추는 것으로 시작된다. 소녀는 이화여대에 합격했고, 행상하는 어머니는 가재를 털어 딸의 입학 등록금을 마련했다. 소녀가 기분 좋게 버스를 타고 이대 앞에 내려 복잡한 상가 거리에 들어서자 뒤따르고 있던 괴한이 핸드백을 낚아챈다. 소녀는 순간적으로 가방을 붙잡았고 놓치지 않으려 매달린다. 봄눈이 녹은 길바닥은 질퍽하고 소녀는 죽기를 각오하고 달아나는 괴한의 발목에 매달려 땅바닥에 끌려간다. 괴한은 칼을 꺼내 위협한다. 스치는 사람들, 구경하는 상가의 상인들, 만신창이가 되어 끌려가는 소녀, 살려 달라 악을 쓰는 소녀를 50미터쯤 끌고가던 괴한은 소녀에게 세차게 발길질한다. 그래도 매달려 울부짖는 소녀를 무자비하게 뿌리치고 달아난다. 구경하는 몇몇 사람들, 지나치는 사람들, 질퍽한 내리막길을 울며 기어가는 소녀. 형사들은 이대 앞 소녀가 끌려간 현장을 찾아 탐문수사에 나선다. 50미터 전후방의 상가를 중심으로 당시 상황과 범인의 인상착의를 탐문하는 동안 형사들은 끓어오르는 분노를 삭이지 못한다. 불의에 외면하는 시민들을 마주하며 절망하고 만다.

'방관자 효과'라는 게 있다. 주위에 사람이 많을수록 책임감이 분산되어 도와주기를 주저하는 현상이다. 1964년 뉴욕 주택가에서 키티 제노비스라는 여성이 칼에 찔려 죽었다. 이 사건은『뉴욕타임스』에 "살인을 목격한 38명은 경찰에 신고하지 않았다"라는 제목으로 기사화되면서 세간에 알려졌다. 방관자 효과는 이 피해자 제노비스의 이름을 따서 '제노비스 신드롬'이라고도 부른다. '바르게 사는 사람'에서 '바르게'는 '옳다'는 의미 외에 다른 의미도 갖고 있다. 바르게 사는 사람은 용기 있는 사람이다. 삶 앞에, 문제 앞에 용기 있게 서는 사람이다.

소녀는 만신창이가 된 몸을 이끌고 응급실을 뛰쳐나와 이대 앞 골목을 뒤지고 다닌다. 형사들의 위압적인 탐문에도 피하던 상가의 상인들이 소녀의 하소연에 쉽게 응할 리 없다. 소녀는 어느 행상에게 듣게 된 작은 단서를 쫓아 뒷골목 우범지역을 파고 들어간다. 형사들도 뒤따라 우범지역에 잠입한다. 그 뒤를 엄마가 또 쫓고… 단순 액션물이 아닌 사회구조를 파고드는 추적이다. 조직이 드러나고 또다른 범죄들이 밝혀질 때, 소녀는 괴한과 마주한다. 짧지만 강렬한 둘의 외마디.

"돌려주세요."

"죽고 싶어?"

괴한은 무릎 꿇고 매달리는 소녀의 폐부를 칼로 찌른다. 한발 늦게 도착한 형사들에게 괴한은 체포되지만 소녀는 이미 치명상을 입은 뒤이다. 첫 탐문 때 포착되었다면 2차 범행은 막을 수 있었을 텐데… 뒤늦게 달려온 엄마의 품에서 소녀는 숨을 거둔다. 형사들은 시민정신의 실종에 절망하고 분노한다.

이 사건은 '한국 현실의 증언'이었다. 빈부격차, 우범자 격리수용, 초동수사 미비, 탐문수사 미비, 그리고 시민정신 결여. 그때 알았다. 모든 사건은 초동수사가 기본이다. 일본 수사대의 철칙을 다시 떠올린다. "모든 범죄의 단서는 사건 현장에 다 있다. 초동수사에 승부를 걸어라.

현장을 혀로 핥아라.”

김상열 작가

「수사반장」은 사회와 인간의 관계를 그려나갔다. 시청자들은 「수사반장」의 새로움에 찬사를 보냈다. 그런데 김상열 작가는 속된 말로 ‘씹혔다’. 방송사 내부 드라마 파트에서 김상열 작가를 비판하는 분위기가 형성되었다. 그를 비판하는 사람들은 김상열 작가 또래의 연극 출신들이었다. 한 작가가 특정 프로그램을 독점하고 성공한 것에 대한 시기심이었을 것이다. 새로운 접근법을 놓고도 ‘연극 같네, 번역극 대사 같네’ 하며 비난했다. 방송의 구어체와 리얼리티라는 미명 앞에 고급스러운 시적 대사는 생경했을 법하다. 드라마란 필요하면 품위 있는 대사도 읊조려야 하고, 난해한 상황 전개도 그려야 하는데 말이다.

「수사반장」을 맡은 직후, 새로운 드라마부장이 부임했다. 부임 첫날, 연출들을 앉혀놓고 프로그램을 점검하던 중, 부장은 “고석만이가 「수사반장」을 해? 가능해?”라며 기를 죽였다. 그 부장은 그다음 주 회의에서 다시 한 번 「수사반장」을 비판했다. “뷰포인트(viewpoint)가 안 맞아, 또 범행동기가 중요한 게 아니고 범인의 뉘우침이 중요해!” 그런데 다음 날 방송사 로비에서 김상열 작가 이전에 「수사반장」을 오랫동안 집필했던 작가를 만나 얘기를 들었는데, 그 부장의 코멘트와 토씨 하나 틀리지 않았다. 그 작가는 드라마부장과 서울 강남의 같은 아파트에 살며 왕래가 빈번한 사이로 그 역시 연극 출신이었다.

김상열은 당시의 방송문법 체계 속에서 보면 독특했다. 김상열 작가에 대한 연극 출신들의 비판을 대하면서 두 개의 작품이 떠올랐다. 안데르센 동화의 주인공인 '미운 오리 새끼'는 오리들 틈에서 돋보이는 백조가 된다. 반면 키르케고르의 동화 속 '기러기'는 날지 못하는 거위들을 자기처럼 날게 해주려고 돕다가 결국은 거위들에게 '공상적 바보'라는 비난을 듣는다. 이런 비난을 들은 기러기는 의기소침해져 결국 날지 못하는 거위처럼 돼버린다. 군중 속에서 하나의 모양, 하나의 숫자, 하나의 생각이 되는 것이 훨씬 쉽다. 자기만의 색깔을 유지하려 하면 위험이 따른다.

김상열 작가는 연극 출신이면서도 영상화에 밝았다. 가급적이면 영화적 방식을 적극 도입했고, 새로운 TV 문법을 창안하려 애썼다. 일례로 김상열 작가는 장면 전환이 도식적으로 이뤄지는 것을 못마땅해했다. 시청자가 이 장면이 끝난다는 것을 감지하게 할 필요가 있냐는 것이었다. 연극은 무대 구조상 어쩔 수 없이 장면 전환이 필요하지만 TV에서도 그대로 연극 관습을 따르는 것이 불만이라고 했다.

인물의 캐릭터에 대해서도 정형적인 틀을 깨뜨리고자 노력했고, 끊임없이 혁신책을 제시했다. 또한 연극배우들을 적극적으로 추천했다. 연극 쪽의 훌륭한 배우들이 TV로 와 두 영역이 교류하면 문화계 전체가 풍성해지고 발전할 것이라고 주장했다. 그때 연극 무대에서 TV로 첫발을 내디딘 배우들이 박인환, 최주봉, 윤문식, 양재성, 김갑수, 오인환 등이었고, 강계식, 고설봉 선생도 있었다. 방송사의 탤런트들은 배타

적이었다. 그러나 연극배우들은 산전수전 겪은 노병처럼 능수능란했다.

「수사반장」은 수많은 작가들이 거쳐갔지만 그중에서도 김상열 작가의 「수사반장」은 유독 현실성과 사실성, 사회성과 판타지가 조화를 이루고 있었다. 독특하게도 김상열 작가의 작품에는 '죽음'이라는 상황이 반복적으로, 그것도 전면에 등장한다. 살인은 살인을 불러오고 연쇄살인으로 발전했다. 그도 그럴 것이 김상열의 생애 자체가 죽음과 맞선 것이었다 해도 과언이 아니었다. 그에게 죽음은 육체적, 정신적, 사회적, 정치적 삶을 위협하는 형태로 다가왔고, 그의 작품은 죽음을 자각하고, 죽음을 비판하고, 죽음을 넘어서는 대안을 제시하는 행위였다. 죽음의 문제는 초기 희곡뿐 아니라 그의 작품 전반에 걸쳐 줄곧 다양한 형태로 변주되었다.

6·25 적 치하 90일 핏빛의 경험, 외삼촌의 죽음, 젊은 아버지의 횡사, 그리고 누나의 자살까지 그의 인생은 질곡이었다. 김상열 작가는 평생 꾸준히 창작활동을 함으로써 가난과 전쟁으로 인한 죽음과의 대면을 극복하고, 죽음에서 생명으로 나아가는 길을 확보했다. 그는 죽음 안에 무한히 많은 희망이 존재한다고 봤다. 세상에서 겪는 육체적 죽음은 진정한 죽음이 아니며, 진정한 죽음은 절망하는 것이라 생각했다. 김상열 작가는 3년여 동안 150편의 「수사반장」을 쓰고 1980년 말 죽음을 찾아가듯 홀연히 뉴욕으로 장기연수를 떠났다.

최불암의 지각 버릇

「수사반장」의 연습실의 분위기는 '형사'들이 잡았다. 형사 역할을 맡은 배우들의 좌석은 항상 상석으로 남겨져 있고 그들이 없으면 연습 자체가 진행되지 못했다. 최불암은 습관처럼 10분씩 지각을 했다. 모두 모여 기다리고 있을 때 들어와 주인공처럼 시선을 받으며 자리에 앉으면 그제야 연습이 시작되었다. 나는 몇 번이나 시간 엄수를 강조했다. 그래도 고쳐지지 않아 최불암의 지각 버릇을 바로잡기 위해 그다음 연습시간을 노렸다. 최불암은 그날도 변함없이 지각을 했다. 정시가 되자 나는 연습실 문을 잠갔다. 그리고 바로 대본 리딩을 시작했다. 그날의 「수사반장」 연습은 '수사반장' 없이 진행되었다. 최불암은 문밖에 서 있다 그냥 돌아갔을 것이다. 최불암을 반면교사 삼아 다른 배우들이 민주주의의 기본을 배우길 바랐다. 그날 이후 연습시간에 늦게 오는 형사는 없었다.

최불암에게는 장점이 있다. 본인이 작품에 애착이 가면 연습 때부터 아이디어가 백출했다. 본인의 아이디어가 관철되길 바라며 끊임없이 얘기했다. 기발한 아이디어도 많고 작품 분석도 뛰어 나며 애정도 넘쳤다. 연습 때부터 주장한 아이디어를 끝까지 밀고나가 작품에 녹여낼 때는 신기에 가까웠다. 나와 의견이 대립될 때도 있었다. 드라마의 최종 대본인 콘티는 녹화 직전 리허설 때 나온다. 최불암은 이 콘티에 본인의 주장이 반영되지 않으면 불쾌한 표정을 감추지 않았지만, 막상 녹화에 돌입하면 연출자의 의도를 십분 소화해냈다. 이처럼 즉각적으로 변형을 해내는 배우를 본 적이 거의 없다.

「수사반장」의 열기는 대단했다. 녹화 현장은 활기찼고, 주제곡의 리듬과 멜로디처럼 박진감이 넘쳤다. 지방 촬영을 하기 위해 대형버스에 오르면 신이 났다. 버스 옆에 '수사실화극 「수사반장」 촬영' 플래카드를 크게 달고 지방도로를 달리면 길가의 모든 사람들이 손을 흔들며 반겨주었다. 지방에서의 환대는 분에 넘쳤다. 경찰서의 간부들은 물론 지방의 유지들까지 즐거워했다. 우리의 형사들은 힘든 일정에도 불구하고 지방 출장을 자청하고 나섰다.

「수사반장」은 최고의 인기를 누렸다. 최불암은 자서전에서 "고석만 씨가 연출을 맡았던 기간이 가장 시청률이 높았던 것 같다. 배우와 제작진들 간에 호흡도 잘 맞아서 일사불란하고 신속하게 촬영했던 기억이 난다. (…) 고석만 피디의 경우 청와대나 문공부 같은 곳에 가장 용기 있게 맞선 사람이었다."라고 술회했다.[19] 그 시대 「수사반장」에 혼신을 바치고 죽어간 열정의 형사들, 그 이름을 불러본다. 김호정, 김상순, 조경환, 남성훈, 그리고 작가 김상열.

5장

1970년대 결산 시리즈

MBC 일요주간단막극 「수사반장」(1978~1979)

구로동 이종대 문도석 카빈강도 사건은 1972년부터 1974년까지 구로동 일대에서 벌어진 총기난사 사건이다. 「수사반장」 1970년대 결산 시리즈에서 '내리막길' 편으로 방송되어 커다란 화제를 모았다. 그후 김상열 작가는 이를 희곡으로 각색하여 「등신과 머저리」(1981)라는 제목으로 연극 무대에 올렸고 이장호 감독은 영화 「그들은 태양을 쏘았다」(1981)를 만들어 흥행을 거두었다. 한 시대의 풍속도였다.

구로동 이종대 문도석 카빈강도 사건

이종대(박근형 분)와 문도석(임채무 분)은 교도소 동기다. 이 둘은 교도소를 출소한 후, 전과자에 대한 사회적 편견으로 인해 직장을 구하지 못하고 생활고가 지속되자 범행을 모의한다. 경기도 평택에 있는 예비군 무기고에서 군용 M2 카빈소총 3정을 훔친다.

첫 번째 사건 보고는 이렇다. "1973년 8월 25일 오전 11시 35분경 구로동에 있는 제1수출공업단지에 위치한 한 회사의 정문 앞에서 검은색 코티나 승용차를 탄 20대 후반의 청년이 개머리판 없는 카빈총으로 직원들의 봉급을 찾아오던 경리 직원의 복부를 쏴 살해하고, 375만 원을 빼앗아 달아났다."

경리 직원을 살해한 것은 문도석의 실수였다. 총으로 위협만 하기로 모의했으나 직원이 강력하게 반항하며 달려들자 엉겁결에 방아쇠를 당긴 것이다. 이로써 두 사람, 이종대와 문도석의 도주행각이 시작되었다. 이날 범행에 사용되었다고 추정되는 차량이 같은 날 밤 서울 성산동 골목길에서 발견되면서, 범죄의 대담성과 수법의 유사성으로 미루어볼 때 구로동 총기난사 사건은 1972년 9월 12일에 발생한 '이정수 납치 사건'과 동일범으로 추정되었다.

'이정수 납치 사건'은 국민은행 아현동지점에서 돈을 찾아 나오던 이정수를 30대 청년 두 명이 코티나 차량으로 납치한 사건으로, 납치 5분 뒤 공덕동 부근에서 네 발의 총성이 울렸고 차 뒷좌석에서 싸우는 장면을 보았다는 제보만 있는 채로 1년 넘게 범인을 찾지 못한 미결사건이었다.

사건 발생 당일이 마침 분단 이후 처음으로 북한의 적십자회담 대표단이 서울을 방문한 날이어서 국민과 언론의 관심은 모두 이곳에 쏠려 있었다. 그 때문에 이 사건은 사건 발생 5일이 지난 뒤에야 언론에 보도되었고, 그나마 사회면 귀퉁이에 4단으로 실려 세인의 주목을 받지 못했다. 그 사이 이종대와 문도석은 3차 범행 대상을 물색하고 있었다. 그 과정에서 그들의 총기 소지를 눈치 챈 택시운전사를 살해하는 범행을 추가로 저지른다.

결국 구로동 카빈강도 사건은 범인의 자살로 막을 내렸다. 1974년 7월 25일, 범인 중 한 명인 문도석이 구로구 개봉동 주택에서 여섯 살 난 어린 아들을 먼저 죽이고 자신도 이마에 총을 쏴 자살했다. 공범 이종대는 동반자살하자는 문도석의 요구를 거절하고 가족과 함께 도주했다가, 인천 주안동에 있는 그의 전셋집에서 경찰과 대치를 벌였다. 그는 경찰과 대치하는 상황에서 총기를 획득한 경로와 납치한 이정수의 살해 경위를 자백했다.

17시간 대치 끝에 7월 26일 오후 8시, 그는 아내와 네 살, 두 살된 아들을 죽이고 개머리판 없는 카빈총으로 자살하고 말았다.

「수사반장」은 이 처참한 일가족 자살 장면을 어떻게 그릴지 고민했다. 지금 같으면 여러 가지 극적효과도 발휘하고 CG를 활용할 수도 있겠으나 당시에는 그런 기술력이 없었다. 궁여지책이 나왔다. 이종대와 그의 부인, 그리고 어린아이 두 명의 다정한 가족사진을 탁자 위에 올려놓고, 사진 액자에 총알을 난사하는 장면을 연출했다. 실제 총을 쏘았다. 효과적이었다. 십몇 년이 지난 뒤 이 장면을 기억하는 시청자를 만나기도 했다. "사진에 피 두 방울이 뿌려졌다." 강렬한 이미지다. '영상의 기억'이란 무섭다.

구로동 카빈강도 사건은 전과자에 대한 사회적 편견이 만들어낸 시대적 범죄였다. 범인 이종대와 문도석은 당시로서는 드물게 총기와 차량을 함께 사용했고, 치밀함과 대담성, 기동성과 반복성을 갖추어 이 사건은 이른바 '선진형 범죄'로 기록되었다. 암울한 시대의 예고편이었다고 할까. '선진형 범죄'는 유신시대와 10·26을 거치면서, 산업화와 배금사상이 횡행하는 분위기 속에서 지능형 범죄로 치닫고 있었다.

1970년대 사회상을 총망라한 결산 시리즈

1979년 말 「수사반장」은 '70년대 결산 시리즈'를 기획했다. 1979년 12월 2일부터 12월 30일까지, 12·12사태라는 정치적 소용돌이 속에서 5편이 방송되었다. 제1편 '달러'는 1970~71년의 관광 붐과 급격한 사회변화로 근친상간과 관광사범이 문제가 된 시대, 송미장 여관 암달러상 살해 사건과 현지 처 증발 사건을 복합 구성했다. 제2편 '내리막길'은 도시화가 심각해지면서 택시강도, 차치기 등 강력사건이 빈발하고 민심이 각박해진 1976~77년의 사회상을 가감없이 고발했다. 제3편 '엄마의 손'은 경제적 풍요 속에서 싹트는 상류층 부인들의 탈선과 부동산 투기, 도피성 이민 등 여자들의 돈의 유희를 풍자하며 1974~75년의 사회현상을 그렸다. 제4편 '시간의 씨앗들'에서는 수출증대와 제1차 오일 쇼크에 따른 물가고와 밀수범의 범람, 경제사범의 증가를 1972~73년의 사회상과 연결지어 다루었다. 제5편 '2×3=6'은 효주양 납치 사건과 송도 토막살인 사건, 고교생 연쇄강도 사건이 이 땅의 윤리관을 송두리째 흔들고 있을 때, 어린이를 대상으로 한 범죄를 다뤘다.

앞서 소개한 '내리막길' 편 외에 제5편 '2×3=6'은 결산 시리즈에서 특히 눈여겨봐야 할 작품 중 하나다. 1979년 청주에 있는 보육원에서 두 차례에 걸쳐 8명의 지적장애 어린이를 암매장한 사건이 밝혀져 온 국민을 충격에 빠뜨렸다. '2×3=6'은 이 사건을 드라마화했다. 청주에 있는 지적장애 어린이 보육원에서 의문의 실종사건이 벌어진다. 지적장애 어린이를 유기시켜 보상금을 갈취하려 했던 보육원의 민낯이 7세 어린이의 시선에 잡힌다. 지적장애 어린이는 기진한 몸으로 벽에 '2×3=6'이라고 썼다. 그 낙서에 의하면 두 명씩 세 번, 도합 여섯 명을 유기한 것이 된다. 낙서가 단서가 되어 지적장애 어린이 암매장 사건이 세상에 밝혀진다. 수사반장 최불암이 청주보육원에 있던 죽어가는 어린이를 안고 바람 부는 들판을 울면서 뛰다가 스톱모션되는 마지막 장면은 이후에도 「수사반장」 타이틀백의 엔딩컷으로 오랫동안 박혀 있었다.

명예경찰

치안본부는 우리 「수사반장」의 형사들에게 명예경찰 대우를 해주었다. 명예경장, 명예경감, 명예경정. 우리는 우스갯소리로 우리가 드라마 속 사건에 쏟는 열정과 애정에 비하면 승진 속도가 늦다고 볼멘소리를 하곤 했다. 「수사반장」을 도와주던 실제 경찰 최중락, 신가희도 승진

이 늦었다. 사건 현장에 나가는 강력계 형사들에게는 승진 기회가 적다는 사실을 그때 알았다. 대신 재벌이나 전직 대통령 같은 '거악'을 척결하는 특수부 형사나 치안본부, 내무부 같은 상급기관에서 인사 행정업무를 하는 기획경찰, 시국사건을 다루는 공안에 승진 기회가 많다고 했다. 김웅 검사는 자신의 책 『검사내전』에서 "형사부 검사는 다른 인생의 찢어진 틈을 들여다보고 그것을 꿰매는 직분이다"라고 썼다. 어느 조직이든 전선에서 떨어질수록, 총구에서 멀어질수록 승진과 보직의 기회가 많다. 현장에 나가는 형사는 '끝판왕'은 만날 일 없이 마을 주변의 독개구리나 좀비 따위를 잡는 '노가다'다. 좀비 따위 100마리 잡아봐야 중간 보스 한 마리 잡는 것만 못하다. 그래서 사건 현장의 형사는 좀체 '레벨 업'을 하기 어렵고 사실상 끝판왕을 만날 기회도 없다.

현업에 몰입하는 연출자 역시 승진이 늦기는 매한가지다. 나는 사원주택 공모 때도 바빠서 응모를 하지 못해 집에서 무능한 가장 취급을 받았다. 더구나 정치물이나 사회물을 주로 만들었기 때문에 회사의 대외적 균형추 역할을 할 뿐이었다. 그러나 이런 드라마를 만드는 것은 세상사 큰 물결도 보고 사람들의 삶을 가까이서 밑바닥까지 들여다볼 수 있는, 사람 공부 세상 공부를 하기에 참 좋은 일이기는 했다.

사람 공부 세상 공부

여기 나에게 사람 공부 세상 공부를 시켜준, 기억에 남는 「수사반장」

몇 작품을 나열해본다.

‘엘리베이터걸 실종 사건’은 피해자인 여성의 새벽 근무지 이탈로 불거진 사건이었다. 집중적 탐문에도 불구하고 사라진 여성의 흔적은 어디에도 없다. 온갖 억측과 추리가 난무하다가, 엘리베이터 라는 새로운 기계에 착안하여 전체를 분해하듯 샅샅이 찾은 끝에 엘리베이터실 바닥에 널브러진 여성의 시신을 발견한다. 역추적해보니, 새벽 잠결에 습관적으로 엘리베이터의 문을 수동으로 열고 들어갔는데, 엘리베이터는 평소와 달리 한층 위에 있었고 그 여성은 그대로 아래로 떨어져버린 것이었다. 그녀는 산업화 속에서 실종된 셈이다.

‘귀뚜라미 소리’는 미궁에 빠진 살인사건을 추적하던 중 어디선가 자꾸 귀뚜라미 소리가 들린다. 형사들은 귀뚜라미 울음소리를 찾아 벽을 허물기에 이르고, 벽 속에 숨겨져 있던 시신을 발견한다. 귀뚜라미 소리는 피해자가 차고 있던 시계에서 울리던 알람 소리였음이 밝혀진다. 시계 덕분에 사건을 해결한 셈이다. 현대 문명의 아이러니를 본다.

‘여우와 늑대’는 카바레에서 만난 ‘제비’와 ‘꽃뱀’이 벌이는 고도의 심리전을 묘사했다. 스톱모션을 통한 내면의 소리가 일품이었다. 타락한 성문화를 신랄하게 풍자했다.

1981년 신년특집 ‘바다로 간 얼간이’는 경포대 해돋이 장면으로 시작하는, 「수사반장」의 첫 번째 컬러 방송이었다. 가수 윤복희가 주인공으로 출연하고 뮤지컬적 요소가 가득 담긴 드라마였다. 이 특집에는 웃지 못할 에피소드가 하나 있다. 제작진 대부대가 내려와 부산에서 이틀 동안 촬영을 하여 약 70퍼센트가량을 마치고 숙소에 도착하니 서울에서 급한 전갈이 와 있었다. "다음 주 방송부터 컬러로 전환되니 모두 컬러로 다시 찍어. 필름은 컬러로 들려보냈다." 대한민국 컬러 TV방송은 이렇게 휘뚜루마뚜루 시작되었다. 1980년 말, 한 국가의 색채에 대한 기본 철학과 인식 수준이 이 모양이라면 이 정권의 문화 수준을 미루어 짐작하고도 남는다.

6장

초단기 졸속 기획, 시청률 대박 날 줄이야

MBC 일일연속극 「간난이」(1983~1984)

「간난이」는 20일 만에 만들어졌다. 드라마 역사상 일일극 최단기 졸속 기획으로 기록될 것이다. 1983년 8월 10일, 8·15 특집 드라마 「엄복동」의 제작을 마치고 테이프를 주조정실에 넘긴 후 집에 돌아왔다. 한 달 만이었다. 그날 밤 「뉴스데스크」가 끝날 즈음, 제작이사로부터 화급한 전화를 받고 회사로 다시 돌아갔다. 제작이사 방에 이재우 작가가 앉아 있었다.

제작이사는 다짜고짜 본론으로 들어갔다. "지금 나가고 있는 일일극 「다녀왔습니다」가 신통치 않다. 급히 바꿔야 한다. 8월 29일 월요일로 첫 방송 날짜가 잡혀 있다. 정확히 20일 남았다. '어린아이가 주인공인 드라마'라는 것만 정해져 있다. 8·15 특집이 끝나길 기다렸다. 오늘 밤부터 작업 시작하라."

그날 밤부터 사흘간 이재우 작가와 날밤을 새우며 기본 방향을 잡고, 주제를 정하고, 구성하고, 인물 설정을 하고, 드라마 전체와 첫 주 방영분의 줄거리를 잡았다. 주인공인 두 어린아이의 관계를 두고 이재우 작가와 설전이 있었다. 누나-남동생으로 할 것인가, 오빠-여동생으로 할 것인가. 이재우 작가는 일본 NHK에서 방영 중인 아침 드라마 「오싱」을 언급하며 차별화 차원에서 오빠-여동생으로 해야 한다고 주장했다. 나는 우리 시청자들은 「오싱」을 들어본 적도, 본 적도 없을 테니 비교하지 말고 소신껏 하자고 했다. 사실 정서적인 측면을 중심에 둔다면 누나-남동생이 맞다. 의견이 오가고 결국 누나-남동생으로 하기로 결정했다. 정리하여 시놉시스와 기획안을 작성하는 데 이틀을 보내고 결재를 올렸다.

초치기로 완성한 첫 회

한국전쟁 휴전 직후, 1953년 충청도의 시골 마을에 열한 살인 누나 간난이와 여덟 살인 동생 영구는 전쟁고아가 되었다. 아버지는 전쟁에 나갔다가 죽었고, 전사 통지를 받은 어머니는 미쳐버려 행방불명되었다. 이제 남매는 할머니와 함께 산다. 할머니와 남매는 한 마지기 논밭을 갈아 근근이 살아간다. 할머니는 오늘도 논에 나가 새를 쫓는다. 훠~이 훠~이, 새를 쫓는지 뉘를 부르는지, 훠~이 훠~이, 초가을의 넓고 높은 하늘은 석양빛을 받아 눈부시게 붉다.

캐스팅 작업도 바로 시작했다. 연기자 후보들의 자료를 정리하는 데 3일, 면접을 하는 데 3일이 걸렸다. 최종 결정 날, 주인공을 맡을 아역배우 둘을 데리고 과일가게에 들렀다. 좋은 사과를 골라 보라는 게 마지막 관문이었다. 좋은 과일을 볼 줄 안다면 어느 정도는 철이 들지 않았을까. 두 아이는 깜찍하게도 잘 익은 사과를 골라냈다. 야외로 데리고 나가 카메라 테스트를 했다. 누나 역을 맡은 김수양은 MBC 어린이합창단 단원으로 우등생답게 차분한데, 동생 역의 김수용은 방송 경험이 조금 있어 그런지 까불까불했다. 카메라맨 김명균 아저씨에게 꿀밤을 먹자 김수용은 즉각 얌전해졌다.

분장실에 데려와 간난이는 단발로 싹둑 자르고, 영구는 바리캉으로 빡빡 밀었다. 헌데 녀석들이 울지 않았다. 그 의젓함에 왈칵 정이 들었다. 카메라를 들이대니 영락없는 1950년대 시골 아이들이 되었다. 이 엄청난 작업이 6일 만에 이루어졌다니!

8월 16일 『조선일보』가 발 빠르게 특종 보도를 하고, 다음 날부터 도하 신문에 홍보가 시작되었다. 방송 예고편이 나가야 하는데 아무런 자료도 준비도 없었다. 주인공인 간난이에 집중하기로 했다. 간난이 역을 맡은 김수양의 프로필 사진을 스틸로 잡고 전쟁의 참상이 담긴 자료 화면을 배경으로 깔아 '일일 다큐드라마'의 인상을 부각해 내세웠다. 당시의 시대적 감각이 그랬다.

반응은 기대 이상이었다. 호의적 반응에 힘입어 타이틀백도 이우범 화백의 수채화로 시대를 재현했다. 원 신 원 컷 원리로 여인의 일대기를 세로 15센티미터에 가로 길이는 5미터가 넘는 백지에 파노라마처럼 펼쳐나갔다. 최종혁 작곡에 당시 인기 절정의 가수였던 윤시내의 노래가 어우러졌다. 22일 5회분 대본 탈고, 23일 대본 연습, 24일과 25일에 야외 촬영, 26일 편집, 27일 스튜디오 녹화, 28일 최종 편집을 거쳐 8월 29일 첫 방송이 무사히 나갔다. 정말 숨 막히는 일정이었다.

첫 회의 핵심은 '배고픔'이었다. 여덟 살 영구는 끝없이 허기가 진다. 영구는 길모퉁이에서 삶은 감자를 맛있게 먹고 있는 옆집 아저씨를 지켜보다가, 조심스럽게 다가가 손을 벌린다. 감자 하나를 얻는다. 기쁜 마음에 집으로 가는 길, 간난이 누나에게 잡힌다. 간난이는 구걸하는 영구가 싫다. 일하지 않고 동냥하는 동생이 싫다. 땀 흘려 일하는 노동의 참뜻을 깨우쳐주려는 것이리라. 끝내 누나는 동생을 끌어안고 서럽게 운다. 멀리 새 쫓는 할머니(정혜선 분)의 '휘~이 휘~이' 소리가 들리고… 다음 날부터 영구는 지게를 메고 꼴을 베러 나선다. 저보다 두 키가 넘는 한 짐을 메고 온다. 사건이 아닌 감성을 앞세운 드라마였다. 눈물샘을 자극했다. 파격적인 시도에 찬사가 쏟아졌다.

시청자의 심금을 울리다

방송이 시작된 3일 후인 1983년 9월 1일 초대형 사건이 터졌다. 대한항공 보잉 747 여객기가 뉴욕을 출발하여 서울로 향하던 중, 사할린 부근 상공에서 소련 전투기의 미사일 공격을 받고 추락해 269명 전원이 사망했다. 모든 시선이 뉴스에 쏠렸고 9시 「뉴스데스크」 직후에 방송된 「간난이」는 그 후광효과를 톡톡히 보았다. 국가적 비극이 있었음에도 불구하고 드라마의 시청률이 높아지는 현상이 아이러니하게 느껴졌다. 잔혹한 비보에 놀란 시청자들은 소련의 잔인무도함에 놀라며 6·25전쟁의 참상을 떠올렸을 것이다. 그리고 드라마 속 단발머리 간난이를 보면서, 빡빡머리 영구를 보면서, 각자의 어린 시절을 떠올렸을 것이다. 이런 시대적 배경에 서정적이고 감성적인 드라마 분위기는 시청자의 심금을 울리기에 충분했다. 자체 조사 시청률이 65퍼센트 대를 상회했다.

간난이가 법정 전염병인 장티푸스에 걸린다. 사람들은 간난이를 동네에서 격리하기 위해 흐르는 물을 마실 수 있는 동네 밖 둑방 밑 밤나무에 간난이를 묶는다. 그리고 사방 10미터를 새끼줄로 둘렀다. 간난이는 심한 열 때문에 실신 상태로 가마니에 누워 있고, 둑방 위 새끼줄 밖의 영구는 안타까울 뿐이다. 독백처럼 누나를 부르던 영구의 눈에 눈물이 터진다. 시청자도 같이 울었다. 영구의 극진한 간호가 시작된다. 미음을 쑤어다 남들 몰래 새끼줄을 넘어 누나 입에 한 숟갈 한 숟갈씩 떠먹이고, 물에 적신 수건으로 몸의 열을 식히고, 밤을 같이 새우며 한시도 눈을 떼지 않고 보살핀다. 이틀 밤을 넘기고야 간난이는 열이 내린다. 누나를 부둥켜안고 우는 영구를 보고 있는 동네사람들도 같이 운다. 마을 공동체가 보였다.

언론의 반응이 참 좋았다. 『한국일보』 김훈 기자는 '대중적 공감의 바탕 구축'이라는 제목하에 '시청자들이 체험한 삶의 모습을 그렸다'

며 호평했다.

「간난이」는 TV 드라마로서의 믿음직한 대중성의 싹수를 보여 주고 있다. 「간난이」의 대중성이 믿음직하다는 것은 극작가, 연출가가 대중의 생활과 정서와는 무관한 내용을 지어내서 시청자에게 허구의 통속성을 강요하지 않고 대중의 공통 체험 속에 스며들어 있는 살아 있는 대중성을 보여주고 있는 점을 들 수 있다. (…) 정치, 경제 또는 역사를 소재로 '시대상'을 그려내려는 드라마의 노력이 없었던 것은 아니지만, 이 같은 드라마들이 시대의 외형에만 집착하고 있었고, 때로는 지나친 센세이셔널리즘에 빠져 있었으며 또 동시대와의 마찰 등으로 인해 드라마로서의 여운을 길게 남기지 못했었다. 이런 점에 비한다면 이름 없는 한 시골 여성의 성장 과정을 통해 '시대상'을 그려내겠다는 「간난이」의 의도는 획기적인 것으로 평가된다. 또 이 같은 시도는 시대의 외형뿐 아니라 시대의 정서적인 내용을 이루는 폭넓은 대중성으로 접근해 들어갈 수 있는 가능성의 터전을 마련한 셈이다.[20]

「간난이」의 이재우 작가와 나는 '악인 없는 드라마'에 착안했다. 지금의 시대상을 치유하는 첫 번째 묘약은 '사랑'이라는 데에 전적으로 공감하고, 그 방법을 찾아 나섰다. 전쟁 후 파편화된 가족관계, 이웃관계, 사회관계를 이어 붙이는 접착제는 어디 있는가? 인간관계의 이면을 중시했다. 내면의 심성, 말 못할 사정, '내가 아닌 너'의 입장에 초점을 맞추었다.

영상 또한 다른 기법을 찾았다. 전체를 보여주는 롱숏, 롱테이크 기법, 그리고 뒷모습을 잡아내고 그 뒷모습을 그윽이 들여다보는 시선으로 화면을 그려나갔다. 그 장면들을 본 이재우 작가는 "뒷모습이 이렇게 많은 말을 할 줄 몰랐다"라며 놀라워했다. 우리 삶에 존재하는 보통의 것들을 의미화하고 드러내고자 세심하게 고안했다. 그것은 실천의 말들이었다. 향수를 부르는 것들. 논, 밭, 배내옷, 베잠뱅이, 깡통치마, 원두막, 서리, 고추잠자리, 달, 불놀이, 흰쌀밥, 바다, 포말(泡沫), 고드름… 관점의 이동을 끌어내 서로 간의 위로, 동질, 미래를 보여주고자 애썼다.

국민 모두가 사랑했던 간난이와 영구

간난이는 동네에서 가장 부자인 '기와집'의 식모로 들어가게 된다. 학교를 보내주겠다는 말 한마디에 성큼 따라나선 것이다. 간난이는 정말 열심히 일한다. 주인마님(김용림 분)은 무서운 듯 보이지만 마음은 새털같이 곱다. 삼촌(길용우 분)은 많은 가르침을 주고, 머슴 아저씨(나영진 분)는 영구를 아들처럼 아껴준다. 간난이가 설레는 표정으로 학교 가는 날을 손꼽는 장면을 보며 시청자들 모두가 함께 그날을 기다렸다.

공책, 몽당연필, 책 보따리, 드디어 학교 가는 날. 아침부터 꼭 달라붙는 영구를 떼어내지 못하고 끝내는 옆자리에서 같이 앉아 공부하는 간난이. 아이들은 학교에서 벌어지는 수많은 에피소드를 통해 자연스럽게 민주주의를 배우게 된다. 허름한 교실, 이승만 대통령의 사진 밑 교단에서 영구는 옆자리 형과 두 손 들고 씩씩거리며 벌을 받는다. 그들은 울면서 벌 받고, 벌 시간이 끝나면 금방 친하게 논다. 아이들은 안 가르쳐줘도 옳은 일을 할 줄 안다. 시청자들은 「간난이」 속 아이들 한 명한 명을 예뻐하고 사랑했다.

언론의 찬사가 이어졌다. "아픈 체험의 극화 공감 불러" "시청자 관심 끄는 간난이", 인터뷰하는 아이들의 앙증맞은 사진을 실으며 "천연덕스런 연기로 화제"라고 호평했다. 그밖에 "박기정 화백의 수양, 수용의 캐리커처는 압권이다" 등의 평도 있었다.

일본 NHK의 '해외 위클리' 프로그램에서 "천진난만한 연기에 감동"이라며 「간난이」를 취재하러 왔다. 60퍼센트를 넘는 시청률의 배경과 시청자들의 의견을 담고, 야외 촬영 현장에서 주인공인 아역배우 김수양과 김수용을 소개했다. 연출자인 나와도 인터뷰했다. 나는 「간난이」의 인기에 대해 "아득한 옛 추억이 된 1950년대의 우리들의 모습이 시청자의 심금에 닿은 게 주요인이다"라고 설명했다. NHK 취재팀은 일본의 「오싱」을 모방한 부분을 집중 조명할 계획이었으나, 서울에 와 방송을 보고, 촬영 현장을 보니 「오싱」과는 전혀 다르다고 말했다.

그즈음 매주 불쑥불쑥 체크해오던 안기부에서 여지없이 또 전화가 왔다. 담당 과장의 밝은 목소리는 처음이었다. "이제 전화 안 할게요." 「제1공화국」 이후 꼬박 2년 만에 감시 아닌 감시에서 풀려난 셈이었다. 그 이후로는 연락이 없었다.

경기도 양주에 위치한 송추와 일영의 촬영장은 관광 코스가 되었다.

이웅희 사장도 격려차 촬영 현장을 방문했다. 시끌벅적했다. 사장은 크레인에 올라타고, 뷰파인더를 들여다보기도 했다. "내가 보니 깜깜해요." 사장이 떠난 뒤, 김명균 카메라맨에게 '왜 뷰파인더가 깜깜하냐' 물었더니 '렌즈를 닫아 어두웠을 것'이라고 말해 모두들 한바탕 웃었다.

닫힌 렌즈. 빛이 세상에 왔지만, 사람들은 빛보다 어둠을 더 사랑했다. 대부분의 역사는 어둠에서 시작되어 어둠 속에서 끝난다.「간난이」를 통해 어둠에 가려진 빛의 세상, 빛의 맨살, 빛의 아름다움을 사람들에게 보여주고 싶었다. 그 빛으로부터 비롯된 사람들의 따뜻한 시선, 사랑의 삶을 보여주고 싶었다. 빛은 어둠 속에서 빛나고, 어둠은 빛을 이길 수 없다.

7장

오늘날, 잃어버린 내 인생

MBC 대하드라마 「억새풀」(1985)

MBC 광복 40주년 특집 대하드라마 「억새풀」은 김기팔 극본 고석만 연출로, 여인 3대를 통해 이 땅의 서민 100년사를 그리고자 기획되었다.

"통곡의 역사, 한 맺힌 역사" "역사가 억울하다" "억울하다"

"오늘날, 잃어버린 내 인생" "오늘날, 나쁜 놈만 잘살고" "오늘날"…

「억새풀」의 시작은 남루한 노인 김상식(최낙천 분)이 피 토하듯 쏟아낸 말들로 열린다. 김상식은 늦은 밤 고급 저택 대문 그늘에 숨어 있다가, 승용차에서 내리는 팔순의 김관익(오지명 분)을 기습한다. 김상식은 죽은 윤경순(박규채 분)의 강남 땅을 돌려받으려고 왔다. 가벼운 몸싸움 끝에 김상식은 폭행 혐의로 구금된다. 그 과정에서 그가 터트린 한마디 한마디는 대하드라마 「억새풀」 57회 전체를 압축한 말들이다.

한국 여인 3대가 겪어온 삶의 애환

검찰로부터 연락을 받고 면회 온 신미숙(허윤정 분)은 김상식에게서 기막히게 놀라운 사실을 듣게 된다. "조카! 인섭이 살아 있는 거 모르지? 강원도 정선군 교회당의 종지기, 반신불수로…" 죽은 줄 알았던 남편이 살아 있다니, 신미숙은 경악한다.

40년간 생과부로 지낸 그녀에게 떠오르는 지난날의 환영들… 윤씨 집안의 여인 3대가 차례로 보인다. 100년 전 인천 개항 즈음에 윤씨 집안을 일으킨 시할머니 현씨(문정숙 분)가 떠오르고, 3·1운동 참여 직후 시집온 시어머니 김씨(김용림 분)가 다가온다. 신미숙은 1940년대 초 나라가 태평양전쟁의 소용돌이에 빠져들었을 때 이 집에 시집왔다. 남편 윤인섭(길용우 분)은 결혼한 지 14일 만에 학도병에 끌려가 신미숙은 지금껏 생과부로 반평생을 살아온 터다. 경악하는 신미숙을 그녀의 딸 윤해방(황신혜 분)이 조용히 지켜보고 있다.

계집애는 서당에 가서 글도 배우지 못했던 시기, 시할머니 현씨는 국채보상운동이 한창이지만 담배를 끊지 못해 부뚜막 앞에 숨어서 곰방대를 빨아댔다. 친일파 집안의 딸인 시어머니 김씨는 또다른 아픔이 있었다. 김씨의 남편 윤경순에게는 어린 시절 어른들끼리 정혼을 한 또다른 여인 한씨가 있었다. 한씨는 결국 윤경순과 맺어지지 못했고 홀로 한평생을 지냈다. 그 사연을 알게 된 며느리 신미숙은 여름이고 겨울이고 이 한씨를 찾아 나선다.

겨울에 한씨를 찾는 장면을 찍기 위해 4월에 겨울 장면을 촬영했다. 눈길은 안다. 그녀들이 걸어온 길을. 일제 말 공출과 정신대, 학병 차출이 온 나라를 광풍처럼 휩쓸고 갔다. 해방과 분단, 그리고 전쟁. 절망의 세월 속에서 여인들을 위한 세상은 없었다.

「억새풀」은 문정숙(시할머니)—김용림(시어머니)—허윤정(며느리)과 그의 딸 황신혜에 이르는 여인 3대 100년을 윤씨 집안의 애환을 통해 그렸다. 돌이켜보면 지금까지 우리나라 TV 드라마에서 이토록 여성 문제를 진실되게 외쳐본 적이 있었던가. 「억새풀」은 여성이 주체가 된 드라마, 여성 문제가 주제로서 우뚝 선 최초의 드라마였다.

타이틀백부터 새로웠다. 새납으로 시작되는 박범훈의 국악 합주가 국악인 김란의 구음과 더해져 하늘을 찌를 때, 억새풀이 바람에 흔들리더니 한국무용 살풀이가 실루엣 군무로 변하고, 여인 3대 전승을 상징하는 문정숙의 한 서린 몸짓, 김용림의 발 품새, 허윤정의 손놀림, 황신혜의 회전에 따라 다시 살풀이 군무로 덮힌다. 현대무용가 김양근의 안무에 여인 3대 연기자들의 짧은 한국무용이 아름답고 새로웠다.

「억새풀」의 여성들이 끈질긴 생명력을 보인다면 남자들은 강한 듯하지만 쉽게 부러지고 무너진다. 독립운동을 하다 만주에서 전사한 할아버지를 따라 목숨 걸고 독립자금을 대는 윤경순, 그는 민족주의자의 상징적 인물이다. 그러나 40년간 선거에 3번 도전, 모두 탈락한다. 윤경순의 '오날날'은 부조리한 현실, 바로 오늘을 부정하는 한탄으로 시청자들의 큰 공감을 얻어 전국적인 유행어가 되었다. 윤경순이 이상주의자의 표본이라면, 부인 김씨는 철저한 현실주의자다. 김씨 역할을 맡은 김용림은 직설적 표현과 넘치는 에너지로 새로운 여성상을 창출해내 그해 최우수연기상을 수상했다.

윤경순은 손윗처남 김관익과 영원한 라이벌 관계다. 격변기를 교묘하게 이용하여 날로 사업을 팽창시키고 번영을 누린 김관익. 영악한 기회주의자인 그의 행적을 보며 시청자들은 울분을 토했고 '이거야말로 진짜 우리의 아픈 현실'이라고 탄식했으나, 김관익은 그 나름대로 '어차피 비참한 시대 아니냐, 타의에 의해 이렇게 될 수밖에 없었다'고 궁색한 변명을 폈다.

그런 김관익을 끊임없이 비난하는 인물이 절름발이 지식인 김상식이다. 그는 일제 때 일본에 가서 대학을 다니다 퇴학당하고 귀국해 '머리 좋은 양반'으로 불렸다. 김상식은 윤경순의 참모이자 친구다.

독립군 홍두식 장군의 아들 홍승일(박경순 분)은 엿판이 달린 리어카를 끌고 온종일 엿장사를 다닌다. 그는 독립군 집안의 아들로 태어나 가난하여 공부 못 한 죄로 고난하게 살아가고 있다.

그리고 윤씨 집안의 외아들 윤인섭. '끌려가다! 버려지다! 우리 앞에 서다!' 편에서 그는 결혼 14일 만에 학병으로 차출돼 집을 떠난다. 1941년 학병은 4,385명(2018년 1월 22일 행정안전부 발표)으로, 학병 차출 대상으로 지목된 6,203명 중 70퍼센트가 군인으로 차출되었다. 그중 50퍼센트는 일본 본토, 30퍼센트는 만주, 20퍼센트는 동남아 태평양 지역으로 파견되었다. 이를 끝내 거부한 청년들은 군수공장으로 끌려가 강제 노역을 해야 했다. 이때부터 1944년 말까지 일제가 패전을 앞두고 저지른 패악의 절정이었다. 오늘에 와 그들을 떠올리며 하늘을 향해 물어본다. 그 모진 세월을 어찌 살았느냐고…

학병으로 차출됐던 윤인섭은 몇 년 만에 돌아오지만 곧 다시 증발한다. 그리고 6·25 적 치하 90일 때 북한군 소좌가 되어 오토바이를 타고 나타난다. 그의 출연은 짧지만 아주 강렬하다. 그러더니 얼마 후에 전사했다는 소식이 온다. 그때 윤인섭의 부인 신미숙은 딸을 출산한다. 그 딸이 4대 윤해방이다. 이제 서른을 훌쩍 넘긴 윤해방은 태어나 한 번도 보지 못한 아버지가 살아 있다는 말을 듣게 된다. 천둥치는 밤, 카메라가 신미숙, 윤해방 모녀를 끌어안듯 한참을 보여준 뒤 멀리 빠져나가이 집의 전경을 잡으면 그 순간 번개에 번쩍인다. 금이 간 이 집은 지금 신음하고 있다.

문화부장관의 호출

드라마에서는 끝없이 '오날날'을 외쳐댔다. 그 '오날날'을 보여주는 일화가 있다. 어느날 이원홍 문화부장관이 호출을 했다. 특이하게도 KBS와 MBC 양 사 대하드라마의 연출자를 장관실로 불렀다. 문화부 매체국장이 안내하여 간 자리에는 양 사의 담당 본부장과 국장까지 모두 6명이 있었다. 접견실에 지루할 만큼 오래 앉혀놓더니, 이원홍 장관이 불쑥 들어와 앞도 뒤도 없이 MBC 연출자인 나에게 덥석 악수를 청했다. 그러고는 "말만 들었는데… 허허… 몹신(mob scene, 군중 장면) 처리가 대단해요.「거부실록」'남강 이승훈' 편에서 마당에 수십 명이 꿇

아떨어져 자고 있는데 카메라가 줌인하더니 새끼원숭이의 초롱초롱한 눈동자를 잡더군요. 허허… KBS에서는 상상도 못해요.”라고 하는 것이 아닌가.

지금 이 상황에서 꺼낼 이야기인가? 엊그제까지 KBS 사장을 하여 허물이 없다고는 해도 어이가 없었다. 그는 갑자기 “친일파 이야기는 안 돼요. 하지 마세요. 반민특위는 넘어가세요.” 하더니, 몇 마디 인사 말을 더 하고 이내 나가버렸다. 1시간 이상 기다리게 해놓고 들어와서 1분짜리 한마디하고 나가다니. 매체국장한테 항의했다가 우리 본부장 에게 꾸지람만 들었다. 그후 방송에서 ‘친일파’ 얘기만 나와도 다 잘려 나갔다. 이때가 1985년이다.

광복 40주년 특집 대하드라마 「억새풀」은 우리에게 광복은 분단이요, 외세의 침입이요, 좌우의 갈등이며 친일파 득세라고 말한다. 「억새풀」 은 대한민국의 우화이다. 쓸쓸한 서사이다. 그러나 비극에도 희망의 횃 불 하나쯤은 있어야 하는 것 아닌가. 광복, 해방을 맞는 그날, 내내 절름 발이였던 윤경순이 멀쩡하게 대문 문지방을 넘어오는 것을 본 식구들 은 놀라며 환호를 터트린다. 그는 큰소리로 “최후에 이기는 자가 승리 자다”“통곡의 역사, 한 맺힌 역사를 끝내자”라고 한다.

「억새풀」의 마지막 장면은 명동 한복판, 부감으로 잡힌 독립군의 손 자 홍승일의 모습을 보여준다. 그는 엿판 리어카를 밀고 가며 “85년 오 늘, 오늘날, 우리는 성공작이다!”라며 고함을 지르고 있다.

「억새풀」은 1985년 6월 6일부터 12월 26일까지 57회 방송되었다. 김 기팔 작가와 나는 1983년 「야망의 25시」 이후 특집극으로는 여러 편 호흡을 맞췄지만 연속극으로는 2년 만에 만났다. 행복한 호흡이었다.

김기팔 작가는 대단한 악필이다. 원고의 글자들이 실지렁이처럼 구불구불 엉켜 있음에도 나에게는 그 글자들이 화살촉처럼 속속 꽂혔다. "말의 눈에 풀이 보이고, 풀의 눈에 물이 보이듯" 말의 시각으로 풀을 보면, 세밀하고 예쁜 것은 낮은 곳에 있다. 인간의 눈, 말의 눈, 인간의 발과 말의 발, 그들은 서로 믿기에 함께 질주할 수 있다. 김기팔 작가와 나, 우리 두 사람은 '공원국의 유목일기'에서처럼 유목민과 말이 되어 여섯 발로 내달렸다.

피디는 유목민 같다. 피디는 사람마다 다르겠지만 대체로 가정에 소홀하다. 나는 겨울밤 촬영을 마치고 새벽 2시쯤 집에 들어가면 잠깐 눈만 붙였다가, 언 몸이 녹기 전에 일어나 속옷만 갈아입고 6시쯤 다시 나가야 했다. 아내는 어떤 경우에도 따뜻한 밥과 뜨거운 국 한 그릇을 사랑스럽게 차려줬다. 이때의 토막잠 버릇이 평생 습관이 되었다.

「억새풀」은 100년의 서민사이다. 6월에 시작한 드라마지만 겨울 장면이 없을 수 없었다. 4월을 코앞에 두고 늦겨울 눈을 찾아 나섰다. 기획안 결재가 늦어지고 봄이 왔지만, 겨울 눈밭은 필수였다. 무리한 일정으로 강원도 산길을 누비고 다녀 어렵게 눈밭을 찾았다. 함백산 정상에 남아 있던 1,000평 잔설이 반가웠다. 눈을 찾아 헤맨 2박 3일 헌팅 길에 아내가 동행해주었다. 아내는 이때 모처럼의 동행을 지금까지도 소중히 기억한다. 몇 년 만의 '특별 휴가'를 못 잊는 것이다.

출장길은 끝이 없었다. 나중에 시집 간 두 딸이 놓고 간 어린 시절의 일기를 우연히 본 적이 있다. "아빠는 출장가셨다." 넘겨보니 또 출장이

다. "김포에 마중 나갔다. 해외에서 사온 크레파스가 좋다." 그다음에도
김포, 김포, 인천공항의 연속이다. 피디의 길은 험난하다.

제3부
특집

1장

전쟁의 상처, '광주'를 끌어안다

MBC 6·25 특집 드라마 「아베의 가족」(1980)

　장안의 화제작 「수사반장」에 몰두하여 격주로 2편씩 녹화하던 1980년, 나에게 6·25 특집극이 배정되었다. 시간이 문제였지만, 도전할 가치는 충분했다. 그때까지 6·25 특집극의 주제는 반공 일색이었다. 공산당은 나쁘고 빨갱이는 잔혹하다는 정형화된 스토리가 다였다. 그 상투적인 틀을 깨고 싶었다. 6·25의 교훈은 전쟁의 참상에서 찾아야 한다. 전쟁은 선과 악이 혼재되어 분명히 구별되지 않는다. 그것이 전쟁인 것이다.

　1980년 봄, 전상국의 중편소설 『아베의 가족』을 만났다. 소설 『아베의 가족』은 반공이 아니라 전쟁의 상처를 얘기했고 분단의 질곡을 다뤘다. 단순히 상처를 헤집는 것이 아니라 상처의 치유, 화해를 모색했다. 딱 6·25 특집극을 위해 준비된 소설 같았다. 김상열 작가와 며칠 밤을 새워 혼을 불어넣고, 구성을 바꾸어 새로운 이야기를 쏟아넣자 짧은 소설은 곧 거대한 대하드라마가 되었다. 90분씩 4부작. 김상열 작가는 말도 빠르지만 글도 빨랐다. 글보다 생각이 빨랐고 의식은 시공을 초월하며 번득였다. 1980년 6·25 특집 드라마 「아베의 가족」은 진통은 컸지만 순탄하게 태어났다.

유린당한 땅의 사람들

「아베의 가족」은 아카시아 향기가 가득하던 5월에 촬영을 시작했다. 그때 광주는 불타고 있었다. 주인공인 어머니가 임신한 몸으로 미군들에게 집단 강간을 당하는 장면을 그릴 때, 광주는 무장 군인들에게 포위되어 있었다. 대본에 '아카시아 꽃향기가 창을 넘어온다'라고 써 있으면 미술감독 임수영은 아카시아나무를 통째로 베어다 스튜디오에 놓았다. 카메라가 아카시아 잎 사이를 뚫고 아버지의 창가에 머물 때, 광주의 도청은 적막에 빠져 있었다. 잔인한 적막이었다. 광주의 젊은이들이 등에 총탄이 박힌 채 죽어갔다. 지적장애아 '아베'의 처절한 흐느낌이 동두천 양공주촌의 어두운 우유 박스에서 새어나오자, 대금 소리와 함께 이 나라는 모두 소리 없이 울고 있었다.

「아베의 가족」은 과거를 보여주면서 오늘의 시간을 사로잡는 김상열 작가의 극적 마력이 유감없이 발휘된 작품이다. 그 첫 장면은 이렇게 시작된다.

전쟁 중의 숲, 침묵을 깨며 헬리콥터의 강렬한 엔진 소리가 압도하고, 허공에서 무섭게 회전하는 헬리콥터의 날개에서 시선이 뒤로 빠지면 지상의 수목을 휘저으며 랜딩. 미군 병사들이 뛰어내린다. 병사들은 포화에 불타는 숲속으로 질주한다. 미군 병사들의 군화가 마루 위로 뛰어올라 작은 미닫이문을 열고 들어간다. 진흙투성이의 군화를 따라서 방안으로 들어가면 발 사이로 보이는 여자. 남루한 이불 속에서 병색이 완연한 만삭의 어머니(김혜자 분)가 누워 있다. 거친 이방인들의 영어가 웃음 섞인 희롱에 싸여 난잡하게 오고 간다. 방바닥에 떨어지는 배낭과 탄띠 그리고 소총들, 군화들이 어기적거리며 포위하듯 어머니의 이불 곁으로 다가간다. 점점 커지는 웃음과 영어의 난무. 대검으로 이불을 찍어 젖힌다.

1980년 수술실, 어둠 속의 침묵. 운명 직전의 고통으로 크게 벌리고 있는 입에서 조금 뒤로 물러서면 어두운 공간에서 심호흡하며 허공을 쳐다보고 있는 여인의 얼굴이 나타난다. 이제는 노인이 된 '아베'의 어머니다. 허공을 응시한 채 "아베"라고 발음하는 어머니의 입모습에서 정지한다. 운명한 것이다. 스톱모션의 그 얼굴 위에서 미국인 의사들의 영어 소리가 들려오기 시작하며 타이틀이 뜬다. '아베의 가족.' 미국인 의사와 간호사들의 시체 처리에 관한 대화가 점점 크게 들려오고, 문이 열리고 닫히는 소리와 의사 대기실에서 들려오는 아메리칸 풋볼의 중계방송 소리가 섞인다.

드라마는 주인공인 어머니의 일기로 이야기를 풀어간다.

여학교를 졸업하고 아버지와 관계가 있던 초등학교에서 교편을 잡고 있을 때 이모의 중매로 결혼을 했다. 그때 나이 21세. 6·25가 일어나기 석 달 전 1950년 3월이었다. 시부모님께서 결혼을 서둔 것은 마음에 드는 며느릿감을 놓치기 싫다는 욕심도 있었지만 어서 빨리 손자를 안아보고 싶다는 간절한 바람 때문이었다.

결혼생활은 행복했고 시댁에서의 나날은 나에겐 꿈같은 시절이었다. 그러나 결혼생활은 짧았고 우리는 곧장 헤어져야 했다. 이 땅에 전쟁이 일어났던 것이다. 남편은 전쟁이 일어나자 군대에 자원입대를 했다. 태극기를 흔들며 고향 잠실의 나루터를 떠난 것이 남편과의 마지막이 되고 말았다. 뱃전에서 손을 흔들며 곧 돌아오겠다며 떠났으나 그후 남편은 돌아오지 않았다. 그때 나는 이미 뱃속에 그의 아이를 가지고 있었다.

잠실, 긴 뽕나무의 숲. 눈을 가린 지주들이 밭고랑에 양손을 짚고 침묵 속에 앉아 있다. 순간, 한 떼의 새들이 놀라서 허공으로 휘돌아 오른다. 숲속에서 먼지를 일으키며 빠르게 붉은 깃발들이 나온다. 숲속으로 헤집고 달려 들어가는 어머니. 치마와 저고리를 펄럭이며 무섭게 뽕나무를 헤치며 전진해간다. 카메라는 어머니의 뒤를 쫓아 깊숙한 뽕나무 숲속으로 들어간다. 어머니의 발길이 멈칫하며 멈춘다. 밭고랑에 엎드려 죽어 있는 시아버지(유춘 분)의 모습. 어머니, 멍청하게 시체를 쳐다보고 있다. 어디선가 다시 매미 소리가 되살아나기 시작한다.

잠실 시댁에서 쫓겨난 후 강원도 창말에 있는 친정집까지 사흘 밤낮을 걸어왔지만 친정집은 폐허가 되고 부모님은 멀리 남쪽으로 피난을 떠난 뒤였다. 김성도(추송웅 분)는 뱀을 찾아 돌무덤을 헤치며 돌아다녔지만 마음은 착하고 순박했다. 그 사람이 아니었다면 난 아무도 없는 창말에서 죽었을 것이다. 다음해 봄, 전쟁이 막바지에 치달을 때 나는 애기를 낳았다. 잉태하고 있을 때 충격과 고통을 당했던… 그… 아베… 그는 나보다도 애기를 더 귀여워했는데 자기 자식이 아닌 줄 알면서도 언제나 친자식처럼 각별하게 대해줬다. 남편이 살아서 자기 아들을 본다면 얼마나 즐거워할 것인가. 그는 전사한 것인가? 남편 조창배(최불암 분)… 한시도 그를 잊을 수가 없었다.

완전히 불에 탄 집터, 숯덩이가 되어 엉켜 있는 기둥들, 검은 잿더미에서 피어오른 연기. 전쟁이 몰고 온 허망한 자취 속에서 산발한 시어머니(정혜선 분)가 무엇인가를 찾으려 쇠꼬챙이로 잿더미를 뒤적거린다. 잿더미 저쪽에서 차분한 남자의 목소리가 들려온다. "어머니…" 시어머니는 가만히 고개를 돌려 소리가 나는 쪽을 본다. 국군 복장을 한 아들 조창배가 연기 속에 서 있다. 시어머니는 전혀 감동하지 않는 눈빛으로 아들을 쳐다본다. 시어머니의 눈빛은 초점을 잃었다. 어머니의 독백이 계속된다.

처절한 드라마, 처절한 삶

첫애 아베를 잉태했을 때 당한 무서운 충격과 고통이 가끔 되살아나,

그들의 검정 피가 내 몸에 스며들어 검정 뱀을 낳았다는 생각을 했다. 그의 이름은 '아베'로 불렸다. 아베는 나에게 고통의 씨앗이었다. 아베는 내 육체에서 떼어버릴 수 없는 처절한 혹 덩어리였고 언제까지고 지니고 다녀야 할 증인의 그림자였다. 아베는 먹고 잠자고 우는 것이 전부였다. 아베의 울음소리는 내겐 단죄의 칼날이었다. 시간이 흐를수록 아베는 짐승의 형상으로 바뀌어갔고 벌레의 꿈틀거림으로 근육이 일그러져 갔다… 하늘은 왜 내게 아베를 주셨을까?

아베는 전쟁의 상처를 상징한다. 어머니는 그 상처를 지워버리고 싶지만 그럴수록 상처는 깊어만 간다. 다시 어머니의 일기다.

　　아베가 지네나 송충이처럼 변모해가면 갈수록 아베에 대한 찐득한 연민의 정은 깊어만 갔다. 아베는 나에게 있어서 필연적으로 감당해야 될 혈육의 십자가였다. 나는 휴전이 될 때까지 땅꾼 김성도와 1년 남짓 그곳에서 살았다. 그렇게 징그럽던 뱀이… 흉물이 아닌 영물로서 차차 호기심과 어떤 신비한 동물로 느껴지기 시작할 무렵 나는 땅꾼의 자식 진호를 낳았다. 땅꾼의 자식 진호!

　　동두천 양공주촌의 좁은 방. 어머니가 촛불을 켠다. 확 하고 밝아지는 아베의 우리. 얼룩과 곰팡이가 가득한 어두침침한 방. 아베의 울음소리가 장롱 틈바구니에서 들려온다. 촛불을 들고 가만히 다가가서 커다란 우유통을 들여다본다. 그 안에서 눈물과 땀과 땟물이 가득한 아베의 일그러진 얼굴이 노출된다. 허공의 불빛을 향해 두 손을 허우적거리며 외치는 아베의 절규. 어머니는 가만히 아베의 얼굴을 내려다보다 손을 놓아버린다. 아베, 아베, 아베… 그 얼굴과 울음과 비행기 소리를 배경으로 대금의 주제곡이 흐른다.

나는 모든 사람들에게 속죄하는 마음으로 이 글을 쓴다. 특히 사랑하는 남편과 아들 아베에게 이 글을 남긴다. 우리 가족은 드디어 출국 비자를 받았다. 내일이면 우리 세 식구, 진호(땅꾼의 아들)와 동두천에서 낳은 혼혈아 정희(흑인병사의 딸)와 나는 정희 아버지의 주선으로 비행기를 탈 것이다. 거센 운명의 뗏목을 타고 여기까지 흘러온 것이다. 내 목숨은 모질고 길었다. 죽기를 두려워했거나 삶에 대하여 어떤 미련이 있었던 게 아니라 내던질 수 없는 한 가닥 희망이 있었기 때문이었다. 전쟁이 끝나고 나는 남편과 아베를 찾아서 헤맸다. 그러나 남편과 아베는 나타나지 않았다.

어머니는 지우고 싶은 상처인 아베를 떼어놓고 미국으로 이민을 간다. 그러나 이민은 출구가 아니었다. 지운다고 지워지는 상처가 아니었던 것이다. 어머니는 참회의 마음으로 아베와 남편을 찾는다.

흑인병사의 딸 정희가 갤러리에 갔다가 큐레이터 주혜(오미연 분)를 만나면서 잠적해 있던 남편이 마침내 세상에 드러난다. 남편의 목각 작품 하나가 매개가 된 것이다. 어머니의 독백은 계속된다.

나는 이제 내 갈 곳에 다 왔다고 생각했다. 아베를 찾아 헤매다 지친 나는 상여 소리를 듣기 시작했다. 나를 싣고 떠날 꽃상여가 내 곁으로, 점차 내 곁으로 다가오는 것을 느꼈다. 그래, 떠날 때가 된 것이다. 내가 만약 이방인 땅에서 죽는다면 누구든 이 편지를 내 남편이나 아베 앞으로 부쳐주기 바란다. 한국의 잠실, 내가 묻힐 곳은 새봉재와 활터거리가 있었던 잠실의 뽕밭이란 걸 밝혀둔다.

남편은 주혜가 건네준 아내의 편지를 들고 있다. 그의 몸에 새겨진 전쟁의 외상이 너무 깊다. 두 눈과 세 손가락이 불구가 되었다. 그는 한 손으로 목각을 하는 '은둔자 목각장인'이었다.

4부작의 끝자락. 주혜가 아베의 동생인 진호(유인촌 분)를 이끌고 남해 낙도에 다다랐을 때 마을 주민으로부터 아베의 소식을 듣게 된다.

"삼 년 전 유난히도 추웠던 겨울 바다에서는 연 사흘 해일이 일어났고 태풍으로 양계장과 양돈장의 지붕이 날아갔어요. 닭과 돼지들이 바다 속으로 몰려 들어갔고 아베(정한헌 분)는 짐승들을 쫓아 밤새도록 바닷가를 헤맸습니다. 누군가는 아베가 바다를 향해서 통곡하는 걸 봤다고도 하고, 물에 빠진 돼지를 껴안고 어디론가 뛰어갔다고도 했습니다. 태풍과 해일이 잠들고 폐허가 된 막사에 그후부터는 아베가 보이지 않았습니다. 아베는 태풍과 해일을 타고 갔다고 모두들 믿었으니까요."

미국식 콧수염을 깎는 진호의 깨우침. 진호는 아베의 흔적을 찾아 이 섬에 살기로 한다. 태풍이 잦아들고 갈매기 울음소리. 아베의 영혼을 달래듯 대금의 피맺힌 음률이 멀리 수평선까지 퍼져나가 남편의 독백을 불러온다.

　이제 내 시간이 다가온 것이다… 기다린다는 믿음으로 살아온 삼십
년의 시간이 한순간에 허물어져 내린다. 이제 나를 정리할 시간이 온 것
이다. 기다림의 의지가 부서진 내겐 더 목각을 파헤칠 기력도 목적도 소
멸되어 버린 것이다. 마지막 내가 나를 정리할 수 있도록 한쪽 팔을 남
겨주신 하느님께 감사드리며 그 한 개의 팔에게 나는 속죄의 칼날을 맡
긴다.

　드라마를 본 원작자 전상국은 "충격적이다. 또다른 '아베의 가족' 장
편 개작을 계획하고 있었는데, 포기하겠다."라며 극찬했다. 1980년 6월,
전쟁의 상처는 광주까지 껴안으며 소리 없이 울었다. 「아베의 가족」은
그해 가을 나에게 최초로 한국방송대상 TV연출상을 안겨줬다.

2장

스스로 빛이 된 사람, 단재 신채호

MBC 8·15 특집 드라마 「한」(1982)

베이징대 학생구국회의 월간지인 『국민(國民)』 1919년 4월호는 한국 민족의 3·1운동을 특집으로 편집하고 대서특필했다. 거기에는 「조선 독립운동기, 부 조선독립서 원문(朝鮮獨立運動記, 付 朝鮮獨立書 原文)」이 실려 있다.

한 사람의 어린 생도가 오른손에 한국기를 들고 만세를 외쳤다. 일본 병이 검으로 그 손을 내리쳐 베어 떨어뜨리자 왼손으로 기를 집어 들고 독립만세를 크게 외쳤다. 일본병은 다시 그의 왼손을 절단했다. 그는 여전히 큰 소리로 독립만세를 외치는 것을 그치지 않고 일본 헌병의 머리를 들이받으면서 쓰러져 죽었다.

정주시장 터에서의 3·1운동을 보도한 이 기사는 세계 만방에 퍼졌다. 넉 줄의 기사만으로도 베이징대 학생구국회의 대학생들에게 큰 충격과 영향을 미쳤다. 특히 당시 베이징대 문과학장이자 신문화운동의 최고지도자였던 천두슈(陳獨秀)는 이 기사를 접한 뒤 울분에 넘쳐 밤새도록 통곡을 하고, 새벽녘에 「조선독립운동지감상(朝鮮獨立運動之感想)」을 집필했다.

　　3·1운동은 세계혁명사상 신기원을 열었다. (…) 조선민족의 활동의 광영스러움에 비추어 우리 중국민족의 자폐하고 부진함의 치욕이 더욱 두드러진다… 보라! 이번의 조선인의 활동을!

천두슈의 격문은 중국인들을 격동시켜 5·4운동을 촉발시켰고, 그 영향을 받아 인도의 비폭력 저항운동이 싹터 인도는 대영제국으로부터 독립에 성공했다. 인도의 시성(詩聖) 타고르는 훗날 3·1운동의 감명을 잊지 않고 한국을 노래했다.

　　일찍이 아시아의 황금시대에/ 등불의 하나였던 코리아
　　그 등불 다시 한 번 켜지는 날에/ 너는 동방의 밝은 빛이 되리라

3·1운동의 영향은 당시의 인도차이나반도와 필리핀, 아랍의 일부 지역까지 파급되어 그 지역의 독립운동에도 영향을 끼쳤다. 3·1운동이 세계사를 전환시켰다. 그러나 이 땅의 어둠은 아직 걷히지 않고 있었

다. 길고 긴 어둠이 이어졌다. 그 시절 그 어둠과 맞서며 불꽃처럼 살다 간 사람들이 있었다. 대표적인 사람이 지식인이자 혁명가인 단재 신채호였다.

무엇으로 해방을 기념할까

1982년, 장안의 화제를 모은 「제1공화국」을 마친 후 마음이 허했다. '민주주의'를 주인공으로 삼겠다 다짐했지만, 안기부에 끌려갔다 온후 아픈 굴절을 겪어야만 했다. 야만의 시대였다. 그런 와중에 8·15 광복절 특집 드라마 제작 지시가 떨어졌다. 무엇으로 해방을 기념할 것인가?

역사는 지나간 과거가 아니라 오늘의 현실을 말해야 한다. 1980년 5월 광주를 피로 물들이고, 총칼로 집권한 전두환 군부독재 정권은 일제 침략기의 야만성에 뒤지지 않았다. 내게는 광주의 항쟁이 일제의 압제를 뚫고 나온 3·1운동처럼 다가왔다.

암흑 속에서 그저 빛을 기다리는 게 아니라 그 암흑을 깨고 나와 스스로 빛이 된 사람, 그가 바로 단재 신채호였다. 1982년, 인간의 존엄성과 자유는 사라지고 독재의 야만성만 남은 방송 현실을 개탄하며, 단재를 통해 시대의 야만성을 돌파하고 싶었다. 언론인이자 사학자, 독립운동가로 한평생 꼿꼿하게 살다간 신채호의 삶은 우리 근대사의 먹구름 터널을 무섭게 관통하여 그 기개를 만방에 드높였다.

사학자 단재는 말한다. "역사라는 것은 아(我)와 비아(非我)의 투쟁의 기록이다." 그는 역사를 역동적으로 파악했다. 물 흐르듯 흘러간 것이 아니라 '대립'과 '투쟁' 그 자체를 역사로 파악했다. 일제를 뚫고 나갈 우리 민족의 혼을 일깨우는 역사관이다.

우리의 민족사관을 수립하며 한국근대사학의 기초가 된 단재의 '조선혁명선언'과 『조선상고사』, 그리고 어린 벗들을 위한 동화 『용과 용의 대격전』은 『꿈하늘』과 함께 단재의 대표적 저서이자 그의 기본철학이다. 노예로 살고자 하는 많은 지식인들은 지배할 수 있지만, 주인으로 살고자 하는 더 많은 서민들은 지배할 수 없다는 것을 단재는 정확하게 우리에게 일러준다.

1982년 단재 신채호의 일대기를 다룬 8·15 특집 드라마 「한(恨)」 2부작을 제작, 방송했다. 단채 신채호의 불꽃같은 삶을 편년체로 그린 이 작품은 1983년 제10회 한국방송대상 우수작품상(국무총리상)을 수상했다.

단재는 1905년 26세에 성균관 박사가 되었으나 관직에의 뜻을 버리고 『황성신문』에 논설기자로 들어가 친일파의 매국행위를 규탄하고 국권회복을 위한 애국 계몽의 언필을 날린다. 그해 장지연은 『황성신문』에 을사늑약을 규탄하는 '시일야방성대곡'(是日也放聲大哭)을 게재해 파란을 일으켰다. '오늘에 이르러 목 놓아 통곡하는' 전 국민의 분노를 대변해 항일의 필봉을 휘둘렀던 것이다. 『황성신문』은 폐간되었다. 1906년, 단재는 영국인 베델이 운영하는 『대한매일신보』로 옮겨가 치외법권을 활용, 주필로서 필봉을 휘둘렀다. 1907년에는 언론인으로서만이 아니라 실천적 지식인으로서 안창호와 함께 비밀결사인 신민회에 참여하여 신민회 취지문을 기초했다. 오산학교에서 만난 춘원 이광수가 훗날 잡지 『조광(朝光)』에서 묘사한 단재의 모습도 우리 드라마에 담았다.

주필이나 되는 단재는 풍채가 초라한 샌님이나 이상한 눈빛을 갖고 있었다. 붉은색 위아래 내의를 입고, 세수할 때 고개를 뻣뻣이 든 채로 물을 찍어다 바르는 버릇 때문에 마룻바닥, 저고리 소매와 바짓가랑이가 온통 물투성이가 됐다. 누가 핀잔을 주려 하면 '그러면 어때요'라고 하였다. 남의 말을 듣고 소신을 고치는 인물은 아니었다. 그러면서도 웃고 얘기할 땐 다정스러웠다.

주인공 단재를 누구로 할 것인가? 김기팔 작가와 몇 차례 얘기를 나눴지만 정답을 못 찾고 있는데, 로비에서 당시 톱스타 이정길이 지나가는 게 보였다. 김기팔 작가가 갑자기 "어이! 신파배우!" 하고 이정길을 불렀다. 이정길이 화들짝 놀라 쳐다보니 한마디를 더했다. "연기 좀 잘해!" 사람들이 많은 장소에서 그런 말을 들은 이정길은 극도로 겸연쩍어 하며 자리를 피했다. 김기팔 작가의 놀라운 기지였다. "내일 말고 모레쯤 섭외해봐." 그의 말대로 내일이 아닌 모레 만났다.

극례를 취하며 섭외에 들어갔다. 8·15 특집 드라마로서의 단재, 캐릭터부터 연출 방향, 스케줄까지 얘기했다. 이정길은 한순간 깊이 고심하더니 흔쾌하게 승낙했다. 그리곤 맹렬하게 작품에 몰입했다. 주인공으로 출연 중이던 일일연속극 스케줄도 적극적으로 바꾸고, 심지어 삭발에 가깝게 머리도 잘랐다. 주변에서 모두 놀랐다.

1908년 전국적으로 일어난 국채보상운동 금 모으기에 단재는 적극적으로 참여하여 글도 쓰고, 계몽연설도 하고, 스스로 금연을 결행하기도 했다. 이정길은 흡연자였다. 그것도 골초에 가까워 늘 담배를 달고 살았다. 그런 점을 고려해 연기의 주요 부분에 담배 피우는 설정이 필수였는데, 단재가 금연한 이후 이정길도 힘들어 했다.

단재는 '역사 연구가 곧 민족독립운동'임에 착안하여 민족주체사관을 정립한다. 1910년에는 중국으로 망명해 청도회의를 개최하고 토지개혁, 무관학교 설립, 교관 양성, 전문기술자 확보를 결의했다. 또 1913년에는 청소년에게 국사교육을 시키는 한편 '조선사'를 집필했다. 이 시기에 만주 일대와 고구려, 발해 유적을 답사하면서 민족사학의 실증적 토대를 더욱 발전시켰다. 그때 단재는 중국 지린성에 있는 광개토대왕비를 보게 된다.

리얼리티로 울림을 만들다

이 장면을 위해 MBC 미술부의 홍순창 디자이너가 욕심을 냈다. 광개토대왕비를 실물 크기로 제작하기로 한 것이다. 실제 척수(尺數)에 맞춰 제작을 끝내고 야외 촬영에 나서려는데, 한 뼘 차이로 세트실 문을 통과하지 못해 문을 일부 부숴야 했다. 거대한 광개토대왕비를 트레일러형 대형트럭에 싣고 시내를 관통하여 촬영지인 경기도 고양시 서

오릉까지 이동하는 모습이 장관이었다. '쟁이들은 한다면 한다.'

그런데 서오릉 농장 넓은 풀밭 언덕 위에 광개토대왕비를 어렵게 세우고 카메라를 대보니 원래의 위용은 어디가고 그저 초라한 바위덩이 하나에 불과했다. 카메라 위치와 렌즈 사이즈를 바꾸고 온갖 앵글을 다 동원해도 기대치에는 어림도 없었다. 그날 촬영을 포기하고 회사로 돌아와 모든 전문가를 다 동원해 숙의에 들어갔다. 야외에 설치된 조각품과 자연의 관계, 공간감과 시간감, 나아가 역사의 무게감까지 우리는 그날 많은 것을 배웠다. 다음 날 온갖 장치를 동원하여 촬영을 마치기는 했지만 당시 단재가 느꼈을 감동에 얼마나 접근했을는지 아쉬움이 남았다.

우리는 영상기법을 총동원하여 단재의 정신을 그렸다. 긴 동굴의 깊은 곳에서부터 퍼져나오는 듯한 이정길의 열연은 시청자들에게 큰 울림을 주었다. 단재의 혼이 살아난 듯했다. 격동시켰다.

강도 일본이 우리의 국호를 없이 하며, 우리의 정권을 빼앗으며, 우리 생존의 필요조건을 다 박탈하였다. (⋯) 이상의 사실에 의거하여 우리는 일본 강도정치, 곧 이족(異族)통치가 우리 조선민족 생존의 적임을 선언하는 동시에, 우리는 혁명 수단으로 우리의 생존의 적인 강도 일본을 살벌(殺伐)함이 곧 우리의 정당한 수단임을 선언하노라.

비장한 행동지침이 하달된다. 신채호가 1923년에 작성한 '조선혁명선언'은 일제 요인 암살과 기관 파괴를 위한 폭탄, 단총(短銃)과 함께 의 열단 단원들이 휴대하는 필수품이 되었다. 이 선언은 국내외 동포들의 일제에 대한 적개심과 독립사상을 한층 드높이는 계기가 되었고, 일제 당국은 큰 전율과 공포에 사로잡히지 않을 수 없었다.

1925년 단재는 신랄한 현실 비판을 담은 「낭객의 신년만필」을 동아일보에 실었다.

> 우리 조선 사람은 매양 이해(利害) 이외에서 진리를 찾으려 하므로 석가가 들어오면 조선의 석가가 되지 않고 석가의 조선이 되며, 공자가 들어오면 조선의 공자가 되지 않고 공자의 조선이 되며, 무슨 주의(主義)가 들어와도 조선의 주의가 되지 않고 주의의 조선이 되려한다. (…) 아! 이것이 조선의 특색이냐? 특색이라면 특색이나 노예의 특색이다. 나는 조선의 도덕과 조선의 주의를 위하여 곡(哭)하려 한다.[21]

1930년 5월 8일, 단재는 무정부주의동방연맹 국제위채 사건에 연루되어 체포된 뒤 10년 형을 선고받고 뤼순감옥으로 이송된다. 그리고 1936년 2월 21일, 향년 57세의 나이로 불꽃같은 생을 마감한다.

다시 만난 단재 선생

1982년 9월 나는 일본피디협회의 초청을 받아 2박 3일 일정으로 도쿄를 방문했다. 공식 일정은 도착 당일 피디협회장 자택의 만찬부터였다. 일본피디협회장은 드라마 피디, 그의 부인은 다큐 피디였다. 통역은 약간 부족하지만 정수웅 선배가 맡아주었다. 일본 쪽 피디 30여 명이 참가했다. 그들은 한국말을 웬만큼 알아듣는 듯했다. 그중 몇몇은 『창작과 비평』 최신호의 일본어 번역본을 들고 있었다. 그들과 본격 토론에 들어갔다. 비디오 시사를 했는데 놀랍게도 한 달 전 방송된 「한」이었다. 제1부 시사를 마친 뒤의 첫 질문이 놀라웠다.

"드라마 시작과 함께 정적(靜寂)으로 진행된다. 한국말은 한마디도 없이 일본말만 간헐적으로 들리더니, 무려 36분 만에 처음으로 한국말이 나온다. 무슨 상징성을 갖는가? 일제강점기 36년을 표현한 것인가?"

그렇다. 어두운 뤼순감옥. 단재의 부인 박자혜(엄유신 분)가 면회를 왔다. 단재의 거동이 불가능하여 특별히 감방 면회가 허가되었다. 을씨년스러운 복도를 지나고 또 지나 감방 앞, 처참한 남편의 모습을 본 부인의 비명 같은 숨소리에 일본 간수가 그녀를 제지하고, 아무 말 못 하고 쳐다보다가 설움에 겨워 울음이 터지면 또 제지당하고, 또 제지당하고… 면회는 끝나고, 단재 신채호는 숨을 거둔다.

단재가 1910년 압록강을 건널 때 읊은 시 한 구절, 「한나라 생각」이 생각난다.

　　나는 네 사랑 / 너는 내 사랑 / 두 사랑 사이 칼로 썩 베면 / 고우나 고운 핏덩이가 / 줄줄줄 흘러내려 오리니 / 한 주먹 덥석 그 피를 쥐어 / 한나라 땅에 고루 뿌리리 / 떨어지는 곳마다 꽃이 피어서 / 봄맞이 하리.

나는 MBC TV 제작본부장이던 2005년 8월, 평양에서 단재를 다시 만나게 되었다. 남북합작 영화 「광개토대왕」의 제작을 의논하기 위해 김영남을 비롯해 북쪽 고위 관리들을 만나고 당시 서열 17위로 알려진 김기남 노동당 비서와 구체적인 사업에 대해 논의하다가 우연히 '단재 토론'을 하게 되었다. 주위 사람들이 놀랄 만큼 진지하고 명쾌한 토론이었다. 김기남은 잘 알려진 북쪽의 석학으로 단재에 대한 관심이 깊었다. 그는 "남쪽에서 단재에 대해 이 정도로 박식할 줄 몰랐다. 뜻밖이다. 다음에 만나 더욱 깊게 얘기하자."라면서 북한 인민대학습당에 보관된 '단재유고'를 같이 보고 활용하고 싶다고 했다. '꿈하늘'에 오르는 감명을 받았다.

단재의 상고사는 곧 세계사다. 이제 세계사를 쓰자!

3장

발굴, 서민영웅

MBC 8·15 특집 드라마 「엄복동」(1983)
MBC 한국인 재발견 시리즈 제6회 「백선행」(1985)
MBC 3·1절 특집 드라마 「신돌석」(1982)

1983년, 정치드라마에서 독보적인 능력을 보여온 김기팔 작가가 「엄복동」이라는 스포츠드라마를 들고 나와 많은 사람들을 놀라게 했다. 같은 해 6월 「야망의 25시」가 돌연 중도하차당한 직후라서 더욱 놀랄 수밖에 없었다.

MBC는 일제강점기인 1910년대에 활약한 '자전거 왕 엄복동'의 이야기를 8·15 특집 드라마로 편성했다. 1983년이었다. 이 시대의 특집 드라마는 무엇인가? 누군가는 방송사의 균형추 역할을 해야 한다. 일개 연출자가 긴 세월 동안, 좀더 편한 수많은 방식을 두고 이렇게 험난한 길을 찾아나서는 이유는 어디에 있는가. 우리의 '서민영웅' 발굴은 시도 그 자체만으로도 의미 있었다.

김기팔 작가가 느끼는 오늘은 암흑의 세월이었다. 귀머거리, 벙어리,

장님이 되어야 살 수 있었다. 그가 스포츠드라마를 들고 나온 것은 정치적 화살에서 피하고 싶은 이유가 가장 컸을 것이다. 일제하를 집중 조명하여 감시자들의 관심 밖으로 빠져나가는 동시에 감시자의 사정권 밖에서 오늘날에 민족혼을 일깨우고 싶었을 것이다.

자전거 왕 엄복동을 찾아서

우리는 서민영웅 엄복동 발굴에 나섰다. 내가 차를 몰고 옆자리에 김기팔 작가, 뒷자리에 주인공 역할이 예정된 배우 나영진과 후배 배우 정한헌이 앉았다. 엄복동이 도대체 언제 어디서 태어났으며, 어떤 성장 과정을 거쳤는지 전혀 알 길이 없었다. 엄복동이 활약하던 시기는 1920년대, 지금으로부터 60년 전의 일이다. 여러 사람들이 입을 모아 평택이 고향이라 하여 우선 평택을 찾았다. 평택시청을 찾아가 호적을 뒤졌다. 없다. 만만한 작업이 아니겠다는 것을 직감했다. 둘씩 나누어 배우 둘은 옛 중심가 복덕방을 뒤지면서 노인들을 탐문하고, 나와 김기팔 작가는 차를 타고 진위천, 바람새마을, 평택호를 누볐다. 평택호의 경계를 따라 조성되어 있는 촌락과 오래된 상점을 찾아다녔다. 성과가 없었다.

넷이 만나 저녁식사를 하다가 한가닥 희망을 보았다. "떴다 보아라 안창남의 비행기, 내려다 보아라 엄복동의 자전거." 정확하진 않지만 띄엄띄엄 읊조리는 사람을 만난 것이었다. 다음 날 그 어르신을 집중

추적하기로 했다. 그 어르신과 함께 소리터에서 십수 명을 차례로 만나 끈질기게 추적했다.

유행가 부분은 진전을 보았지만, 엄복동의 고향이 평택이라는 소문은 사실무근이었다. 일단 서울로 돌아와 라디오국을 찾아갔다. MBC라디오의 뉴스를 제외한 대부분의 프로그램에 '서민영웅 엄복동을 찾는다'는 내용을 고지해주길 부탁했다. 그리고 다시 엄복동의 후배 자전거 선수들을 만났다. 그 후배들은 근거 없이 관철동을 내세웠다. 확인했지만 찾을 수 없었다. 그렇게 일주일이 지나갔다.

모두가 허탈해하고 있을 때 활기를 찾은 것은 자기가 엄복동의 손자라고 주장하는 스물네 살의 엄재권이 등장하면서부터였다. 그러나 그역시 할아버지에 대해 아는 것은 아무것도 없었고, 단지 자신의 고모할머니인 엄복동의 누이동생이 의정부 미군부대 근처에 산다고 알고 있다는 것뿐이었다.

동두천 인근 야전병원 근처에서 여든이 넘은 엄복동의 누이 엄복순을 찾기까지는 시작부터 꼬박 한 달이 걸렸다. 드라마 연출을 하면서 사람 한 명 찾는데 한 달이 걸린 건 처음이었다. 김기팔 작가도 힘들어했다. 하지만 행정 시스템을 탓하기에는 우리의 시도가 너무 무모했다. 그래도 답사 과정에서 '엄복동'은 이미 우리와 함께 하고 있었다. 밤마다 김기팔 작가의 '의심의 철학'을 들으며 공감하고, 술주정 속에서 역사를 배웠다. "우리는 후손을 위해 산다. 서민영웅이 진짜 영웅이다." "답사는 또다른 창작훈련이다." "답사는 '첨병'의 필수 작업이다."

엄복동의 본적은 서울 중구 오장동 143번지. 1892년에 태어났다. 형제가 없다는 풍설을 뒤엎고 1남 2녀의 맏이였다는 것도 밝혀졌다. 중하층의 가정에서 태어나 가난 때문에 정규교육을 받지 못했다.

가난한 서민 엄복동은 서울에서 내로라하는 자전거상 '일미상회'에서 점원으로 일했다. 이 가게는 일제와 영국제 자전거의 한국 대리점인데, 엄복동은 여기서 일을 하다가 자전거에 친숙해져 선수가 되었다고 한다. 그뿐만 아니라 우리가 들었던 그 '엄복동' 노래가 사실 1926년쯤에서부터 1940년대까지 전국 민중들의 입에서 크게 구전되었다가 단절된 노래라는 것도 알아냈다. 당시 유행했던 가요 '이팔청춘가'에 가사를 얹은 버전인데 작곡가 마상원이 평택의 노인들이 모여 쉬던 '소리원'에서 이 노래를 녹음했다. 이후 마상원의 편곡을 거쳐 여덟 살 황치훈 어린이가 부른 곡을 발매하기도 했다.

"떴다 보아라 안창남의 비행기 / 내려다 보아라 엄복동의 자전거 / 간다 못 간다 얼마를 울었나."

엄복동이 최초로 굵직한 대회에서 두각을 나타낸 것은 1913년 4월 서울 용산 육군 연병장에서 열렸던 '전조선자전차경기대회'에서 우승하면서부터였다. 엄복동은 이 대회 '일류급'에서 당당히 우승하면서 자전거계의 샛별로 떠오른다. 엄복동은 그후 평양대회를 비롯, 크고 작은 많은 대회 우승에 이어, 1920년 경복궁에서 열린 '경성상공인연합운동대회'에서 우승하면서 스타로서의 기반을 굳힌다. 당시 몇 회나 우승했는지는 정확한 기록이 없다. 그중에 『동아일보』1920년 5월 21일자 기사에 "(…) 참가한 선수는 조선자전거의 유명한 경성의 엄복동 군(…) 운동장 44바퀴를 돌 때 엄군마저 넘어져 군중은 아연실색하여 어찌할 바를 모르더니 그래도 조선에 첫째가는 엄군은 다시 일어나 원기를 내어 쫓아가서 남보다 두 바퀴 세 바퀴를 앞서 영예의 우승기를 받았다. (…) 구경하던 관중들은 환호하였고, 일본인의 코를 납작하게 만들었고, 구경나온 기생들은 떼를 지어 치마를 벗어 흔들어대었다."라고 되어 있었다.[22]

엄복동은 당대의 스타였다. 서민의 영웅이었다. 사람들은 그를 통해 위안받고 그가 있어 행복했다. 우리는 엄복동이 6·25전쟁 때 동두천 산길에서 폭탄을 맞아 죽어간 최후까지 추적했다. 그때까지 그의 옆에는 자전거가 있었다.

엄복동의 존재를 발굴한 것만으로도 우리는 소임을 다했다. 훗날 여기에 살을 붙이고 화장하여 새로운 인물로 재탄생할 것이며, 그에 대해 당대 사람들이 평가할 것이다. 분명한 것은 시대에 따라 달라지더라도 엄복동은 엄복동이라는 사실이다.

이름 없는 딸에서 자선사업가가 된 백선행

엄복동을 취재하는 동안 나와 김기팔 작가가 찾아낸 또다른 서민영웅은 일제강점기에 활발하게 자선사업을 벌인 여성 사업가 백선행이었다. 그는 '누더기 속에서 영웅난다'라는 우리 속담에 꼭 맞는 영웅이었다.

백선행은 1848년 수원의 토굴 같은 농가에서 태어난 '이름 없는 딸'

이었다. 일곱 살 되던 해에 아버지를 잃었다. 논밭뙈기가 변변히 있을 리 없는 홀어머니와 백선행은 찢어지게 가난했다. 백선행은 굶주림 끝에 14세 되던 해에 그래도 끼니를 얻어먹을 수 있는 산 넘어 가난한 농가로 시집을 갔다. 하지만 2년 만에 남편이 죽고, 백선행은 시집갔던 눈길을 다시 밟고 돌아와 홀어머니와 안 먹고, 안 입고, 안 쓰고 돈 버는 데 전념했다. 그러기를 10년, 이제 집도 사고 땅도 사고 돈을 모아 집 마당에 돈을 묻던 날 밤, 감격한 어머니가 그만 돌아가시고 말았다.

외톨이가 된 백선행. 죽은 남편의 계시로 사들인 불모지 땅이 시멘트 광산으로 밝혀져 일약 평양갑부가 되었다. 이제 늙어버린 백선행은 돈 없어 못 먹는 백성들과 돈 없어 공부 못 하는 아이들의 교육을 위해 전 재산을 민족에 환원하기로 결심했다. 광성소학교에 땅 1만 4,000평, 숭현여학교에 논밭 2만 6,000평을 기부했다. 또한 일본인회관보다 더 큰 한국인회관을 지어 민족의 자긍심을 고취시키기 위해 백선행기념관 재단법인을 설립하기도 했다. 1929년 5월 백선행기념관 개관식에서 그는 더듬더듬 눈물의 연설을 남겼다.

백선행은 1933년 86세를 일기로 생을 마감했는데, 백선행은 돌아가신 조상들의 제사를 모실 양손자에게 그만큼의 재산을 남기는 윤리를 잊지 않았다. 후대 사람들은 이름도 모르는 그가 선행을 남겼다 하여, 이름을 '백선행'이라 불렀다. 이 이야기는 1985년 한국인 재발견 시리즈에 제6회 「백선행」이라는 제목으로 방송되었다. 김용림이 백선행 역을 맡아 열연했다.

평민 출신 의병장 신돌석

서민영웅 발굴은 역사민주시대, 역사소비시대를 이끌어 내는 작지 않은 불길이었다. 그 중에서도 가장 감동적이었던 경우는 첫 시작이었 던 대한제국 말기 평민 출신 의병장 신돌석이다.

신돌석, 그는 신출귀몰했고, 축지법을 쓰듯 산을 내달렸으며, 항아리 말술을 마셨다고 알려져 있다. 역사는 승리자의 붓끝에서 기록된다. 그 는 서민이고, 붓도 없었다. 다만 계급의 굴레를 벗어던지고 오직 애국의 일념으로 태백산 준령을 누비고 다니며 일본군을 쳐부쉈다. 그의 기개 를 후대에 전해야 했다. 어디서도 찾을 수 없는 신돌석의 기록을 발굴 하기 위해, 그의 출생지 경북 영덕부터 찾아가봤다. 넓은 자갈밭에서 오 석(烏石)을 찾는 어려움 끝에 드라마 구성을 마쳤다. 신돌석의 이야기는 1982년 3·1절 특집 드라마 「신돌석」으로 방송되었다.

신돌석의 소년기는 압축적으로 진행하고, 의병을 일으키던 기상, 김 하락 부대로의 합류, 김하락의 순국을 목도하며 일으킨 기개, 박상진, 이강년, 민긍호와의 연대, 울진 장흥관 일본 선박 9척 격침까지를 속도 감 있게 전개한 후 드라마의 이야기를 본격적으로 시작했다.

전국 의병들 사이에 신돌석에 대한 소문이 신화처럼 퍼져나갔다. 신 돌석은 삼척, 양양, 강릉, 간성 등 동해안 일대, 영양, 청송, 의성, 봉화 등 경북 내륙지방, 정선, 원주 등 강원도 내륙지방에서 일본군 수비대와 여러 차례 격전을 벌여 크게 승리했다. 일본군은 '신돌석' 이름만 들어도 두려워했다. 그는 태백산 줄기를 누비고 다니는 '태백산 호랑이'가 되었다.

우리는 구전의 흔적을 찾아다녔다. 신돌석의 명성은 영남에만 한정되지 않고 전국에 퍼져 있었다. 그 덕분에 신돌석은 평민임에도 불구하고, 양반 유림이 중심이 된 전국 의병의 연합부대인 13도 창의군을 결성할 때 영남지방을 대표하는 교남창의대장으로 선임되었다. 하지만 서민 출신이라는 이유로 최익현 등 유림이 주재하는 최고회의에는 참여하지 못했다. 신돌석은 신분차별에 심히 분개했다. 굴절체제가 되는 처음은 지식인 책임이다! 신돌석은 독립하자는 서민들의 거대한 외침에 포위되었다. 1905년 평해 월송정에서 읊은 시에 그의 의연함이 묻어난다.

"누에 오른 나그네 갈 길을 잊고, 낙목이 가로놓인 단군의 터전을 한탄하노라. 남아 27세에 이룬 것이 무엇인가. 잠시 가을바람에 감회가 이는구나."

신돌석은 가족들을 산중으로 피신시키고 다음 해의 재기를 위해 여러 곳의 동지들을 찾아다니던 중, 11월 중순 영덕 눌곡에 이르렀다. 여기에서 우연히 옛 부하였던 김상렬을 만나 그의 집에 묵게 된다.

그날 밤 김상렬은 동생 김상근과 함께 신돌석에게 술과 고기를 권해 만취하게 한 뒤, 깊은 잠에 빠진 신돌석을 무참하게 살해했다. 그 형제는 장군에게 걸린 현상금을 노렸던 것이다. 그리하여 신돌석은 결국 자신보다도 굳게 믿었던 부하의 손에 살해되고 말았다. 독주를 마셔 혼미한 상태였던 신돌석은 일격을 당하자 번개처럼 튀어 쪽문을 박차고 나가 담벼락을 넘어 집 밖 풀섶에 쓰러졌다. 1908년 11월 18일 31세의 나이로 순국하고 말았다.

영덕 현지 촬영 5일째 되던 날 밤이었다. 신돌석 장군이 마지막 포효를 터트리며 쓰러졌던 그 현장에 서니 모골이 송연함을 느꼈다. 성실하게 재현했다. 다 찍고 장비를 추스를 즈음부터 밤안개가 꾸역꾸역 초가집을 덮치고 있었다. 누가 연출을 한다고 해도 이런 숙연함은 없었을 것이다. 온 집을 뒤덮은 밤안개 속에 '서민영웅'이 묻혀 있었다.

4장

시로 드라마를 만들다

MBC 연말 특집 드라마 「농무」(1984)

신경림의 시는 쉽고 편안하며 흥이 있다. 그런데 역설적으로 그 흥 속에서 산업화, 도시화로 인해 황폐화되어가는 농촌의 현실이 아리게 다가온다. 그의 첫 번째 시집 『농무』에 부친 백낙청의 발문을 보자.

시도 역시 사람이 사람한테 하는 말이요, 또 사람이면 알아들을 수 있는 말이어야 한다고 믿는 우리들에게 신경림 씨의 작품들이 한 묶음 되어 나온다는 것은 참으로 반갑고 든든한 일이다. 이제 우리는, 보아라 이런 시집도 있지 않은가, 라고 마음 놓고 말할 수 있게 되었다. (…) 그는 '우리'의 이야기가 못 될 '나'의 이야기는 애써 피하고 인식의 혼란이나 감정의 낭비를 가져오기 쉬운 생소한 낱말들을 철저하게 솎아버린다. 그의 운문은 산문으로서도 손색이 없을 만큼 순탄하게 뜻이 통하면서도, 아무렇게나 바꿔놓은 듯한 그 시행들은 산문으로 고쳐놓았을 때 그 진가가 비로소 드러나리만큼 우리말에 내재하는 운율에 밀착되어 있다. 그리하여 「농무」를 비롯한 그의 많은 작품들은 리얼리스트의 단편소설과도 같은 정확한 묘사와 압축된 사연들을 담고 있는 동시에 민요를 방불케 하는 친숙한 가락을 띠기도 하는 것이다.[23]

신경림 시인은 시집 『농무』의 후기에서 이렇게 말했다.

나 자신이나 남을 속이지 말자, 분수를 알자, 이것이 이를테면 내가 시에 대해서 가진 소박한 소신이었다. 그 결과 (…) 한 용기 없고 소심한 자화상을 대하게 된다. 겁 많고 연약한 가락들은 내가 참으로 증오하는 터이지만, 이것들이 결코 내 참목소리의 한가닥임을 인정하지 않을 수 없는 것이 안타깝다. 언제고 이것들을 내 몸에서 완전히 털어버릴 때, 그리하여 내 목소리가 좀더 우렁차고 도도해질 때 나는 여러분 앞에 당당한 얼굴로 나설 수 있을 것 같다.[24]

신경림의 시는 농촌의 오늘을 쉽게, 환히 보여준다. 『농무』에는 오랜 역사에서 빚어진 농민의 애사(哀史)가 도사리고 있다. 한국의 현대사가 응축되어 있다.

시집 한 권을 사들고 김상열 작가를 찾았다. 쉽게 의견 일치를 보았다. 김상열 작가는 시 한 편으로 드라마를 만든다는 발상만으로도 해볼 만하다고 했다.

「농무」는 처음에 '베스트극장'으로 기획되었다. 간단한 기획안으로 결재를 올렸다. 표재순 제작본부장은 기획안을 훑어본 뒤 "이게 그냥 결재 올라왔어요? 체크하는 사람 없어요?" 그리고 어딘가 전화를 했다. "신경림 작품, '베스트' 하겠다고 올라왔는데, 알아봐." 누구한테 한 전화일까? 어디에 알아보라는 걸까? '블랙리스트'다. 지금의 정부가 기피하는 인물이 있다는 소문은 문화계에 횡행했지만, 이렇게 체계적으로 통제하는 건가?

「길동무」 제작 봉쇄

1984년의 정국은 숨 막히게 경색되어 갔다. 늦은 장마로 망원동을 중심으로 서울 일대에 물폭탄이 쏟아질 때 사람들은 말했다. "하늘은 전두환 편이 아니다."

3개월 전, 처음 베스트극장을 준비할 때, 나는 윤정모의 단편소설 『길동무』를 골랐다. 용인에서 텃밭을 가꾸며 산다는 윤정모 작가를 여의도 연세치과에서 만났다. 그곳은 그녀가 서울 오면 들르는 '작가들의 사랑방'이었다.

『길동무』는 현충일을 맞아 역사기행을 다녀오는 문학애호가들의 여행담을 기행문처럼 쓴 단편이다. 민통선을 지나 작전통제지역인 건봉사를 답사한 뒤 통일전망대를 다녀오는 1박 2일 코스. 지각하는 리영희 교수를 기다리며 이야기는 시작된다. 무려 40분을 지각한 리영희 교수는 입원해 있는 백기완 선생을 만나고 왔단다. 이 버스에는 리영희 교수를 비롯해 이호철 소설가, 박현채 민족경제학자, 송기원 소설가, 김언호 한길사 대표 등 진보적인 문인들이 타고 있다.

건봉사는 전국 3대 명찰 중 하나였다. 그러나 6·25전쟁 때 인민군 2개 사단의 거점지역이었던 연유로 건봉사는 미7함대에서 뿜어낸 엄청난 함포사격을 받아 잿더미가 되었다. 지금은 초라하게 늙은 노파 같은 건봉사를 뒤로 하고, 일행은 멀리 금강산 일만이천봉의 끝자락이 손에 잡힐 듯한 고성 통일전망대로 자리를 옮겼다. 낙타봉과 351고지를 바라보며 통일을 염원하는 일행은 희망차 보였다. 리영희 교수와 이호철 작가의 입담과 경륜이 도처에 배어나오는 품위 있는 이야기이다.

원작에 충실하게 잘 각색하여 대본이 나오고, 대본 연습까지 흥미롭게 마쳤다. 다음 날 아침 건봉사 역사기행처럼 관광버스 장면을 촬영하기 위해 연기자의 좌석을 배치하고 조명 설치를 마친 뒤, 지각하는 연기자 한 명을 기다리고 있었다. 그때 후배 피디가 버스에 올라타 촬영 중지를 전했다. 제작부장의 명령이란다. 도대체 부장이 무슨 이유로 제작을 중단시킨단 말인가. 어제 연습 이후 오늘 아침 사이 내부자가 작동한 것이다. 아주 특이한 제작 방해 행위였다. 제작을 이유 없이 중단시킨 경위를 따지러 제작부장을 만났다. 중단 이유, 배경, 명령자를 다 그쳤다. 부장은 한마디의 대꾸도 없이 손톱만 툭툭 잘랐다. 상처에 소금을 뿌리는 못된 작태다. 『길동무』의 제작 봉쇄로 다시 고른 게 신경림의 「농무」였다.

촬영 장소 헌팅 길

제작본부장실에서 어딘가의 회신을 기다리는 동안 「농무」는 '베스트극장'에서 '연말 특집'으로 둔갑하여, 순식간에 60분 2부작으로 확대되었다. 얼마 후 전화가 왔다. "안기부에서 허락이 났다." 제작본부장이 엉겁결에 말했다. 내 귀를 의심했다. 드라마 제작이 안기부 허가 사항인가? 1984년 가을의 일이다.

신경림 시인을 만났다. 원작료에 대해 회사 내부의 논쟁이 일어난 뒤였다. 지금까지 문학작품의 원작료는 원고 매수로 계산하는 것이 관행이었다. 편성과 경리 쪽에서는 「농무」의 경우 단편소설의 50분의 1, 원고지 한 장 몫, 즉 1만 원 정도 밖에 줄 수 없다는 말도 안 되는 소리를 했다. 시 한 편에 대한 원작료 기준이 없다는 핑계를 댔다. 우기고 설득하여 최소 단편소설 원작료 기준으로 양보하여 정했다. 이 비문화적 발상을 신경림 시인에게 구체적으로 말할 수도 없고, 양해를 구하는 선에서 원작료를 말씀드렸다. 신경림 시인은 그저 웃으며 문화계의 새로운 경험을 신기해했다. 많은 얘기를 나누고 싶었지만 내 꼴이 창피하여 곧 헤어지고 말았다. 세실극장 지하 커피숍 앞을 지날 때면 지금도 그때가 생각나 부끄럽다. 그리고 얼마 후 연말 특집 드라마 「농무」가 김상열 극본으로 나왔다.

민속학자의 실종사건을 맡은 장대팔 형사의 행적을 쫓아가는 스토리.

장대팔(한인수 분)은 고향의 당제에서 민속학자(최불암 분)의 연구 자료를 발견한다. 여기에는 당숙(윤문식 분)의 과거사와 함께 민속학자 장인의 과거가 드러난다. 후처(김해숙 분)와 딸(강수연 분)은 갈등에 빠지고 두 집 안에는 파란이 일어난다. 장대팔의 가족사와 민속학자가 단순 강도(정한 헌 분) 사건에 얽히며 살인으로 발전하는 우여곡절. 한 마을의 한 서린 아픔과 속죄의 긴 역사가 토속적 향기 속에 담담하게 그려진다. 6·25의 상처가 30년간 곪아 있다 터지며 응어리가 치유되는 이야기.

드라마 「농무」의 촬영 장소 헌팅 과정은 마치 한 편의 수필 같았다. 신경림 시인의 시집 『농무』 한 권을 들고 드라마 대본 속에 표현된 지형지물을 찾아 나선 특이한 촬영 현장 답삿길이었다. 민속학자가 여행을 떠난 곳은 마장동 시외버스 정거장.

> 을지로 육가만 벗어나면 / 내 고향 시골 냄새가 난다 /
> 질퍽이는 정거장 마당을 건너 / 난로도 없는 썰렁한 대합실 /
> 콧수염에 얼음을 달고 떠는 노인은 / 알고보니 이웃 신니면 사람
> (「시외버스 정거장」에서)

막연하게 충청도 쪽으로 방향을 잡았다. 이렇게 무턱대고 길을 떠난 것은, 신경림의 시 「목계장터」에서 시작된 것이다. 목계장터로 가는 충주 길은 편안해 보였다. 아득하게 잊어버렸던 고향을 생생하게 되살아나게 하고 고향 사람들의 얼굴이 가까이 보이는 것 같았다. 몇 개의 고

개를 넘어 나타난 삼거리에는 목조건물의 작은 초등학교가 보였다. 대로변에 정문이 나 있고 키 큰 플라타너스가 학교를 지키듯 버티고 서 있다. 시골 초등학교는 대로변을 피하는 법인데, 이 길이 최근에 넓혀졌으리라 생각하며 차를 멈추고 학교의 전경을 들여다보았다. 평화로웠다.

> 학교 마당을 벗어나면 / 전깃불도 나가고 없는 신작로. /
> 씨름에 져 늘어진 장정을 앞세우고 / 마을로 돌아가는 행렬은 /
> 참외 수박 냄새에도 이제 질리고 / 면장집 조상꾼들처럼 풀이 죽었다.
> (「씨름」에서)

목계장터와는 다른 길이지만 들어가보기로 했다. 2차선의 좁은 길을 지나 작은 언덕을 넘고 보니, 저 멀리 마을이 보이고 적당한 크기의 천수답이 겸손하게 눈앞에 펼쳐졌다. 그 길을 따라 둑방이 있고, 천렵(川獵)하기 딱 좋은 냇물이 흐른다. 금방이라도 남생이놀이의 노랫가락이 들릴 듯했다. 문학평론가 구중서는 신경림의 시를 이렇게 평했다. "무엇보다도 이 시인에게는 생활이 풍부하다. 전설의 신비가 있고, 흙냄새에 묻어 풍기는 생활의 땀 냄새가 있고, 민중의 숨결이 있다."

마을을 끼고 멀리 동쪽 산으로 폐광의 흔적이 보였다. 계곡을 타고 길게 석탄물의 검정 줄기가 있었다. 이런 조용한 농촌에 탄광이 있다는 게 믿기지 않았다. 시집에는 나와 있다. 환상에 빠지듯 시를 쫓아 들어갔다.

자전거포도 순댓국집도 문을 닫았다 / 사람들은 모두 장거리로 쏟아
져 나와 /
주먹을 흔들고 발을 굴렀다 / 젊은이들은 징과 꽹과리를 치고 /
처녀애들은 그 뒤를 따르며 노래를 했다 / 솜뭉치에 석윳불이 당겨지고
(「폭풍」에서)

아주 조용하고 정감어린 우리의 농촌 마을이었다. 이발소 앞을 지나
점방, 순댓국집, 자전거포, 정미소는 그냥 열려 있고, 그 귀퉁이에 작은
우물과 펌프는 녹슬어 있다. 그중에 가장 맘에 드는 것은 2층 높이의 소
방탑이었다. 계단도 그대로 남아 있었다. 그 위에 오르자 마을의 전경
이 한눈에 들어왔다. 우리가 찾는 산과 들, 논과 밭, 그리고 전설이 숨어
있는 듯한 작은 동산까지도 다 망라되어 있었다. 신경림의 시 「농무」가
들려오는 듯했다.

징이 울린다 막이 내렸다 / 오동나무에 전등이 매어달린 가설무대 /
구경꾼이 돌아가고 난 텅 빈 운동장 / 우리는 분이 얼룩진 얼굴로 /
학교 앞 소줏집에 몰려 술을 마신다 / 답답하고 고달프게 사는 것이
원통하다 /
꽹과리를 앞장 세워 장거리로 나서면 / 따라붙어 악을 쓰는 건 쪼무래
기들뿐 /
처녀애들은 기름집 담벽에 붙어서서 / 철없이 킬킬대는구나 /

보름달은 밝아 어떤 녀석은 / 꺽정이처럼 울부짖고 또 어떤 녀석은 /

서림이처럼 해해대지만 이까짓 / 산구석에 처박혀 발버둥친들 무엇

하랴 /

비료값도 안 나오는 농사 따위야 / 아예 여편네에게나 맡겨두고 /

쇠전을 거쳐 도수장 앞에 와 돌 때 / 우리는 점점 신명이 난다 /

한 다리를 들고 날나리를 불거나 / 고개짓을 하고 어깨를 흔들거나

동네를 다 돌아보았다. 촬영 때 옮겨 다니지 않고도 제자리에서 카메라만 돌리면 기다렸다는 듯이 대본의 지문들이 모두 거기에 서 있는 것 같았다. 현실을 그려낸 시어들이 그대로 서 있었다. 그야말로 초대형 세트장이 대본에 맞추어 건설된 듯했다. 광선 조건도, 차량 통행도, 휴식 및 대기 공간도 안성맞춤이었는데 다만 숙박시설이 없었다. 촬영을 시작하면 철야를 하는 수밖에 없었다. 꼬박 이틀은 밤을 새야 마을 분량을 다 찍을 수 있을 것 같았다.

마을 가운데에는 큰 오동나무가 수호신처럼 버티고 있었다. 오동나무를 끼고 옆 골목에 들어서니 아담한 초가집이 눈에 들어왔다. 싸리나무 사립문을 밀고 들어섰다. 낙수가 화단을 적실 것 같은 작은 마당이 있고, 툇마루 쪽에서 비교적 트인 밖을 내다보니 앞집의 지붕을 걸쳐서 석양 하늘이 아름답게 펼쳐져 있었다.

초가집 주인으로 보이는 노인에게 말씀드렸다. 이러이러한 드라마를 이 마을에서 찍을 예정인데, 신경림 씨의 집 장면을 이곳 툇마루와 마당에서 촬영하고 싶다. 허락해주십사…

그때 그분이 우리를 놀라게 했다. "이 집이 신경림이 살던 집인데, 내가 신경림의 외삼촌이오."

『농무』 시집 한 권에는 신경림, 그의 생활, 그의 인생이 고스란히 녹아 있었다. 그를 따라 들어가 본 농촌, 농민의 얼굴, 농민의 소리는 잊고 있었던 우리들의 모습 같았다.

5장

갈매기와 씨름한 69일

MBC 한강종합개발 준공기념 특집 드라마 「갈매기」(1986)

1986년 봄, 한강 개발의 역사적, 현실적 가치를 부각시키는 특집 드라마를 제작하라는 명령이 떨어졌다. 수많은 환경론자들의 반대에도 불구하고 '한강종합개발'은 감행되었고, 이제 준공을 앞두고 있었다. 그에 맞춰 한강 개발을 선전하는 홍보 드라마를 만들라는 것이었다. 그것은 드라마에 대한 모독이었고 공영방송의 본령을 배신하라는 명령이었다. 1년 전 전두환의 동생 전경환 회장이 '새마을운동 특집극을 제작하라'며 나를 직접 지명했다. 피했다. 그때 조직에 파란이 일어났다. 그 뒷끝이라, 또 거부할 수도 없는 노릇 아닌가. 신념과 실체적 진실에 반하는 아이템이나 제작을 강요받는 것은 분명 저널리즘의 본령을 위배하는 행위다. 지혜가 필요했다. 한강을 소재로 하되 전혀 색다른 드라마를 만들자!

배우가 없는 드라마의 탄생

한강에 나갔다. 꽃피는 봄인데 한강은 죽어 있었다. 제1한강교 쪽에 가니 재채기가 나왔다. 오늘도 아침부터 흑석동 쪽 대학에서 최루탄이 터졌나보다. 그때 난간을 스쳐가는 갈매기 한 마리를 보았다. 희뿌연 빌딩 숲을 배경으로 밤섬 쪽으로 사라져가는 갈매기의 지친 날갯짓이 내 머릿속에 한참동안 슬로우모션으로 남았다. 바닷새 갈매기가 어떻게 여기까지 왔을까? 그때 번쩍 아이디어가 떠올랐다. 사람이 등장하지 않는 드라마를 만들어보자! 영감은 아주 우연히 찰나적으로 찾아온다. 자유자재로 한강을 조감할 수 있는 시각, 저 갈매기라면 가능할 것이다.

소설로서도 대단히 우수하고 영화로서도 기막히게 잘 만들어진 작품이 있다. 흥행에는 참패했지만 아는 사람은 다 알 만한 작품이다. 바로 「갈매기의 꿈」(Jonathan Livingston Seagull, 1973). 그 작품이 특집극 「갈매기」의 기획 단계에서 우리에게 힌트를 주었다. '그들은 10여 년 전에 4년에 걸쳐 그 정도 만들었다. 우리한테는 4개월밖에 없다. 그러나 못 만들 것도 없다.' 우리 제작팀은 열정 하나만 믿고 만용을 부렸다. '첨병 의식'의 발동이다.

3월 20일, 경희대 윤무부 교수를 만났다. 먼저 한강에서 갈매기가 살 수 있는지에 대해 물었다. 그는 시베리아 갈매기가 몇 년 전부터 한강에 날아들고 있다는 놀라운 답변을 해주었다. 3월 29일부터 우리는 윤무부 교수와 한 팀이 되어 한강 갈매기의 생태계를 확인함과 동시에 촬영 장소 헌팅에 들어갔다. 종합개발의 막바지에 다다른 한강은 처절한 전쟁터 같았다. 첫날 우리는 갈매기를 한 마리도 보지 못했다.

둘째 날, 용비교 밑에서 갈매기 여섯 마리를 발견했다. 우리는 모두 환호성을 질렀다. 이 갈매기들이 청계천에서 흘러든 음식물 찌꺼기를 먹는 걸 확인했다. 윤무부 교수도 경이적인 발견이라 평가했다.

셋째 날, 노량진 어시장에서 생선 내장을 대량으로 구입해 밤섬 언저리와 용비교 물가에 뿌려놓고 갈매기들이 모여드는 상황을 점검했다. 그러나 갈매기들은 뿌려놓은 먹이 위를 배회만 할 뿐, 절대 먹이에 접근하지 않는 노련미를 보였다. 차 안에 숨어 있는 우리를 인지한 것이다. 시계(視界) 2킬로미터라는 갈매기의 놀라운 시력에 감탄했다.

넷째 날, 밤섬에 50여 마리의 갈매기가 모여 있는 것을 발견했다. 더욱 놀라운 것은 성수대교 밑에서 갯지렁이 떼를 발견한 것이다. 숙제가 풀렸다. 한강 개발 공사가 시작되면서 강바닥을 모두 뒤엎는 바람에 플랑크톤─갯지렁이─숭어새끼─갈매기로 이어지는 먹이사슬이 생겨난 것이다. 댐이 많이 생기면서 바닷물이 역류하는 것도 하나의 이유였다. 실제로 한강 하류의 물은 짠맛이 돌았다.

김상열 작가를 찾아갔다. 기획을 설명하며 나는 '갈매기'를 제시했고, 작가 쪽에서는 '갈매기와 소년'을 절충안으로 내놓았으나 결국 순수한 갈매기의 시각으로만 이끌어가기로 의견을 모았다. 구상에 들어가고 4월 12일 초고가 나왔다. 시베리아로 이주했던 갈매기 '갈구'가 '지혜'를 찾아 한강에 와 정착하는, 갈매기의 역사와 사랑 이야기였다.

갈매기 훈련 작전

1986년은 CG가 드물던 시절이다. 갈매기의 연기를 표현하기 위해 나는 실사와 미니어처의 조합을 생각했다. 미니어처는 선회 비행과 주행 비행은 가능하나 수직 비행이나 도보, 표정, 이착륙 동작은 어려웠다. 글라이더를 박제 갈매기에 부착시킨 형태였기 때문에 걷고 뛰는 것은 물론, 날개를 접고 펴는 동작, 물 위를 나는 동작 등 유연하고 아름다운 몸짓은 전혀 불가능했다. 최대한 실사로 많이 찍어야 했다. 4월 말이면 철새들의 이동이 막바지에 다다르기 때문에 마음이 급해졌다.

4월 21일부터 한 달을 잡고 본격 촬영에 돌입했다. 강원도 속초에 진을 치고 닥치는 대로 찍어댔다. 갈매기들은 새벽녘과 석양 무렵 왕성하게 활동한다. 이제 그들의 움직임만 봐도 대략 알 것 같았다. 지금은 먹이를 찾으러 나서는 사냥길이다, 지금은 하루 일을 마치고 취침하러 가는 귀갓길이다, 급한 일이 있다, 놀러가는 길이다.

갈매기의 생활과 양상을 어느 정도 익힌 제작팀은 초고를 다 익히고 기본 콘티 작업에 들어갔다. 800컷 정도가 나왔다. 무조건 다 외웠다. 갈매기 두 마리가 하늘을 날다가 한 마리가 선회하며 하강하자 누군가 외쳤다. "저 그림은 신 넘버 58, 컷 넘버 16에 썼으면 좋겠다." "아냐, 갈구와 지혜의 갈등 시작에 넣자." "그 앞의 컷도 투숏인데 어떻게 해?" 누구 할 것 없이 대본과 콘티를 완벽하게 숙지하고 있었다. 20분짜리 테이프 50개를 다 찍었다. 나머지는 하늘이 도울 것이다.

한 달을 잡고 속초에서 갈매기를 집중 촬영한 제작팀은 철수 일주일 전 단골 식당에 방을 붙였다. "갈매기를 생포해주십시오. 한 마리에 1만 원 꼴로 사겠습니다." 어부들에게는 미신이 많았다. 술을 사준대도 소용없고 돈을 준다 해도 싫다 했다. 이대로 포기해야 하나 싶었는데, 마지막 날 상경 준비를 마치고 아침식사를 하러 갔더니 웬 나이 지긋한 어부가 나타나 갈매기를 잡아주겠다고 했다. 어부는 부둣가 뱃머리에 앉아 금방 잡아온 큰 멸치를 하염없이 바다에 툭툭 던졌다. 양동이로 하나 가득한 멸치를 다 던지자 놀랍게도 갈매기들이 날아들었다. 낚싯줄에 미끼를 걸어 내던지자 갈매기가 너무 쉽게 낚였다. 괜히 배고팠던 어린 시절, 먹어도 먹어도 껄떡거리는 친구를 '횟거리 갈매기'라고 했겠는가. 순식간에 일곱 마리를 잡아 우리에게 전해줬다. 전해 받은 갈매기를 서울까지 옮기는 긴급 공수작전은 조류 전문가 이정우 선생이 맡아주었다. 급히 팬티스타킹을 사와 스타킹의 반을 잘라서 그 속에 갈매기를 넣었다. 신축성 때문에 갈매기가 꼼짝도 못 했다.

갈매기가 이토록 사나울 줄 몰랐다. 우리 제작진 중에 그 녀석들에게 물리지 않은 사람은 아무도 없었다. 가장 사나운 놈은 벌써 부리의 윗부분이 다 까졌다. 우리는 그놈의 이름을 '현직'이라고 불렀다.

배우가 없으니 대사를 녹음할 성우가 필요했다. 성우 캐스팅은 배우나 성우의 고정 이미지를 고려했다. 예를 들어 악역에 김현직, 회장에 최불암, 남자 주연 갈구에 배한성, 여자 주연 지혜는 송도영… 녹음을 먼저 하고 나중에 편집하기로 했다.

서울에서의 첫날, 갈매기들은 단식투쟁에 돌입한 듯했다. 밤늦게 비타민 영양제 '삐콤'을 탄 물을 넣어주었다. 자정쯤 가보니 물이 반 정도 없어졌다. 오징어 내장을 잘게 썰어 넣어주었다. 3일째 아침, 일곱 마리 중 다섯 마리가 오징어 내장을 다 먹어 치웠다. 오늘부터 특별 외출이다. 라면 상자에 망을 씌워 갈매기를 넣어가지고 한강변으로 나갔다. 상자에 들어간 갈매기들은 처음에는 푸드덕거리더니 곧 조용해졌다. 발에 피아노줄을 감아 두 마리를 내놓았다. 카메라를 세팅하고 촬영 준비를 마칠 즈음, 한 녀석이 푸드득거리더니 잽싸게 날아갔다. 생각보다 힘이 셌다. 대책을 강구해야 했다. 갈매기들을 분장차에서 재우며 적응 훈련을 시켰다. 처음에는 라면 상자 속에, 다음에는 냉장고 상자 속에, 마지막에는 풀어놓았다. 갈매기가 날지 않았다. 그래도 분장차 안에서는 다행히 자유롭게 움직이며 놀았다. 닷새가 지나자 기름기가 빠지고 동작이 둔해졌다. "자! 지금부터다!"

우리가 찍고자 하는 곳에 갈매기를 데리고 가서 2시간 정도 적응시킨 뒤 촬영하는 방식을 반복했다. 인내가 필요했다. 동작을 시키는 것이 아니라, 필요한 동작을 기다리는 작업이었다. 어떤 때는 상상도 못 했던 절묘한 동작이 나오기도 했다. 신기한 것은 이 녀석들을 분장차 밖에 내놓고 5분쯤 지나면 어김없이 한강의 다른 갈매기들이 하나둘 다가와 우리 위에서 선회했다. 때로는 우리를 보고 울기도 했다. 우리는 지상에 있는 훈련된 갈매기와 하늘을 나는 갈매기를 기동성 있게 번갈아 찍었다. 카메라의 기민성을 최대한 발휘했다. 기묘한 영상이 나왔다. 우리들의 몸짓에 따라 갈매기가 반응을 보였다. 낚싯줄을 살짝 당기면 앞으로 두 발자국 움직였다. 손수건을 흔들면 놀라서 쳐다봤다.

우리가 소리 높여 노래를 하면 두리번거렸다. 한 녀석을 건드려 약을 올린 뒤 '현직이'를 옆에 보내면 틀림없이 싸웠다. 한두 컷을 찍기 위해 우리들은 목이 다 쉬었다.

온몸을 바친 열연

제작본부장의 깊은 뜻은 알 길이 없지만, 그의 요청으로 일본 미니어처 촬영팀이 우리를 도와주러 왔다. 그들이 들고 온 네 마리의 박제 갈매기는 성에 차지 않았다. 일본인들에게 우리가 촬영한 편집본을 일부 보여주었다. 일본인들은 혀를 내둘렀다. "우리는 도저히 저렇게까지는 못 한다. 일본에서 새의 리얼한 동작을 저렇게 근접 촬영한 것을 본 적이 없다.「갈매기의 꿈」보다 훨씬 좋다." 일본인 특유의 과장과 계산이 섞인 발언이었다. 그들을 불러들인 제작본부장의 체면을 생각하여 다음 날 경기도 남양주의 수종사에서 미니어처 촬영을 하기로 했다.

5월 29일 수종사 촬영. 양수리 쪽 북한강이 한눈에 내려다보이는 해발 700미터 산 중턱, 수종사의 잘생긴 종(鐘)이 강을 바라보고 있다. 그 종은 평화의 종이다. 갈매기가 온몸을 던져 평화의 종을 울려 수백 마리의 갈매기 떼를 부르는 클라이맥스 장면이었다. 지프차와 경운기만 오를 수 있는 가파른 산길을 15명의 인부가 동원되어 트럭 세 대 분량의 소품과 미니어처 거치용 부감대를 올렸다. 부감대를 삼단으로 세우는 데만 7시간이 걸렸다. 종각을 선회하는 5초짜리 한 컷을 위해, 그 가파른 낭떠러지 위에서 우리는 마지막 힘을 다했다. 그러나 미니어처 촬영은 실패했다. 이제 훈련 갈매기가 그 역할을 해야 했다. 살아 있는 갈매기가 직접 머리로 종을 쳐야 한다.

갈매기가 날아와 수종사 큰 종을 친다. 갈매기는 타종 끝에 쓰러지고 만다. 감동과 울림을 주는 평화의 소리가 북한강변 수종사에서 한강 하류 인천 앞바다까지 울려 퍼진다. 살신성인, 그 갈매기는 실제로 죽었다. 무난히 촬영을 마쳤지만 내려오는 밤길에 마음이 못내 아팠다. 드라마를 위해 희생시킨 갈매기에게 죄책감이 심했다.

죽은 '지혜'를 담요로 감싸 안고 밤길을 내려오는 가파른 산길에서, 공교롭게 지프차가 뒤집혔다. 무고한 생명을 희생시킨 벌을 받은 것이리라. 온 스태프가 밧줄로 지프차를 매달아 자정을 넘겨 겨우 하산했다. 한 마리의 갈매기는 그렇게 죽고, 일본인들은 한 컷도 찍지 못하고 슬그머니 돌아갔다.

5월 30일, 특집극 「갈매기」의 가장 어려운 촬영이었다. '갈구'가 어느 집 거실에 박제된 어머니를 발견하고, 유리창을 깨고 들어가는 눈물의 상봉 장면이다. 훈련된 갈매기에 철사 코르셋을 씌워 피아노줄을 매달아 유리창을 통과시키기로 했다. 명사수의 새총 탄알이 유리창을 0.1초 먼저 깨주면 라인에 매달린 갈매기가 치고 들어가 어미 갈매기와 포옹하는 장면이다. 온 스태프가 초긴장하여 리허설, 또 리허설. 긴장 속에 숨죽이며 시도해 두 번만에 성공했다. 자정을 넘기며 마지막 장면을 찍었다.

사람이 나오지 않는 갈매기 드라마를 애니메이션이 아니라 실사 촬영으로 제작했다. CG기술이 없던 시절, 무모한 도전이었지만 만용은 아니었다. 기술보다 중요한 것은 인간의 의지와 열정, 창의력이다. 이 또한 첨병 의식의 발로였다. 뿌듯했다. 한강의 갈매기들과 생태계의 모든 미물에게 축복이 있길 빈다.

6장

부목반의 비밀을 찾아서

MBC 3·1절 특집 드라마 「맞수」(1994)

"보이는 힘은 보이지 않는 힘만 못하고, 보이지 않는 힘은 고요함만 못하다. 삼라만상의 조화는 고요함에서 나온다." 부목반(浮木盤) 아래 새겨진 조선 국수(國手) 이약사(李約史)의 글귀다. 부목반은 물 위에 뜨는 바둑판이라는 뜻이다. 부목반은 무수한 전설 같은 이야기에도 불구하고 그 실체가 공개되지 않은 채 사라졌다.

박치문 바둑전문기자가 설명하는 부목반의 역사는 이렇다. "부목반은 막부시대 일본의 4대 바둑 가문 중 최대 바둑 가문이었던 혼인보(本因坊)의 가보였다. 제18대 혼인보 슈호(秀甫)는 힘겹게 혼인보 자리에 오르던 날 '부목반을 치켜들고 미친 듯이 춤을 추었다'고 전한다. 부목반은 곧 혼인보를 상징하는 물건이었고 혼인보 가문이 가장 소중히 여기는 보물이었다." "하지만 부목반은 사람으로 치자면 출생이 불명확하다. 사망은 더욱 아리송하다. 부목반은 어떤 연유에서인지 제19대 혼인보 슈에이(秀榮)로부터 조선의 망명객 김옥균에게 맡겨진다."

1994년의 3·1절 특집 드라마의 주제는 한일관계사 중에 정신적 교류가 깊은 '바둑'으로 잡았다. 스포츠에서의 극일(克日)을 뛰어넘어 정신세계의 우위를 증명하고 싶었다. 오늘날 바둑으로 동북아를 제압하고 우뚝 선 한국 바둑은 3·1절 특집의 주제로 제격이었다. 또 개인적으로는 조연출 시절 디렉팅을 연습한 첫 프로그램이 「일요기원」이다. 조남철 선생이 해설을 맡아 진행했었다. 그때 그분의 귀한 경험담을 푸짐하게 들었다. 나로서는 조남철 선생께 1년여간 사사한 셈이다. 그분의 추천으로 박치문 바둑전문기자를 만났다. 박치문 기자의 그 무렵 관심사가 바로 '조훈현과 부목반'이었다. 그는 '조훈현에게 비밀스러운 부목반이 바람처럼 찾아 온다면 어떨까' 하고 상상했다고 했다.

우리의 기획을 들은 박치문 기자가 「맞수」의 원본을 써주었다. 허구와 실제가 절묘하게 섞인 훌륭한 이야기가 탄생했다. 이 이야기를 김지연 작가가 90분짜리 2부작 극본으로 만들었다. 이야기는 차고 넘쳤다. 그러나 바둑의 깊이를 더해야 했다. 촬영 직전에 박치문 기자의 도움을 얻기로 했다. 짐을 싸들고 박치문 기자의 집으로 쳐들어갔다. 박치문 기자는 "모두 실눈 뜨고 보고 있다. 보란 듯이 만들자."라고 했다. 둘이 골방에 앉아 밤을 꼬박 새우며 윤색하여 바둑의 현장을 살렸다. '작가 박치문'의 세계가 펼쳐졌다.

주인공의 심리를 영상으로 구현하다

조훈현, 그는 지난 15년간 한국 바둑계를 이끌어온 외로운 황제다. 한 시대를 풍미한 고수들은 많았으나 조훈현만큼 많이 이긴 사람은 없다. '19로의 마술사' '100년 만의 천재'라는 명성이 그의 뒤를 따라다녔다. 고수들이 구름같이 몰려 있는 일본과 중국! 그곳에 비해 한국 바둑은 초라하기 그지없었다. 조훈현은 홀로 세계의 강자들을 차례차례 꺾어나간다. 그는 부드러운 바람이고 빠른 창이다. 그러나 절정의 순간에 위기가 찾아온다.

1989년 9월, 이틀 후면 싱가포르에서 제1회 잉창치배(應昌期杯) 결승전, 4국이 열린다. 상대는 중국 바둑계의 최강자 녜웨이핑(聶衛平). 3국까지의 스코어는 1 대 2, 조훈현은 막판에 몰려 있다. 그의 30년 바둑 인생이 추락의 위기를 맞은 것이다.

새벽, 북한산 정상에 오른 조훈현은 솟아오르는 산만큼 거대한 검은 곰을 본다. 그리고 천천히 검은 능선에 시선을 멈춘다.

지금 이 어둠 속에서 녜웨이핑을 보았다. 산 아래쪽에서 불어오는 듯한 바람 한 자락이 능선의 모양을 갈라놓는다. 저건 힘일까? 고요함일까? 힘이라면 내가 잡을 수 있다. 고요함이라면?

곰을 목격하고 석상처럼 굳은 조훈현 앞에서 커다란 곰은 검은 산맥이 되었다가 깊은 계곡이 되어 사라진다. 드라마에서는 이를 CG로 형상화했다. 드라마 최초의 CG 이미지였다.

네웨이핑 9단. 중일(中日) 슈퍼리그에서 일본의 고수들에게 무려 12연승을 거두며 '철의 수문장'이라는 별명이 붙었다. 흑룡강성의 노동자였던 그는 천부의 기개로 단숨에 세계를 흔들어버린다. 바둑사상 국가에서 정식으로 '기성(棋聖)' 칭호를 받은 인물. 대륙적인 두터운 기풍에 강철 신경을 가진 '검은 산맥' 네웨이핑.

1989년 9월 3일, 싱가포르 웨스틴 스탬포드 호텔 특별 대국장. '영원한 기성'이라 불리는 중국 바둑기사 우칭위안(吳淸源)의 심판으로 조훈현과 네웨이핑은 4국을 시작한다.「맞수」는 이 대국 장면을 중계방송하듯 대국장 전체를 재현했다.

10시 정각, 조훈현이 흑을 집어 우상귀 화점에 두는 순간 플래시가 요란하게 터지고, 네웨이핑이 좌하귀 화점에 응수, 다시 터지는 플래시. 기자와 관계자들이 물러가자 조용한 긴장감이 감돈다. 옆방 검토실에서는 수십 명의 바둑기사들과 기자들이 프레스센터처럼 대형 모니터를 지켜보며 해설을 하고 언론사에 타전한다. 한쪽에서는 한국기원에 팩스로 중계한다. 조훈현은 생각하고 있다. 그 생각을 내레이션으로만 읽지 않고 화면에 영상으로 구현했다.

제3착이 최초의 갈림길이다. 역시 여덟 집의 덤은 너무 크다. 그것 때문에 승부 호흡이 흐트러지곤 했다. 여덟 집의 덤, 이 대회의 보이지 않는 변수다. 덤이 크니 좀더 강하게, 좀더 적극적으로… 아니다. 그 고정관념에서 벗어나야 한다. 2국 때는 완패했다. 이제 그 포석은 버려야 하는 것인가. 그간 어떤 포석으로 패했을 경우 이길 때까지 그 포석을 강행했었잖은가. 승부사의 고집이다. 물러서면 안 된다. 겁을 내면 안 된다. 다시 한 번 한다. 제3착이다.

싱가포르의 9월은 덥다. 대국장은 열기로 뜨겁다. 긴장으로 두 사람은 살벌하기까지 하다. 머리칼이 헝클어진 채 바둑판에 빠져 있는 조훈현의 독백.

사막을 헤매고 있다. 끊임없이 밀고 흔들어봤지만 상대는 꼼짝하지 않는다. 간발의 차이였으나 좁혀지지 않는다. 뭔가 잘못되어가고 있다. 이미 때가 늦었다. 아, 지쳐 쓰러질 것 같다.

조훈현의 눈앞에 있던 검은 산맥이 멀어진다. 쫓아가면 다시 멀어지고, 다가서며 잡으면 어둠이다. 조훈현은 산을 잡고 쓰러진다. 그때 계시원(計時員)의 한마디. "조선생, 초를 읽겠습니다." 조훈현은 깜짝 눈을 떴다가 다시 지그시 눈을 감는다.

그건 핏자국이었다. 승부란 누군가 쓰러지는 것! 이번엔 내 차례일 뿐이다. 아! 아! 잘라라! 내가 헤매온 바둑판 19로! 그곳의 허욕과 미망을 다 잘라라.

신비로운 바둑판을 칼로 내려치자 바둑판은 쪼개지고, 계시원의 목소리. "조선생, 마지막 1분입니다." 조훈현의 독백. "나는 사라졌다." 그리고, 조훈현의 145수! 녜웨이핑의 표정은 평이하다. 그러나 응수를 않는다. 이상하다. 검토실에 있던 우칭위안의 제자 린하이펑(林海峰)도 의아하게 지켜보고 있다. "왜 받지 않지? 여기 147을 받으면 그만인데…" 들리는 초읽기, 50초, 하나, 둘… 그때 빗나가버리는 녜웨이핑의 손, 146을 놓는다. 검토실에서 심판을 보던 우칭위안이 놀란다. 불안해하는 녜웨이핑, 바둑판을 뚫어질 듯 보고 있다. 맞은편 조훈현의 강렬한 눈빛, 팽팽한 대결, 두 사람의 머리가 공중에서 맞닿을 듯하다. 기록자가 펜을 놓는다.

와! 하는 함성 소리, "흑 한 점 승." 조훈현의 승리다. 검토실의 함성은 서울의 한국기원에도 전해지고 언론사에도 일시에 타전된다. 환호와 갈채 속에 뜨는 기보. 한가운데 천원(天元)이 이채롭다.

실제와 가상의 절묘한 조화

같은 날 밤, 싱가포르의 잠 못 이루는 밤을 맞는 조훈현. 호텔 옆으로 흐르는 달빛 받은 강. "강물은 왜 흐르기만 할까? 저 느긋한 녀석은 누구와 승부를 하는 걸까…" 달빛 속에 부목반이 교태롭게 물 위로 떠오른다. 밑에 쓰인 이약사의 글이 보인다.

「맞수」에서는 혼인보의 가보인 부목반이 어떻게 김옥균을 거쳐 조훈현에게 전해졌는지도 담았다. 실제와 가상이 절묘하게 교차하는 '드라마적 상상력'이 유감없이 발휘되었다. 갑신정변의 주모자였던 김옥균은 거사가 실패하면서 일본으로 망명한다.

하지만 곧 일본 정부에 의해 남쪽의 머나먼 섬인 오가사와라로 유배된다. 그곳은 당시만 해도 배로 한 달이 걸리는 절해고도였다. 혼인보 슈에이는 그곳까지 찾아가 한 달을 넘게 머물렀다. 김옥균은 다시 홋카이도로 유배를 떠난다. 이때도 김옥균을 마중하러 배에 올랐던 슈에이는 차마 배에서 내리지 못하고 그 길로 홋카이도까지 함께 간다. 둘 사이의 정이 얼마나 깊었는지 차마 가늠할 수 없을 정도다. 박치문은 이를 두고 "정처 없이 떠도는 망명객과 쓰러져 가는 가문을 지키려는 수장 사이에는 '비운'과 '비감'이라는 가슴시린 공통분모가 있었다"라고 했다.

세월이 흘러 혼인보 가문은 쇠락해 더이상 존립이 어려워졌다. 혼인보 슈에이는 김옥균에게 부목반을 맡기며 "나는 더이상 가문과 가보를 지킬 수 없으니, 김옥균 그대가 조선으로 돌아가면 이 판을 이약사의 후인에게 전해주시오"라고 부탁한다. 그 부목반을 둘러메고 상하이로 떠났던 김옥균은 자객에게 살해당하고, 부목반은 곡절 끝에 잉창치배 마지막 대국 전날 마법처럼 조훈현 9단에게 전해진다. 그날 조훈현은 부목반 바닥에 쓰인 이약사의 글을 보게 되는 것이다.

내레이션 2 대 2로 추격한 조훈현은 새벽 늦게야 가까스로 잠들 수 있었다. 쫓기는 네웨이핑은 고민 속에 밤을 지새웠다. 조훈현은 4국 때, 그러니까 한발 먼저 승부의 집착에서 벗어났으나 네웨이핑은 갑자기 닥친

위기와 처절히 싸우고 있었다. 그의 강철 신경은 휘어졌다. 정신력으로 겨루는 대국 전날 밤의 승부에서는 녜웨이핑이 졌다.

1989년 9월 4일, 최종 결승국. 여기서 이기는 사람이 명실공히 세계 최고수가 된다. 오전에 58수까지 두고 점심시간을 가진다. 다시 대국장에 들어서며 녜웨이핑이 독백한다. "느리다. 너무 느리다. 덤이 여덟 집이라지만 내가 너무 기다리는 건 아닐까. 흑집도 덤을 제하면 겨우 30집 정도다. 승부는 후반에서 낸다." 조훈현은 점심으로 우동 한 그릇을 먹는다. 그는 들어와 앉으며 말한다. "오전 내내 바람처럼 빠르게 움직였다. 그러나 뒤돌아보면 상대는 바로 등 뒤에 와 있었다. 엊저녁에 부목반에서 읽은 '고요함'은 무언가."

오후 1시, 개시를 알리는 신호음. 조훈현 무심하게 돌을 들어 59착.

내레이션 바로 저 수다! 얼핏 살기 위해 두는 평범한 한 수로 보인다. 그러나 조훈현이 점심시간 동안 결심한 '고요하여 보이지 않는' 승부 수! 상대가 반발하면 일대 난전이 불가피하다고 각오하고 있다.

상대는 무심히 60 막고, 흑 61.

내레이션 녜웨이핑은 반발하지 않았다. 그러나 이 순간이 승패를 가름한 중대한 고비였음을 녜웨이핑은 물론 아무도 알지 못했다. 조훈현은 비로소 어둡고 긴 터널에서 빠져나왔다. 회광반조(回光返照) 현상을 보았다. 촛불의 마지막 불꽃, 그다음의 고요한 세계를 보았다. 점심 때 구상한 세 집의 수순이 한 치의 오차도 없이 그대로 실현되었다. 조훈현은 수만 개의 꽃송이가 일시에 피어나는 풍경 속으로 걸어 들어갔다.

설명할 수 없는 고귀함이여

승부의 세계는 바퀴 달린 수레처럼 다시 구르고 있었다. 한국 바둑계가 용틀임을 시작한 것이다. 15년간 국내를 완벽하게 제압하고 다시 세계를 제패한 조훈현은 서봉수의 벽을 넘어 달려온 이들, 이창호, 유창혁이 그의 금빛 옷자락을 한쪽씩 쥐어짜고 있음을 알 수 있었다. 「맞수」는 그들 4인방의 분투기를 그려나갔다.

대국실을 치밀하게 재현했고, 심리묘사를 위한 CG 활용도 앞서나갔다. 『동아일보』 김순덕 기자는 '기사의 내면세계에 대한 역동적 묘사가 돋보인다'며 극찬했다.

드라마 속에서 당대의 톱스타들이 경연을 펼쳤다. 김옥균(한진희 분), 조훈현(유인촌 분), 유창혁(이재룡 분), 이창호(정현 분), 기자(정성모 분)와 의문의 여인 서호 역을 맡은 신인 고소영이 빛났다. 서봉수 역을 맡은 정보석은 서봉수의 손이라도 닮고자 서울대 바둑동아리의 바둑반장을 집까지 데려가 개인교습을 받는 열정을 보였다. '프로는 손끝만 봐도 급수를 안다.'

1993년 열린 제2회 잉창치배 결승전은 한국의 서봉수 9단과 일본의 오타케 히데오(大竹英雄) 9단이 맞붙어 서봉수 9단이 프로 세계의 상식으로는 도저히 이해하기 힘든 역전 끝에 우승했다. 이 장면 역시 꼼꼼하게 재현했다. 고수들의 게임을 이해하는 것부터 고통이 따랐다. '바둑은 하늘 위 신선의 놀이다.'

통신사로 일본에 건너가 적광사에 현판까지 걸고 온 이약사 같은 고수의 유전자가 있기에 한국이 세계를 제패할 수 있었던 게 아닐까. 아! 설명할 수 없는 고귀함이여.

보이는 힘은 보이지 않는 힘만 못하고   力不如氣

보이지 않는 힘은 고요함만 못하다.   氣不如靜

삼라만상의 조화는 고요함에서 나온다.   妙生於靜

7장

한국 드라마 최초 중국 현지 촬영

MBC 백범 서거 40주기 특집 드라마 「백범일지」(1989)

한국과 중국이 수교를 맺기 3년 전인 1989년, 한국 드라마 최초로 공식적인 중국 촬영이 실행되었다. 작품은 백범 김구의 일대기를 담은 드라마 「백범일지」였다. 「백범일지」는 김기팔 극본, 고석만 연출로 1989년 5월 6일부터 5월 9일까지 90분씩 총 4부가 방송되었다. 지금 왜 백범이고, 왜 중국인가. 우리는 「백범일지」의 기획의도를 다음과 같이 밝혔다.

백범 서거 40주기를 맞아, 그의 유년기, 청년기의 삶과 인간적 면모, 대장 김창수 시절, 상하이 임시정부 투쟁, 해방과 환국, 그 이후의 제2독립 운동을 서사극 형식을 빌려 재현해 역사적 실체에 접근한다. 고전적 민족주의가 무엇인지, 그 대표적 인물 백범에 대해 평가절하된 부분은 바로잡으며 객관적인 자세로 백범의 일대기를 90분 4부작으로 제작한다.

87년체제가 와해되면서 민족사적 서사의 시대도 고비를 만났다는 아쉬움을 되씹고 있을 때였다. 서울올림픽 이후 우리 방송은 일정 부분 풍요로워 보였지만, 내밀한 정서를 가진 역사와 현실에 대한 세밀하고도 뜨거운 재현은 여전히 찾아보기 힘들었다. 국제 역학관계는 중국의 개방을 요구했고, 중국 또한 1988년 이후 한국과 수교의 수순을 지켜보기만 하고 있었다. 이때 문화가 첨병 역할을 해야 한다. 수교 전이었지만 공식 촬영 허가를 받아냈다. 안기부와 친숙한 부장의 능력이었다.

오픈 세트장 같던 상하이 조계지

최초의 공식 중국 촬영 「백범일지」. 백범의 '삼천만 동포에게 읍고함'과 '나의 소원'으로의 여정을 그리기 위해 비행기를 탔다. 홍콩에서 2박 3일을 기다려 중국 비자를 받았다. 유효기간은 한 달. 임시사증이었다.

1989년 2월 11일 베이징행 중화항공에 탑승했다. 1919년 3·1운동의 기운을 안고, 신의주를 거쳐 상하이 황푸(黃埔) 선창에 당도하는 청년 백범을 떠올리며…

우리 제작팀 8명이 베이징공항에 도착하자, 중국 측에서는 기내에 들어와 영접하는 파격적인 환대를 해주었다. 트랩을 내려서니 활주로에 커다란 화환을 앞세운 여성 안내원도 기다리고 있었다. 기념촬영을 하면서 긴장이 많이 풀렸다. 베이징공항에서 시내로 들어가는 가로수 길 뒤쪽으로 마차가 지나가고, 스치는 작은 마을들은 석탄 공장의 뒷길 같았다. 배춧잎 색깔의 상의를 걸친 사람들은 가게 앞 당구대에서 한가로움을 즐기고, 늙은 개가 흙바람을 맞으며 어슬렁거리고 있었다.

베이징 시내로 들어서니 특정 지역을 알리듯 드문드문 대형 건물이 보일 뿐 모두가 가라앉았다. 우리가 머물 호텔 20층 건물의 로비에는 만리장성 극사실화가 전면의 벽 전체를 압도하고 있었다. 체크인을 기다리는 우리 일행에게 지나가던 몇 사람이 말을 걸자 안내원이 슬쩍 일러주었다. "옆에서 무슨 일이 벌어져도 절대 관여하지 말라. 자칫 거꾸로 당한다. 볘관센스(別管閑事)." 그래선지 중국에서는 옆에서 사람이 맞거나 죽어도 그냥 지켜보는 사건이 많다고 했다. 이튿날 우리 일행은 만리장성과 자금성 주변을 주마간산하고 다음 날 상하이로 향했다.

1989년 상하이에 대한 나의 첫인상은 동양인만 가득 차 있는 번화한 유럽도시 같았다. 상하이의 중심에 있는 석재 황포다리를 보자마자 봇짐을 멘 한복 차림의 김구가 인파 사이로 걸어오는 모습이 나의 눈에 선했다. 상하이는 베이징과 다르게 사람들이 들끓었다. 도시의 반은 프랑스 조계, 포르투갈 조계, 영국 조계 등 치외법권의 영향을 받은 흔적으로 외교 도시가 형성되어 있었다. 둘러보니 오픈 세트장으로 그만이었다. 특히 상하이 영화촬영소는 일제 때 크게 번창하여, 세트는 물론 대도구, 소도구, 의상들이 잘 보존되어 있었다. 그 원형은 박물관에 보존하고 복제하여 활용해야 하는데, 자금 부족으로 원형을 그대로 사용

하고 있었다. 연기자들은 서울에서 준비해간 의상을 내던지고 원형 의
상을 고르는 데 혈안이 되었다. 우리 제작진은 중국에 도착한 그날부터
매일 밤 정산에 몰두했다. 무려 10배의 가치를 중국 기획사가 악용할
우려 때문이다. 외국자본을 끌어들이기 위한 외폐(外幣)와 민폐(民幣)
의 혼용 문제가 심각했다. 중국에서는 기획사 대표, 프로듀서 격 실무
자, 통역 한 명, 업무보조 한 명과 우리를 감시하기 위해 공산당에서 파
견 나온 사람까지 기본 5명에 그때그때 미술 등 여러 파트의 많은 사람
들이 수시로 들락거렸다. 우리 팀이 선물용으로 마련해 간 팩스 한 대
는 그들의 사냥감이었다. 귀국 때까지 미끼가 되어주었다.

백범과 윤봉길의 만남

1920년대 임시정부(임정)는 가난했다. 임정 청사를 주소만 갖고 찾아
나섰다. 중국 측에 찾아달라고 미리 부탁해놓은 '1925번지'는 너무 넓
었다. 청사로 쓴 2층 방을 찾아냈다. 뜨개질을 하던 할머니가 우리를 맞
이했지만, 자신도 말만 들어 확실히 모른다고 했다. 가난했던 그 시절
백범의 술회 한토막이 인상 깊다. 드라마에도 이 장면을 담았다.

독립운동을 하다가 '목숨 잃고 집안 망하는'(殺身亡家)하는 동포들이
매일 수십 수백이란 비참한 소식을 듣고 앉아서, 어머님을 위하여 수연
(壽宴)을 준비할 용기부터 없었다. 그러므로 내 생일 같은 것은 입 밖에

내지 않고 지냈는데, 민국 8년(1926) 나석주가 식전에 많은 양의 고기와 채소를 사 가지고 와서 어머님에게 드렸다. "오늘이 선생님 생신이 아닙니까? 돈은 없고, 의복을 전당하여 고깃근이나 좀 사 가지고 밥해 먹으러 왔습니다."

가장 영광스러운 대접을 받은 것을 영원히 기념할 결심과, 어머님에게 너무도 죄송하여, 내 죽는 날까지 내 생일을 기념하지 않기로 하고 날짜를 기입하지 아니한다.[25]

상하이 도착 2일째, 본격적인 촬영에 들어갔다. 전체 부감숏을 잡기 위해 18층 건물 옥상에 올랐다. 1919년에 세운 건물이라는 것이 믿어지지 않았다. 촬영 준비를 마칠 즈음, '공안' 마크가 눈에 띄는 경찰 두 명이 나타나더니 우리의 촬영을 제지했다. 그간 우리 일행을 따라다니며 감시하던 중국 측 공산당원은 항상 노란 대봉투를 끼고 다녔는데, 그 봉투에 16절지 증명서를 경찰에게 보여주자 그들은 아주 깍듯이 경례를 하고 다시 돌아갔다. 그 증명서에는 선명한 붉은색으로 '공작(工作)'이라는 글자가 박혀 있었다.

드디어 길거리 촬영을 해야 한다. 중형버스가 서면 내가 맨 먼저 내려 위치를 잡고 신호하면 배우가 내리고, 반사판이 순서대로 서면 저 인파 속으로 카메라가 들어가야 한다. 그리고 큐 사인이 떨어지면 연기를 시작한다. 간단한 연기 설정이다. 그런데 세팅이 되기도 전에 인파에 밀려 꼼짝할 수가 없었다. 두세 번 시도하다 실패하고 작전을 바꿨다. 두 팀으로 나누어 한 팀은 가짜 촬영을 하며 사람들을 몰고 다니고,

실제 촬영팀은 한적한 곳에서 몰래 찍는 방식이었다. 길거리 낮 촬영은 육박전을 방불케 했다.

그리고 실내 촬영에 들어갔다. 김구와 임정 직원들의 일상 업무, 회의 장면 등을 촬영했다. 현지 조명팀과 우리 촬영팀의 소통은 꽤 원활했다. 현지 조명팀의 조명기법 용어가 완전하게 일본식이었던 까닭이다. 한국과 중국이 사용하는 촬영과 조명의 문법이 일제의 잔재임이 여실히 드러났다.

1932년, 백범(김진태 분)은 윤봉길(박영태 분)을 맞이한다. 백범 일생에 가장 빛나던 시절이다. "선생님께 동경사건(이봉창의 폭탄 투척)과 같은 경륜이 계실 줄 믿고 찾아왔습니다. 지도해주시면 은혜 백골난망입니다." 백범은 감복해서 말한다. "뜻이 있으면 일도 이룬다고, 안심하시오. 내가 근일에 연구하는 바가 있으나, 마땅한 사람을 구하지 못하여 번민하던 참이었소. 왜놈이 4월 29일에 홍커우공원에서 천황의 생일인 천장절 경축전례식을 성대하게 거행할 모양이오. 그러니, 군은 일생일대 목적을 이날에 달함이 어떠하오?" "저는 흉중에 일점 번민이 없어지고 마음이 편해집니다. 준비해주십시오."

다음 날 아침, 김구와 윤봉길은 의거를 준비하기 위해 강남조선소를 찾아간다. 둘은 그곳에서 물통과 도시락 두 가지 폭탄을 시험하는 과정을 지켜본다. 마당 한 곳에 토굴을 파고, 속에 사면으로 철판을 두른 후 그 속에 폭탄을 장치했다. 그러고서 뇌관 끝에 긴 끈을 매더니, 공원(工員) 한 사람이 끈을 잡고 수십 보 밖으로 기어가서 잡아당겼다. 그러자 토굴 속에서 벽력 소리가 진동하며 파편이 날아오르는 것이 일대 장관이었다.

우리는 윤봉길의 의거가 벌어질 홍커우공원을 매일 답사하고, 윤봉길의 동선을 모두 촬영했다. 공원의 특정 지형지물을 모두 찍었다. 서울에 도착하여 재현할 홍커우공원 단상과 거대한 폭파 장면을 제외한 투척, 체포 등 세부 장면은 현지 출연자와 함께 다 찍었다.

재현된 역사의 순간들

4월 29일 아침, 윤봉길은 자기 시계를 꺼내 백범에게 건네면서 말한다. "선서식 후에 선생 말씀에 따라 6원을 주고 산 것입니다. 선생님 시계는 2원짜리이니 나에게 주십시오. 나는 한 시간밖에 소용이 없습니다." 백범은 그 시계를 기념품으로 받는다. 윤봉길은 식장으로 떠나는 차에 타기 전 갖고 있던 돈을 꺼내 백범에게 쥐어준다. "약간의 돈을 갖고 있는 것이 무슨 방해가 되는가?" "아닙니다. 자동차 삯을 주고도 5, 6원은 남겠습니다." 윤봉길이 차에 오르고 곧 자동차가 움직인다. 백범은 목멘 소리로 말한다. "후일 지하에서 만납시다." 윤봉길이 차창으로 백범에게 머리를 숙일 때 자동차는 큰 소리를 내며 천하영웅 윤봉길을 싣고 홍커우공원을 향해 달려간다.

윤봉길의 의거는 로이터통신의 발고로 세계 각국에 보도된다. "도쿄(동경)사건과 상하이 홍커우사건의 주모 획책자는 김구요, 집행자는 이봉창과 윤봉길이다." 김구에게는 60만 원의 현상금이 붙고, 김구는 도

피생활을 시작한다.

1933년 5월, 당시 장제스(蔣介石) 총통은 윤봉길 의사의 상하이 의거에 큰 감명을 받고 임정을 적극 지원했다. 백범과 장제스의 '난징군관학교 회담'은 임정을 기사회생케 했다. 그러나 이 장면의 재현은 불발되었다. 그때 그곳에서도 검열은 자행되었다. 국내 최초로 시도된 공식 중국 촬영은 2월 17일, 해방 소식을 듣는 백범의 모습을 끝으로 모두 마쳤다.

완전한 독립을 위해 본토 수복을 최고의 가치로 삼고 무장침공을 준비 중이던 백범은 미국전략정보국(OSS) 훈련장에서 해방을 맞으며 통탄을 금치 못한다. 그리고 참담한 심정으로 비행기에 올라 임정 1진 귀국길에 오른다. 그리고 1945년 말 신탁통치 발표와 반탁운동, 연이은 암살사건, 이승만의 단독정부 획책을 목도하며, 제2의 독립을 선언하는 '삼천만 동포에게 읍고함'을 발표한다. 1948년 2월 10일이다.

삼천만 자매 형제여! 한국이 있어야 한국 사람이 있고, 한국 사람이 있고야 민주주의도 공산주의도 또 무슨 단체도 있을 수 있는 것이다. (…) 마음속의 38선이 무너지고야 땅위의 38선도 철폐될 수 있다. (…) 38선을 베고 쓰러질지언정 일신에 구차한 안일을 취하여 단독정부를 세우는 데는 협력하지 아니하겠다. (…) 궂은 날을 당할 때마다 38선을 싸고도는 원한의 곡성이 내 귀에 들리는 것도 같았다. 고요한 밤에 홀로 앉으면 남북에서 헐벗고 굶주리는 동포들의 원망스러운 용모가 내 앞에 나타나는 것도 같았다. 삼천만 동포 자매 형제여! 붓이 이에 이르매 가

슴이 억색하고 눈물이 앞을 가리어 말을 더 이루지 못하겠다.[26]

백범은 비통하여 외치고 또 외친다.

그러나 국내 정세는 그의 의지와는 다른 방향으로 흐르고 있었다. 남한만의 단독정부 수립이 진행되었다. 『백범일지』마지막 장 '나의 소원'은 1949년 5월 20일 마곡사에서 발표되었다.

백범 김구, 그는 시대의 테러리스트인가, 위대한 독립운동가인가? 드라마 「백범일지」는 1949년 6월 26일의 암살 장면을 정교하게 재현했고, 장례식은 기록 영상으로 수록했다. 온 국민의 오열 속에 거인의 일대기를 비장하게 마쳤다. 이렇게 고고한 분과 한 시대를 함께한 것은 자랑스러운 행운이었다.

제4부
능선

1장

TV 드라마로 중계된 5·16쿠데타의 진실

MBC 정치드라마 「제2공화국」(1989~1990)

6월항쟁으로 비롯된 87년체제에는 위로부터의 '보수적 민주화'와 아래로부터의 '사회운동에 의한 민주화'가 중첩되어 있다. 그 결과 보수세력과 진보세력 사이에 대립과 투쟁의 정치문화가 형성되었다.

박종철, 이한열 등 6월항쟁의 희생은 3당 합당으로 묻혔고, 서울올림픽을 치르며 민주화의 염원은 무색해졌다. 죽 쒀서 개 주는 꼴이었다. 87년체제는 와해되고 있었다. 그즈음 TV에 박정희가 나타났다. 그 누구도 아닌 박정희의 등장은 사람들을 놀라게 했다.

5·16쿠데타의 '사전 내통설' 전격 해부

MBC 정치드라마 「제2공화국」 1회 '1961년 5월 16일'이 1989년 7월 16일 전국에 방송되었다. 미국의 정치 컨설턴트 조 트리피(Joe Trippi)는 "혁명은 TV로 중계되지 않는다"라고 말했지만, 5·16쿠데타는 1989년에 드라마로 중계되고 있었다. 드라마는 제2공화국의 마지막 날로부터 시작했다.

「제2공화국」의 첫 회에서는 5·16에 관해 지금껏 진위 여부를 확인할 수 없는 논쟁 하나를 다뤘다. 민주당 정권 당시 대통령이었던 윤보선과 '혁명주체'를 자칭하는 유원식 대령 간의 이른바 '사전 내통설'이다. 5·16이 있기 몇 개월 전에 유원식이 쿠데타 계획을 윤보선에게 제보하면서 대통령직을 보장해줄 테니 거사에 협조해줄 것을 당부하여 윤보선이 이를 받아들였다는 설이다.

윤보선의 그 유명한 한마디, "올 것이 왔구먼"에 대해, 입장에 따라 다를 수밖에 없는 해석을 쫓아 파격적인 구성을 시도했다. 똑같은 접견실 장면을 대통령 윤보선, 육군대령 유원식, 국방부장관 현석호의 관점으로 순차 구성하며 1961년 5월 16일 당일의 행적을 입체적으로 추적했다. 절묘한 구성이었다. 증언에 따른 대사, 감정, 심지어 세트를 전환하고, 인물의 위치와 카메라의 각도를 바꿔가며 연출했다. 역사를 미시적으로 관찰하다가 큰 역사적 맥락을 놓칠까 두려운 마음을 안고 큰 눈을 뜨고 다가갔다.

■ 윤보선의 증언

윤보선(이순재 분)은 접견실에 들어가는 입구에서 소리를 듣게 된다. "반란이 아닙니다. 역사와 국민을 위한 거사입니다." 이때 윤보선이 들어서며 처음 본 것은 탁자에 놓인 박정희(이진수 분)의 선글라스와 지휘봉, 별 두 개가 달린 군모다. 장도영(김동현 분) 육군참모총장과 김신 공군참모총장, 김성은 해병대사령관, 그리고 현석호(변희봉 분) 국방부장관이 일어선다.

윤보선은 박정희 일행을 보며 말한다.

"올 것이 왔구먼."

"각하! 제가 박정희입니다. 근심 끼쳐 죄송합니다. 국가와 민족을 위한 애국충정에서 목숨 건 혁명을 감행했습니다."

"애국충정이라 했소? 애국의 방향은 절대로 동족 간에 피를 흘려서는 안 된다는 거요. 민주당에도 보복은 금지하오."

"오늘 전국적으로 선포된 계엄령을 추인해주십시오. 각하께서 추인하셔야 정당성을 확보합니다."

"추인할 수 없소."

"… 알겠습니다. 그럼 일단 물러가겠습니다."

박정희와 유원식(국정환 분)이 나간다. 나머지 일행도 빠져나간다. 곧이어 박정희와 유원식이 다시 들어온다.

"각하에게만은 과거에도 지금도 충성심 변함없습니다. 이번 거사는 인조반정이라 생각하시고, 혁명 지지성명을 내주십시오."

"그럴 순 없소. 첫째, 후세 사가들이 어찌 평가하겠소. 둘째, 알지도 못하는 사람들인데… 셋째, 둘 중의 하나, 내통 아니면 혁명군의 협박에… 피차간에 이롭지 못할 것이오."

"계속 모시겠습니다. 저희들을 지도해주십시오."

윤보선은 끝내 추인을 거부했으며, 5·16은 일어나서는 안 될 일이라고 강조했다고 지속적으로 증언한다. 그런데 유원식으로부터 뜻밖의 증언이 나온다.

■ 유원식의 증언

1961년 5월 16일 새벽, 유원식은 박정희의 지프차 뒷자리에 앉아 그날의 행보를 밀착 수행하고 있다. 한강 도강, KBS 접수, 혁명공약 발표, 육군본부에 있는 장도영을 찾아나선 박정희. 유엔군사령관 특별고문 제임스 하우스먼(James H. Hausman)의 강력 발언.

"매그루드 사령관의 지시요. 쿠데타군이 4,000명이라면 그 10배를 동원하여 격퇴시켜야 하오. 무조건 진압시키시오."

박정희와 하우스먼의 일촉즉발. 박정희는 장도영과 함께 청와대로 향한다.

청와대 접견실, 윤보선이 박정희와 유원식을 마주한 채 말한다.

"올 것이 왔구먼…"

"대통령 각하! 저를 모르시겠습니까?"

"내가 왜 모르겠습니까? 유원식 대령 아니십니까?"

"그럼 그 전에 말씀하신 그대로 하십시오. 이 자리에는 민주당 출신 국방부장관도 참석해 있습니다만, 우리가 선포한 계엄령의 추인을 받으러 왔습니다. 그러니 이 순간부터 민주당 정권과 민주당 장관은 염두에 두지 마시고 그 전에 말씀하신 대로 행동하십시오.”

“민주당 정권의 실정에 대해서는 본인도 책임이 있으니 이 자리를 물러날 용의가 있습니다. 그리고 계엄령 선포는 아주 적절한 시기에 잘한 것으로 알고 있습니다.”

“저희들 목적은 계엄령 선포의 추인을 받으러 온 것인데, 각하께서 이를 추인하셨으니 이제 저희들 용무는 끝났습니다.”

말을 마치고 일어서자 다른 사람들도 일어섰다. 윤보선은 현석호, 장도영과 차례로 악수를 나눈 뒤, 유원식에게 “단둘이 조용히 만날 시간을 주실 수 있습니까?”라고 말하고 나간다.

윤보선과 유원식은 상반된 주장을 한다. 사전 내통이다, 추인이다, 아니다. 그런데 또 한 사람의 주장이 있다.

■ 현석호의 증언

1961년 5월 16일 새벽 2시 30분, 장면 총리는 장도영 총장의 전화를 받고, 3시에 시청 당도, 3시 30분 반도호텔 총리 집무실 도착. 장면은 안절부절못하며 장도영을 기다리고, 그때 이태희(신충식 분) 검찰총장의 내방. 이어 장도영으로부터 전화가 온다.

“한강을 넘었다고 합니다. 일단 피하시는 게…”

“내가 왜 피하나? 뭘 잘못했기에 피하나…”

전화가 끊기고, 장면은 이태희에 끌려 나서면서 현석호와 마주친다. 장면이 계단을 내려설 때 벗겨진 안경은 군홧발에 밟히고 만다. 이후 장면은 반도호텔 앞 미국 대사관의 문을 두드리나 닫혀 있고, 중학동 미군숙소도 닫혀 있다. 결국 이화동 가르멜수녀원에 찾아 들어간다.

청와대 접견실에서 박정희를 처음 보는 현석호.

"당신이 반란군 주모자요?"

"반란이 아니고 혁명입니다. 역사와 국민을 위해 나섰습니다."

이때 윤보선이 들어서며 말한다.

"올 것이 왔구면."

현석호는 놀란다.

"그래 무슨 일로 왔소?"

"심려를 끼쳐 죄송합니다. 각하의 지시를 받아 수습책을 강구하러…"

"각하! 저희의 애국충정을… 각하를 절대 존경하며, 충성을 다해…"

"정부가 무능하여 이 나라를 이 지경으로… 애국충정을 이해하오."

"감사합니다. 거사를 인정해주시고, 비상계엄을 추인해주시어…"

"거사를 추인하다니? 국방장관도 모르는 계엄령을… 각하! 민주당 정부는 거룩한 4·19, 독재정권을 무너뜨린… 국민들의 성원으로 이뤄진… 군부에 의해서 타도될 만큼 과실이 있다고 보지 않습니다."

"데모, 데모, 김일성까지 부르는 데모. 민생은 도탄에 빠지고, 해서 내가 정권을 양도해야 할 지경에…"

"데모가 많은 것은 장기독재의 반사작용으로 봐야하고, 지금 각성하고 있고… 내각책임제의 특성상 말이 많은 것이고… 불법적인 군부 반란은 인정할 수 없고…"

"각하! 현석호 장관의 훈계나 받고 있을 때가 아닙니다."

"무슨 근거로 추인한단 말이오!"

"지금 혁명 중이란 걸 모르시오?"

"4·19의 거룩한 희생이 이렇게…"

"대통령께서 어서 결단을 내리십시오."

"계엄령에 대해서는 이미 선포를 했다니… 국무회의를 열어 합법적 절차를 밟도록 하고… 나는 대통령직을 사임하겠소."

현석호는 인조반정 운운하는 박정희와 윤보선의 목소리를 뒷전으로 접견실을 빠져나와 청와대 현관을 나선다. 그때 두 대의 군용 지프차가 현석호를 압송한다. 현석호는 되뇌인다.

"거룩한 4·19가 이렇게 무너지다니… 거룩한 4·19가…"

제2공화국은 4·19혁명의 희생으로 탄생했다. 12년의 독재정치, 3·15 부정선거, 4·19혁명, 이승만의 하야, 허정의 과도정부, 7·29총선거. 민주당의 압승으로 새롭게 내각책임제 정부가 수립되었지만 민주당은 신구파 대립의 연속이었다. 그즈음 군부에서 '16인 하극상 사건'이 터진다. 육사 8기가 중심이 되어 당시 군부 최고의 자리에 있던 최영희 중장을 비롯한 기존의 장군들은 사퇴해야 한다는 정군운동이 일어났다. 문제의 핵심은 인사 적체였다. 이 사건에는 박정희도 연루되어 있었다. 하우스먼이 김형일 장군에게 박정희의 전역을 종용하면서 박정희는 위기를 느낀다. 이때 정군파 김종필은 예편당한다.

'16인 하극상 사건'은 외관상 일단락된 듯했지만 암적 정치장교들의 불만요인은 더욱 강렬하게 내연하고 있었다. 육사 8기생 9명은 혁명적

방법으로 정권을 찬탈하기로 결의한다. 이것이 '충무장 결의'로 5·16쿠데타의 첫 결의였다. 김종필, 김형욱, 오치성, 김동환, 길재호, 옥창호, 신윤창. 이들은 두 달 후 11월 6일 신당동의 박정희 소장 집에서 2차 모임을 갖는다. 그리고 쿠데타 모의는 계속된다. 드라마에서는 이 과정을 다 그렸다.

이상현 작가

「제2공화국」은 「제1공화국」이 끝난 지 8년 만에 이어졌다. 연출은 「제1공화국」에 이어 다시 내가 맡았다. 그런데 당연히 함께해야 할 김기팔 작가는 기획 단계에서부터 배제되었다. 김기팔이 누구인가? 정치드라마의 문을 열고 개척해온 정치드라마의 대가 아닌가?

김기팔 작가의 배제에는 절묘한 암수(暗數)가 개입되었다. 「제2공화국」 기획이 발표되기 직전, 김기팔 작가에게 특집 드라마 「백범일지」를 배정했다. 그것은 미끼였다. 드라마부장은 김기팔 대신 이상현 작가를 염두에 두고 있었다. 작가 배정은 부장의 권한이었다. 비중이 큰 드라마일수록 작가 배정에는 더 윗선이 개입되었다. 최창봉 사장이 MBC에 들어온 후, 두 사람의 긴 인연을 알기에 모두들 김기팔 작가를 최상의 선택지로 예상했었다. 그런데 지금 둘 사이는 보이지 않는 벽이 가로막고 있었다. 외압인가, 보신인가. 내부 토호세력의 조직적 봉쇄인가.

「제2공화국」은 이상현 작가의 대중성이 빛난 작품이다. 이상현 작가는 탁월한 균형감으로 드라마를 이끌었다. 그러나 균형이라는 미명하에 절대악의 변명이 여과 없이 표출되었고, 시청자들은 비사(秘史)의 폭로에 아무런 비판 없이 호응했다. 어쨌든 이 땅의 감춰진 정치 요새는 백일하에 드러났고, 드라마는 패기 넘치게 진행되었다. 이진수, 고은아, 이순재, 김무생의 눈부신 연기는 극에 활기를 더했다.

사실의 힘을 믿으며 두려워 말자

제19회와 제20회 거창양민학살사건을 다룬 방송 직후, 사내 간부들의 움직임이 심상치 않았다. 모처에 대본과 방송 영상을 보냈다는 소문, 작가와 연출자 심지어 스태프들의 명단과 인적사항이 모처에 송부되었다는 소문, 검찰에서 연출자를 곧 소환할 것이라는 소문, 온갖 흉흉한 소문과 억측이 무성한 일주일을 보냈다. 나 자신과 우리 스태프에게 다짐했다.

"두려워 마라! 사실의 힘을 믿는 자, 이기고 만다!"

두 번째 주를 맞으며 검경 공조수사 체제가 갖춰지고 내밀한 조사에 들어갔다는 소문이 들려왔다. 긴장하지 않을 수 없었다. 그런데 의외의 소식이 전해졌다.

"작가가 TK라 괜찮다."

이상현 작가의 「제2공화국」은 아슬아슬하게 균형을 유지했다. 이상현 작가는 민주당의 실정과 이승만 정권의 적폐, 젊은 군인들이 비분강

개하는 쿠데타 모의를 절묘하게 교차 배치시켰다. 쿠데타의 당위성이 강조되었다. 이상현 작가는 치밀한 구성과 철저한 자료 조사로 극본의 완성도를 추구했고, 유려한 필치로 높은 대중성을 확보했다. 그런 만큼 원고 집필이 늦어 매번 마감시간을 넘겼다.

거창사건 2부의 원고는 유독 늦었다. 방송까지 5일밖에 남지 않은 상태에서 완성 원고가 넘어왔다. 물리적인 시간이 절대적으로 부족했다. 우선 원고를 받아온 최창욱 피디가 촬영 스케줄을 짰다. 12일이 걸린단다. 다음으로 장용우 피디가 다시 짰다. 7일이 나왔다. 방송은 불가능해보였다. 혹시라도 결방될지 모를 비상사태에 대비한 대체 편성을 부탁하고 촬영에 나섰다. 다른 때보다 훨씬 긴장하고 기민하게 준비했다. 시간이 없다.

거창 현지 대신 서울 근교에서 촬영을 해야 했다. 박산골 가는 길과 신원리 촬영 장소를 찾아 나섰다. 다행히 경기도 양주시 송추골 뒤안에 옹기종기 모여 있는 부락을 찾아냈다. 우리나라 지형과 부락 모습이 다들 비슷하지 않던가. 그 천혜의 지형을 십분 활용하여 촬영을 해나갔다. 최덕신의 '견벽청야' 작전이 빚어낸 동족상잔의 비극을 숨 막히게 그렸다. 촬영 필름은 장용우 피디가 그때그때 후송하여 부분별로 편집하고, 최창욱 피디는 다음 장면 세팅을 미리 하고, 김명균 카메라감독은 최악의 조건에서 최상의 영상을 만들어냈다. 이틀 밤을 꼬박 새워 찍고, 4시간 눈 붙이고, 또 이틀을 찍어 4일 만에 촬영을 끝냈다. 방송은 차질 없이 나갔다. 우리 모두의 집중력으로 불가능의 벽을 돌파해나갔다.

방송상을 휩쓸다

'귀신은 그리기 쉬우나, 개는 그리기 어렵다.' 이상을 말하기는 쉬우나 현실을 헤쳐 나가기는 어려운 법이다. 맨 처음 쇠를 달궈보자고 한 사람은 누구였을까. 누군가 뜨거운 불에 쇠를 달구어 정교하고도 힘찬 손놀림으로 모양을 만들고, 또다른 누군가가 그걸 찬물에 넣어 식히니 시커멓고 번들거리는 근육 같은 연장이 되었다. 첫 지혜를 터득하는 것은 한 사람의 경험으로는 어렵다. 불과 물을 교차하자는 생각이 세상을 바꿨다. 인류사 모든 발전은 그렇게 뻗어나갔다.

「제2공화국」은 대한민국 정치드라마에 큰 획을 그었다. 「제2공화국」은 1990년 제3회 한국방송프로듀서상 대상, 제17회 한국방송대상 드라마 부문 최우수 작품상과 프로듀서상을 비롯해 여러 방송상을 휩쓸었다. 특이한 것은 MBC에서 처음이자 마지막으로 공로상을 주었다는 것이다. 나는 진정으로 동료와 직속 상사로부터 인정받고 사랑받고 싶었다. MBC에서 상을 받은 날, 나는 넥타이를 매고 장용우, 최창욱 피디의 손을 잡고 방송사 근처 사진관으로 가 기념촬영을 했다. 청동기시대에서 철기시대를 연 '우리 팀'의 사진 한 장만은 남겨놓고 싶었다.

이듬해인 1991년 5월 제27회 백상예술대상에서는 TV부문 작품상, 연출상, 그리고 대상을 받았다. 수상소감을 물었다. 나는 딱 한마디만 했다. "만감이 교차합니다." 그때는 「땅」이 중도하차당한 직후라 김기팔 작가는 술병으로 누워 있을 때였다.

2장

미완이 되어버린 과제

「제이슨 리」 영화화 추진(1993)

 1930년대 미국 시카고 암흑가를 주름잡았던 마피아 조직의 우두머리 알 카포네의 심복으로 조직의 2인자까지 올랐던 전설적인 인물이 있었다. 바로 '제이슨 리'이다. 알 카포네의 신망으로 시카고를 장악하고, 할리우드에까지 세력을 넓혔던 제이슨 리는 태평양전쟁 후 일본에 진출했다가 사고를 치고 도주행로 끝에 모나코의 도박장에서 검거된다. 이때 그를 구해준 사람은 할리우드의 명배우이자 모나코의 왕비인 그레이스 켈리(Grace Kelly)였다. 이 사건이 신문에 대서특필되면서 그의 명성이 한국에까지 알려지게 된다. 제이슨 리에 대한 이야기는 과장되었다거나 허구라는 의견이 분분하지만 그럼에도 인구에 계속해서 회자되었던 것은 제이슨 리의 삶이 그만큼 극적이기 때문일 것이다. 제이슨 리의 일대기는 김기팔 작가에 의해 극화되었다.

제이슨 리는 누구인가

제이슨 리의 한국 이름은 이장손이다. 그는 경기도 양평에 살다가 9세 때 부모를 따라 하와이 이민선을 탄다. 사탕수수밭에서 일하다 19세 되던 해 샌프란시스코로 밀항, 부두 노역부터 시작하여 최하층 잡역을 거친다. 차이나타운의 자웅을 겨루는 마피아와 삼합회의 대결 때 부둣가 폭력조직에 가담하게 되고, 이를 계기로 마피아의 일원이 되어 알 카포네의 본령인 시카고로 진입한다. 그때부터 '제이슨 리'가 된 이 장손은 특유의 대담성과 빠른 손으로 알 카포네의 눈에 띄고, 거침없이 수직상승한다.

알 카포네 지도집단 18위 시절, 내부 폭동이 일어나고 이를 제압하는 단계에서 제이슨 리는 알 카포네의 신임을 얻으며 시카고 주류유통을 맡게 된다. 이어서 나이트클럽의 경영책임자가 되고 시카고의 밤의 황제에 등극한다. 이어 할리우드로 영역을 확장하며 세력을 번창시킨다. 존 포드(John Ford) 감독 등과 친교를 맺었고, 신인 그레이스 켈리가 주인공이 되는 데에 힘을 쓰기도 했다. 제이슨 리가 일본 요코하마에 거대한 나이트클럽을 개장할 때, 오픈파티에 미국 영화배우 에바 가드너(Ava Gardner)가 축하 인사온 것은 일본은 물론 미국에서도 화제가 되었다.

일본의 야쿠자로부터 견제를 받게 되자 제이슨 리는 희대의 사건을 벌인다. 그는 트럭을 몰고 야쿠자 집단의 나이트클럽 실내까지 폭탄처

럼 진입하여 기관총을 난사, 야쿠자 일당을 일거에 제압한다. 그후 한
국으로 도피, 아무도 없는 양평을 찾는다. 그는 이때 안내를 해준 반도
호텔의 디스크자키와 순수한 사랑에 빠지기도 한다. 그후 한국에서는
제이슨 리에 대한 비자 발급이 금지된다. 사랑도 이루어지지 않았다.
유럽 등지를 방랑하던 제이슨 리는 모나코 도박장에서 불법도박으로
체포되고, 지명수배자로 밝혀져 구속된다. 이때 모나코의 왕비 그레이
스 켈리가 나타난다. 그레이스 켈리의 도움으로 풀려난 제이슨 리는 한
국에 있는 사랑을 찾아 귀국을 시도하나, 이승만 정부는 안창호와의 인
연을 시비 걸었다. 그는 끝내 귀국하지 못하고, 필리핀 낯선 섬에서 최
후를 맞게 된다.

김기팔 작가의 손에서 새롭게 탄생한 제이슨 리

제이슨 리의 이야기는 작곡가 길옥윤의 구술에 의해 세상에 나오게
되었다. 길옥윤은 일본의 나이트클럽에서 색소폰을 연주하던 시절 제
이슨 리를 만났다고 한다. 그때 들었던 제이슨 리의 파란만장한 이야기
를 나중에 김기팔 작가에게 구술한 것이다. 후속 취재에 나선 김기팔
작가는 제이슨 리의 통쾌함과 민족적 기개에 힘이 났다고 술회했다.
김기팔 작가의 「제이슨 리」는 1970년대 초반 동아방송 라디오 연속
극으로 세상에 드러났다. 주상현 성우의 독특한 내레이션으로 시작하
는 라디오드라마는 최고의 인기를 구가했다. 김기팔 작가는 그때 이야

기를 할 때면 어린아이처럼 들뜨곤 했다. 제이슨 리의 삶이 출중한 대중적 소재임은 분명하지만, 그의 이야기는 단순 갱스터 일대기가 아니었다. 우리의 현대사와 민족감정이 뒤엉켜 새록새록 새로웠고, 끝내 정치적 함의가 드러나며 작품의 품격이 달라보였다. 초반은 1970년대에 방송된 미국 드라마 「뿌리(Roots)」, 중반은 영화 「대부」, 후반은 영화 「007」. 전체적 구도가 한눈에 들어왔다.

라디오드라마가 끝난 직후 김기팔 작가는 소설 『제이슨 리』를 출판했다. 영화로 제작하겠다는 사람이 한두 명 나타났지만, 이러저러한 조건이 맞지 않아 실행되지 못했다. 아무나 손댈 수 없는 대작이었다. 1996년 김수로라는 사람이 쓴 같은 제목의 2권짜리 해적판 소설이 등장하기도 했다. 소송에 이르렀다. 당시 한겨레의 윤활식 전무가 흔쾌하게 증인으로 나서주었다. 동아방송에서의 제작 경위와 창작 과정을 소상하게 증언하자 재판은 단 한 번으로 김기팔 작가 손을 들어주었다. 해적판은 전량 자진회수하는 조건으로 소액의 벌금형이 부과되며 정리되었다. 「땅」 이후 절치부심했던 우리에게 '제이슨 리'는 희망의 시그널이었다.

영화화 제안

1993년 나는 MBC프로덕션에 「제이슨 리」의 영화화를 제안했다. 나아가 MBC 본사에 정식으로 영화산업 진출을 제안했다. 단순 돈 벌기가 아닌 '문화산업의 선진화'를 혁신안으로 주장하고, 프랑스의 사례를 눈여겨보자며 설득했다.

"프랑스는 1985년에 이미 '의무할당제'가 도입되어 지상파 매출액의 5퍼센트, 케이블은 매출액의 9~12퍼센트를 프랑스영화와 유럽영화에 지원, 투자하도록 의무화했다. 우리 방송에도 곧 닥쳐올 일이다. 극장 객석에 뱀을 내던지는 수준의 '스크린쿼터'에만 의존할 것인가. MBC가 영화산업에 선도적으로 진출해 한국영화의 수준을 한 단계 높여보자."

한국영화는 '제3세대'에 의한 프로듀서 시스템으로 변모하고 있었다. 40대 초반의 기획자들이 모여 새로운 영화 시스템을 모색했다. 대학에서 인문학 혹은 경영을 공부했거나, 해외에서 영화의 기능과 기술을 정식으로 배워온 해외파가 새로운 영화문화 구축을 이끌었다. 제3세대 영화인들은 시스템을 갖추고 제작에 돌입했다. 그 첫 시도가 신씨네에서 제작한 「결혼이야기」(1992)였다. 성공했다. 신철, 오정환, 이춘연, 유인택, 안동규, 김의석, 심재명, 이은 등이 모여 새로운 아카데미를 형성하고 있었다. 뜻이 있는 배우, 스태프들이 호응하고 나섰다.

MBC프로덕션은 특별기획팀을 설립하고, 제3세대의 좌장 격인 이춘연을 스카우트했다. 그는 현대극장에서 기획자로 활발하게 활동하다가, '황기성 사단'으로 자리를 옮겨 「여고괴담」(1998) 등을 기획해 영화의 누벨바그를 주창했다. 이춘연의 스카우트는 영화계에 작은 파문이었다. MBC의 영화 진출을 간접 선언한 셈이었다. 콘텐츠는 물론이고, 고갈된 영화 투자시장에 방송자본의 유입은 가뭄 끝에 단비 같았다. 투자시장이 흔들렸다.

　이제 MBC프로덕션의 특별기획팀은 가장 모범적으로 해외구조를 만들어가야 했다. 첫 카드로「제이슨 리」를 내밀었다. 한국은 콘텐츠를 기반으로 제작에 나서고, 일본은 자본 투자를, 미국은 세계 유통을 담당하는 황금구도였다. 미국과 일본 모두「제이슨 리」를 선호했다. 첫 작업으로 유통과 관련하여 미국 최대의 에이전시 윌리엄모리스와 접촉했고, 일본 도에이영화사와의 교류도 잘 진행되었다.

　도쿄에서 도에이영화사의 투자 담당 사장을 만났다. 관록과 연륜이 묻어나는 사장은 서둘지 않았다. 그는 한국 지상파 방송의 영화 진출을 눈여겨보았다. MBC의 공신력은 협상의 첫 단추였다. 첫 미팅을 마치고 도쿄 신바시호텔의 식당을 나설 때, 신씨네의 오정환 사장을 만났다. 반갑고 놀라웠다. 신씨네는 도에이영화사의 투자 담당 사장을 만나려 수십 번 접촉했단다. 단번에 만나주는 우리를 부러워했다.

　그날 우리 팀은 영화시사회 계획이 잡혀 있었다. 밖으로 나서자 비가 흩뿌렸다. 오정환 사장은 우산을 받쳐 들고 우리를 시사회장까지 안내하며 상황 파악에 적극적이었다. 시사 작품은 구로사와 아키라 감독의「8월의 광시곡」. 시사회는 2시간쯤 걸렸다. 그런데 시사회를 끝내고 나오는 문 앞에 오정환 사장이 우산을 들고 우리를 기다리고 있는 것이 아닌가. 그때의 오정환 사장의 눈빛을 잊을 수가 없다. '이것이 자본의 힘이구나.' 그날 도쿄의 빗속에서부터 서울로 돌아와서 몇 차례 미팅. 오정환 사장과는 긴밀한 얘기를 나누었다. 오정환 사장은 투자 상황에 따라 "신씨네 기치를 내리고 합류할 수도 있다"라고 했다. 그 진지함과 당돌함에 감동받았다.

우리는 한·미·일 황금구도를 차근차근 구축하는 한편, 「제이슨 리」 관련 다큐멘터리 제작에 들어갔다. 우선 '갱스터' 세계를 파고들었다. 한국의 조폭세계부터, 일본의 야쿠자, 중국의 삼합회, 미국의 마피아의 역사를 훑어나갔다. 당시 검찰청의 폭력 담당 박영수 부장검사로부터 자료 지원을 받았다. 시카고의 마피아 흔적을 뒤지고 다녔고, 제이슨 리 개인의 연고를 찾아 나섰다. 이때 만난 안창호의 둘째 딸 안수라와의 접촉은 충격이었고 신선했다. 1940년대 시카고의 제이슨 리 영업장에서 카운터를 봤다는 안수라는 젊은 시절을 아름답게 회고했다. 미루어 짐작건대, 제이슨 리는 도산 안창호를 존경하는 마음에서 큰아들 안필립의 영화배우 활약을 후원했고, 그를 통해 안수라를 알아 도와준 것으로 보인다. 제이슨 리의 민족정신을 보여주는 대목이었다.

안수라는 언니 안수산의 이야기를 더 많이 들려주었다. 안수산은 미국 최초의 여성 해군장교로 제2차 세계대전에 참전했다. 2015년 100세의 나이로 타계한 뒤, 미국 시사주간지 『타임』은 안수산을 '무명의 여성영웅'으로 뽑았고, LA카운티 정부는 도산 안창호 선생의 기일인 3월 10일을 '안수산의 날'로 선포하기도 했다. 안수라가 들려준 안창호의 3남 2녀 이야기. 그 걸쭉한 이야기들은 한 편의 영화 같았다. 시나리오 구성 단계에 활용할 이승만과 안창호의 정치 역정과 갈등관계도 촘촘히 들여다보았다. 「제이슨 리」의 심장 같은 이야기다. 다큐멘터리는 그 자체로서 독립적 가치가 있지만, 원 소스 멀티 유즈(One Source Multi Use, OSMU)의 '소스'를 온전히 담아내는 역할도 훌륭히 하고 있었다.

하루아침에 물거품으로

최창봉 사장은 철저하게 OSMU 찬성론자였다. 그래서 프로듀서 개인의 멀티플레이어 정신과 기능을 높이 평가했다. 몇 개의 자회사가 설립되고, 프로덕션은 편일평 초대사장을 중심으로 사옥 맨바닥에 텐트를 치고 설립 준비를 하고 있었다. 최창봉 사장은 나를 따로 불러 선봉에 서주길 부탁했다. 프로덕션의 영화 진출에 대해서도 적극 찬동했다. OSMU 기조에도 박수쳐주었다.

OSMU는 1990년대 초에는 생소한 접근방식이었다. '예술과 과학의 만남은 새로운 혁신으로 안내한다.' 미국 파라마운트 영화사의 부사장 지니 한은 '돈을 벌려면 무조건 OSMU를 하라'고 했다. 우리는 한국에서 그 누구보다도 빠르게 새로운 문화자본 생태계에 접근하고 있던 셈이었다.

한국의 지상파 방송사는 할리우드 영화시장에서 작지만 바이어다. 방송사 영화부 프로듀서가 영화를 사러 할리우드에 뜨면 아침 뷔페 식탁 주변이 붐볐다. 우리가 영화시장에 들어설 때 '주고받는' 이 구조를 십분 활용해야 한다.

프로덕션의 영화기획안은 잘 준비되고 있었다. 이사회 하루 전 편일평 MBC프로덕션 사장은 최창봉 MBC사장 앞에서 기획안 브리핑 리허설까지 했다. 그 자리에서 프로덕션의 힘 있는 유통을 위해 영화부의 구조적 지원을 조심스럽게 요청했다. 그때 최창봉 사장은 신명이 나서

편성에 있는 영화 파트를 프로덕션에서 가져가라고 했다. 횡재라 생각했다. 제안서와 브리핑 차트를 수정했다.

다음 날, 근엄한 분위기 속에서 이사회가 열렸다. 여러 사안 중 영화 기획안은 획기적이었다. 그런데 편성에서 영화 파트를 분리하는 얘기가 나오자 발표 도중 편성이사가 자리를 박차고 나가는 사태가 벌어졌다. 모든 것이 하루아침에 수포로 돌아갔다. 나는 편일평 프로덕션 사장에게 "사표 쓰겠습니다. 제 사표 위에 사장님 사표 없으십시오."라고 하고 돌아섰다. 「제이슨 리」의 영화화는 아직도 미완의 과제로 남아 있다. 삶은 속도가 아니라 방향이다.

쇼처럼 즐거운 인생은 없다

MBC 옌벤 대공연(1991)

2018년 봄 평양공연 '봄이 온다'를 보며 감회가 남달랐다. 모두에게 감동을 주는 아름다운 공연이었다. 평화의 기대감까지 더하여 가슴 떨렸다.

나는 약 30년 전인 1991년 9월, 중국 옌벤 조선족 자치주 성립 39주년 교포 위문공연(옌벤 대공연)의 기획을 맡았다. 주현미, 태진아, 최진희, 이선희, 김지애, 이상은, 이덕화 등 초호화 진영이 함께한 대공연이었지만 그 과정은 모든 게 불투명한 밀행이었다.

청와대에서 근무하다 MBC 감사실로 온 마동익이 여러 경로를 통해 얘기가 오갔다며, 옌벤 공연을 기획하자고 제안했다. 한중수교 1년 전, 중국 개방을 앞두고 한류 전초기지를 구축하려는 게 큰 목적이었지만, 명분은 옌벤 조선족 자치주 청소년회관 건립기금 10만 달러를 기증

하는 일이었다. 그것을 기념하는 차원에서 옌볜예술극장에서 한국공연을 하자는 것이다. 한중 간 민간교류가 없는 상황이었기 때문에 전체 코디네이터가 굉장히 중요했다. 정체불명의 인물이 등장했다. 이규성. 알 수 없는 인물이다. 마동익은 본인이 보장한다며 나섰다. 우리에게 주어진 과업은 '문화 첨병'으로의 역할이었다.

꽃 구근을 한 가마 가득 얻었다. 실한 덩어리다. 동해안과 울릉도에서 태어난 우리의 토종 참나리 구근. 양지바른 화단의 땅을 평평하게 다졌다. 구근을 손에 쥐고 손목까지 푹 빠지게 담아 심었다. 땅의 깊이 15센티미터, 흠뻑 물을 주었다.

중계 기자재 준비 작전

공연을 위한 조직을 꾸리기 시작했다. 쇼와 관련해서는 연출 신승호를 포함한 가수, 무용, 합창, 악단 등 32명, 기술 관련으로는 중계차 기술감독 한백수에 엔지니어 12명, 제작 관련으로 카메라 김명균과 김영철, 프로듀서 고석만과 최창욱, 안전장치로 본사 관리이사, 프로덕션 사장, 감사실 직원, 안기부 요원, 그리고 코디네이터 이규성까지. 총 54명에 대한 출입국 관련 수속이 진행되었다. 중계차의 분해 작업도 시작했다. 중계차 한 대를 분해하니 컨테이너 하나 가득이었다. 조심스럽게 김포공항 하역장으로 옮겼다. 코디네이터 이규성은 먼저 중국으로 날

아갔다.

함께 가는 가수들 중 주현미가 화교라는 점이 중국인들에게 큰 호감으로 작용했다. 그런데 주현미에게 문제가 생겼다. 첫 아이를 출산한 지 3개월이 채 안 된 상태라 못 가겠다는 거였다. 아이와 남편을 대동하는 선에서 겨우 해결을 보았다. 내심 걱정했던 주현미는 처음부터 끝까지 단체질서를 한번도 어기지 않았고, 아기도 있는 듯 없는 듯 보챈 적이 없었다. 오히려 이선희의 몸 상태가 좋지 않은 것 같아 걱정이었다. 그러나 의욕은 넘쳤다.

'쇼처럼 즐거운 인생은 없다.' 보름 전에 심은 구근에서 싹이 나왔다. 대여섯 군데에서 경쟁하듯 흙을 뚫고 나온 떡잎, 그 생명력이 신기하다.

선발대가 먼저 나섰다. 선발대 4명이 해야 할 가장 중요한 일은 중계용 기자재를 베이징공항을 통과해 옌벤까지 무난히 수송하는 것이었다. 코디네이터 이규성은 조치가 끝났다고 했지만 전자 기재의 반입 반출은 어느 공항이건 규제가 까다롭다. 베이징공항이 가까워지는 동안 우리는 대책을 궁리했다. '선발대가 들고 가는 ENG카메라를 공공연하게 노출시키자.'

베이징공항 입국심사를 마치고 첫 검색대는 무사통과했다. 이에 자신감이 생긴 김영철 카메라맨은 공항 내 무빙워크를 걸어오며 카메라를 어깨에 들쳐 올렸다. 언뜻 보기에 촬영하는 것처럼 보였을 것이다. 결국 최종 검색대 앞에서 걸려 카메라를 뺏겼다. 일행은 일단 입국문을 통과하여 로비로 나왔다. 밖에서 이규성이 우리 일행을 맞았다. 우리 일행은 심한 불쾌감을 표시했다. 이규성은 당황한 듯 보였지만 우리를 안심시키며 검색대 쪽으로 들어가려 했다. 당연히 제지당했다. 그러자 이규성은 윗옷 조그만 주머니에서 무슨 신분증을 꺼내 관리에게 숨겨서 보여주었다. 그 공항 관리는 이규성을 가볍게 위아래로 훑어본 뒤 통과시켰다. 웬 신분증 하나에 무사통과? 우리 일행은 이규성의 정체에 대해 갖가지 추측을 내놓았다. 30분쯤 지나 이규성이 다시 나왔다. 빈손이었다. 전체의 신뢰가 무너지는 순간이었다. 이규성은 오늘 중으로 카메라를 빼낼 테니 우선 호텔로 가 쉬고 있으라고 했다. 호텔에서 체크인을 한 뒤 우리 스태프들은 진지한 숙의에 들어갔다. 아무리 머리를 맞대도 우리로서는 대안이 없었다. 저녁 무렵 이규성이 돌아왔다.

"중국의 구조란 특이하다. 다섯 군데가 동시에 동의해야 해결이 된다. 우리 정부 구조로 치면 집권당, 경찰, 안기부, 국회 그리고 세관. 그런데 어느 한 군데가 조율이 되지 않았다. 세관으로 보인다."

그리고 우리를 안심시키려 노력했다.

"내일 오전에는 해결될 겁니다."

나는 서울에 연락하여 진행을 중지시켰다. 특히 김포공항 하역장에 있는 중계차 컨테이너 박스를 철수해야 했다. 휴대용 카메라 한 대조차 영치되는 마당에 중계차급의 기계 도입은 어림도 없을 터다. 깊은 고민에 빠졌다.

'쇼처럼 즐거운 인생은 없나?' 비가 많이 왔다. 떡잎이 네 개씩 붙어버렸다.

다음 날 오전 내내 초조한 마음으로 이규성의 연락을 기다렸다. 정오 무렵 이규성은 영치됐던 카메라를 들고 호텔에 나타났다. 그러나 일이 한번 있었던 이상 앞으로는 괜찮을 거라는 보장이 없었다. 우리는 '궤도 수정'을 통보하며 몇 가지 안을 제시했다. 이규성의 표정이 무너졌다. 본대의 출발은 5일 남았다. 그때까지 중국 CCTV 중계차를 대여하는 것, 수준은 떨어지지만 연변TV 중계차를 대여하는 것, 아니면 카메라맨과 녹화기, 음향장비를 포함한 휴대용 카메라를 6대 이상 대여하는 것, 사실 셋 중 어느 것 하나도 5일 안에 해결하기에는 불가능해보였다. 이규성에게 우리가 준비한 큐시트를 보여주었다. 중계차만이 녹화 가능한, 정교하게 짜인 120분짜리 중계용 큐시트였다. 이규성은 크게 놀라는 듯했다. 뒷날 얘기하길 "초 단위의 큐시트를 보고 생각이 달라졌다. 이렇게까지 만반의 준비를 했을 줄 몰랐다."라고 했다. 그날 밤 이규성이 보이지 않았다.

다음 날 아침식사를 마친 우리 일행은 호텔 로비에서 이규성을 찾았다. 불길한 생각이 들었다. 옌볜에서 공연을 하자던 첫 발의부터 오늘까지 반추해보았다.

구근식물은 까다로워 썩기 쉽다.

그때 호텔 문을 밀고 들어서는 이규성을 보고 오히려 반가웠다. 그는 우리를 미니버스에 태우고 어디론가 달렸다. 한적한 교외로 빠지는 길에도 누구도 선불리 말을 꺼내지 않았다. 도착한 곳은 2층의 예쁜 신식양옥. 현관에 한자와 일어로 '중일문화교류중심'이라고 쓴 간판이 보였다. 우리는 안쪽 복도 끝으로 안내되었다. 문을 열자 단정하게 자리 잡은 좌담용 스튜디오가 보였다. 이규성은 "이 스튜디오를 분해하면 녹화가 가능한가요?"라고 물었다. 스튜디오를 분해한다는 게 가능한 일인가? 제대로 된 스튜디오용 카메라가 4대, 16채널 콘솔까지 잘 갖춰진 스튜디오였다. "이 스튜디오를 완전하게 분해하여 3일 이내에 옌볜에 도착시키겠습니다." 이규성의 정체가 더욱 궁금해졌다.

　'쇼처럼 즐거운 인생은 없다.' 참나리 언덕에 차광막을 쳤다. 검정 비닐로 만든 포대 자루형 차광막은 햇볕과 바람을 인위적으로 차단함으로써 땅의 온도를 낮춰 개화 시기를 조절한다. 통풍되는 비닐하우스다. 인큐베이터 같다.

　예정대로 본대가 출발해도 된다고 서울에 연락했다. 기술감독 한백수와는 수시로 연락을 주고받았다. 우리 기자재와 중국 기자재의 호환성을 다양하게 체크했다.

　차광막 속은 내부순환이 일어나 웃자라는 녀석을 막아주고, 바람과 대화하도록 감싸 안아준다. 참나리는 짙은 노란색으로 삐져나오더니 군락을 이루며 초록의 언덕을 지배하기 시작했다.

우여곡절 끝에 무사히 마친 공연

드디어 본대가 베이징공항에 도착했다. 가수를 앞세운 총 50명. 장관이었다. 무사히 공항을 통과한 뒤 국내선으로 옮겨 탔다. 그런데 문제가 생겼다. 우리 식구만으로 정원을 꽉 채운 옌지행 소형비행기가 이륙을 하지 못했다. 가수들의 행장에다가 녹화기 등 기자재가 많아 중량을 엄청나게 초과한 것이다. 일단 기자재를 제외한 트렁크를 모두 내렸다. 탑승한 우리 식구들에게는 도착해서 알리도록 하고 먼저 비행기를 출발시켰다. 이규성은 또 바빠졌다.

2시간쯤 뒤, 저녁식사도 잊은 채 베이징공항에서 초조하게 기다리고 있는 우리를 이규성이 베이징공항 옆에 있는 군사공항으로 안내했다. 아까 옌지행 소형비행기에서 트럭으로 옮겨 실은 트렁크 숫자가 176개였다. 커다란 수송기의 뒤꽁무니 문이 열리고 트렁크를 실어 올리는 작업이 시작되었다. 조명도 없는 깜깜한 밤에 군인들에 의해 옮겨지는 176개 트렁크. 평생 잊히지 않는 숫자다. 그리고 이 밤에 군용수송기가 떴다.

'쇼처럼 즐거운 인생은 없다.' 차광막 밑을 보았다. 참나리꽃 봉오리가 예쁘게 맺혔다. 참나리는 역시 봉오리다.

옌벤 공연 이틀 전, 어제 도착한 본대는 백두산 관광에 나섰고, 선발대는 가수 이상은을 설득하여 뮤직비디오 촬영에 들어갔다. 이상은이 엔벤 일대를 자전거로 돌며 엔벤 풍속도를 그리는 내용으로 '담다디'의 뮤직비디오를 찍었다. 3년 전 엔벤에 처음 왔을 당시에는 '가라오케'가 한 곳 밖에 없었다. 그때 회사에 공식 예산을 청구해 가요테이프 2,000개를 트렁크에 담아와 명함처럼 돌리고 다녔다. 3년이 지난 오늘, 노래방이 66개로 늘었다 한다. 한국가요가 크게 유행하고 있다. 꽃씨처럼 날아와 퍼졌다.

몇몇 스태프는 호텔에 남아 MR(가수의 목소리를 삭제한 반주 음악) 테이프를 기본으로 음향을 정리했다. 이틀을 맹렬하게 준비했다. 공연 날 아침, 극장 주변을 사람들이 에워쌌다. 밤을 샌 사람들도 100명이 넘을 거라는 말도 들렸다. 공연은 저녁 7시로 예정되어 있었다. 현장을 확인하고 극장의 하우스 오픈을 5시간 앞당겨 2시에 열어주었다. 오픈 시간을 당기자 중국 외사과에서 반발했다. 하지만 문을 열자 1,500석이 눈 깜짝할 사이에 꽉 찼다.

공연 큐시트를 나눠주자, 이번에는 우리를 초청한 청소년회관 관계자가 들고 일어났다. 그들은 성금 기증 장면을 삭제해줄 것을 요청했다. 비공개로 해야 한다는 것이다. 쌍방의 관계자가 모두 나서 논쟁을 벌였다. 무대 뒤에서 30여 명이 얽혀 육박전 직전까지 갔다. 공연 예정 시간을 훌쩍 넘기며 논쟁이 계속되었고 예정된 큐시트대로 하기로 결정된 것은 밤 10시를 넘긴 시각이었다. 2시부터 입장한 관객들은 이미 8시간째 웅크리고 있었다. 그런데 또 문제가 생겼다. 중국 외사과에서 태진아 노래 중 '미안 미안해'의 가사가 퇴폐적이고 안무가 선정적이라며 삭제하라고 했다. 다시 논쟁이 벌어졌지만 이번에는 한국 측이 양보했다. 밤 12시, 드디어 이덕화의 사회로 쇼가 시작되었다.

'쇼처럼 즐거운 인생은 없나?' 차광막을 열어젖혔다. 참나리의 개화가 시작되었다. 아름다운 참나리가 화사하게 피어났다. 향기가 퍼져나갔다.

주현미의 '신사동 그 사람'에 이어 '비 내리는 영동교'가 나오자 관객들이 따라 부르기 시작했다. 그때 갑자기 외사과 직원들이 나타나 객석 전면에 섰다. 그러자 관객들은 이내 조용해졌다. 공연장 뒤쪽 대기실에서는 감기에 걸린 이선희가 수액을 맞고 있었다. 태진아, 이상은이 박수를 많이 받았고, 예의 바른 최진희의 인기는 절정이었다. 이선희는 혼신을 다해 '아름다운 강산'을 열창했다. 공연은 새벽 2시가 되어서야 끝났다. 공연이 끝나자마자 외사과 직원이 무대 옆 기계실로 들어와 녹화테이프를 수거해갔다. 우리는 혹시 모를 상황에 대비해 연변TV의 동시녹화테이프를 복사하기로 약속했었다. 거기다 한백수 기술감독은 아무도 모르게 라인을 빼돌려 옆 창고 구석에서 한 부를 동시녹화해두었다. 모두 세 벌을 녹화한 것이다.

귀국은 역순으로 본대가 먼저 출발했다. 다음 날 베이징공항에서 본대가 가지고 있던 연변TV 녹화테이프를 압수당했다. 이제 남은 것은 베타테이프 하나. 후발대로 남은 우리들은 청심환 박스와 베타테이프의 크기가 비슷한데 착안하여 청심환으로 테이프를 정교하게 감싸 다시 청심환 박스에 넣었다. 호텔방에 앉아서 이 꼴을 하고 있는 모습이 가관이었다. 이튿날 우리는 베타테이프를 들고 무사히 출국했다.

초속으로 편집하여 한가위 특집으로 방송했다. 이 방송으로 옌벤 청소년회관 관계자 한 명이 인사조치되었다고 들었다. 이규성의 신원이 궁금했다. 나중에 서울에서 만나게 된 이규성은 무기거래상으로 밝혀졌다. 더 놀라운 것은 나와 초등학교 동기동창이란다.

우리가 옌벤에 심고 온 참나리꽃은 내년에도 후년에도 피어날 것이다. '쇼처럼 즐거운 인생은 없다.'

4장

시사교양 피디가 본 드라마 피디

MBC 정치드라마 「제3공화국」(1993)

1992년 10월, MBC 정치드라마 「제3공화국」의 기획이 발표되었다. 신문은 앞다투어 보도했다. 『중앙일보』는 '제3공화국, 드라마로 본다'라는 제목 아래 "정치드라마의 진면목을 보여주는 고석만 피디가 야심작 「제3공화국」 제작에 들어갔다"라고 보도했다. 『조선일보』도 크게 기사를 썼다. "이제 시청자들은 조연이 아닌 주연으로서의 박정희의 모습을 넉넉하게 감상할 기회를 갖게 됐다." 『조선일보』의 정중헌 기자는 나와의 인터뷰를 전면에 실었다. 『동아일보』 양영채 기자는 '박정희 시대 역사적 평가 시도'라는 제목을 달았다.

『한겨레』는 '박정희 시대 조명 문화방송 「제3공화국」 5·16서 10월 유신까지 질곡의 역사 재현'이라는 제목으로 7단 기사를 냈다. 이 기사에서 박근애 기자는 기사에서 "정치드라마 연출에 탁월한 기량을 발휘해

온 고석만 프로듀서는 '많은 준비가 끝났다. 아직은 공개할 수 없으나 신문의 정치면 머리기사로 다뤄질 만한 새로운 역사적 사실이 이 드라마 제작 과정에서 발굴돼 보여질 것이다'라고 포부를 밝히고 있다"라고 썼다.

당시 「피디수첩」을 연출하던 정길화 피디는 『MBC가이드』 1993년 1월호에 '몰입과 단절, 반성과 인식'이라는 제목의 비평을 실었다. 피디가 된 지 20년 만에 처음 나온 '고석만 연출론'에 대한 본격적인 비평이었다.

> 텔레비전에서도 누가 연출을 했느냐가 프로그램 시청을 결정하는 시대가 열렸다면, 그 기원은 고석만이라는 연출가로부터 잡아야 한다는 이야기가 있다. 말하자면 TV 프로그램에 대한 연출가의 낙관(落款) 시대를 실질적으로 열었다는 말이다. 연출가 이름 석 자를 보고 시청 여부를 판단하는 시청자라면 적어도 그가 습관성 TV 중독자는 아니라는 사실을 의미한다. 나아가 그 시청자가 연출가의 이름을 보고 시청을 결정할 정도로 작품에 연출가의 개성이 강렬하게 배어 있다는 얘기다.
>
> 이렇듯 텔레비전을 알고 드라마를 아는 시청자들로부터 환호를 받고 자신의 작품에 그 특유의 개성을 싣는 연출가 고석만 프로듀서. 그의 이름이 담겨 방송된 프로그램의 면면을 보면 충분히 수긍이 간다.
>
> 「수사반장」「제1공화국」「거부실록」「야망의 25시」「간난이」「억새풀」「제2공화국」「땅」 등의 연속극과 「아베의 가족」「단재 신채호」「백범일지」 등의 특집극들. 아무리 TV에 무심하고 드라마를 즐기지 않는

사람이라 해도 그가 연출한 드라마를 한두 번 보지 않은 이는 없다고 해도 과언이 아닐 것이다. 특히 「제1공화국」「야망의 25시」「간난이」「제2공화국」「땅」 등은 방송 도중 공전의 화제를 불러일으키며 비상한 관심을 받았다. 그중 일부는 우리가 잘 알고 있듯 애초의 기획대로 방송되지 못하고 도중하차하는 비운을 겪기도 했다.

그러나 우리가 고석만 프로듀서를 각별히 주목해야 하는 까닭은 이러한 화제성에 있지 않다. 하긴 화제작과 문제작에 관해 그보다 더 독보적인 프로듀서는 없다고 해도 틀린 말이 아니겠지만 그렇다고 그가 문제를 위한 문제작, 화제를 위한 화제작을 일부러 작정하고 만들었다고 여겨지지는 않는다. 1973년 MBC 입사 후 드라마를 본격적으로 만들기 시작한 1976년 이래 60분물 한 편을 기준으로 할 때 1,000여 편이 넘는 드라마를 제작해온 그의 이력을 들여다보면 고석만 프로듀서야말로 자신의 철학과 주관으로 차분하게 그의 창작 생활을 견지해왔음을 알 수 있다.

그렇다면 고석만 프로듀서가 일관되게 추구하는 것은 무엇인가. 아마도 그것은 그의 지론인 '아파트 창문 이야기'에서 단초를 찾아볼 수 있을 것이다. (…)

"어느 아파트 단지에서 술 취한 녀석이 소주병을 깨뜨리며 고래고래 노래를 부른다고 칩시다. 아파트에 사는 사람들이 다 내다보겠죠. 시청률 최고입니다. 그렇지만 잠시만 지나면 사람들은 욕을 하며 창문을 닫을 겁니다. 그 주정뱅이가 사라지고 난 뒤 깨진 유리병 조각에 내 가족이, 내 이웃이 다칠까를 염려해 조용히 유리 조각을 치우는 아낙네 —

이 사람은 아무도 주목하지 않습니다 ── 가 있다면 방송인의 자세는 이 아낙네 손끝이어야 하고 이 아낙네의 손끝을 조명할 줄 아는 눈을 가져야 한다는 것입니다." (…)

대외적인 자리에서 고석만 프로듀서가 최초로 이 '아파트 창문 이야기'를 공표했던 1985년(『MBC 가이드』 1985년 8월호, 영화감독 배창호 씨와의 대담에서)에 비해 6년이 지난 뒤인 1991년 3월 그의 어조는 사뭇 견고하고 단호해져 있다. (…)

"아무도 지켜보지 않는 자리일지라도 그곳에서 이 사회의 발전을 위해 무언가를 해야 한다는 책무는 우리 모두에게 주어져 있습니다. 그것이 '악역'이라면 저는 기꺼이 악역을 계속할 용의가 있습니다." (1991년 「어제 그 프로 봤어?」)

'희망'에서 '악역'까지. 상당한 변화를 보이고 자못 비장감마저 도는 분위기는, (…) 1991년의 경우 드라마 「땅」의 외압으로 강제 하차된 직후라 다분히 격앙된 감정의 여운이 가셔지지 않았기 때문인지도 모른다. 중요한 것은 '아파트 창문 이야기'에서 그의 프로그램을 통찰하는 정신을 발견하는 것이다.

첫째로, 시청률 제일주의에 대한 그의 통렬한 반박이다. 고석만 프로듀서의 작품들이 대중적으로 흥미를 끌어들이는 데 성공한 것도 많은 것으로 알려져 있다. 그러나 대개의 경우 이른바 심야시간에 편성됐던 그의 프로그램들은 드높은 시청률을 구가한 편은 결코 아니었다. 「제1공화국」 「야망의 25시」 「제2공화국」이 그러했고, 「땅」조차도 예외는 아니었다. 그러나 단순 수치인 시청률로는 절대로 파악할 수 없는 엄청난

바람을 일으켰다. 그 바람은 TV 드라마의 새로운 지평을 열었고 때로는
TV를 백안시하던 식자층까지 TV 앞으로 끌어들였다. (…)

둘째로, 방송과 드라마의 사회성에 대한 그의 치열한 정신이다. 아무
도 보지 않더라도 유리 조각을 치우는 아낙네의 손끝을 주목하겠다는
적확한 비유 안에 드라마 연출가로서 그의 지향이 탄탄하게 담겨 있다.
그의 드라마에서 쉽사리 눈에 띄는 사회성이 단순한 소재주의가 아니라
주제의식과 결합된 강고한 것임을 깨닫게 해준다. 그는 데뷔 이래로「제
3교실」「수사반장」 등 시추에이션 드라마에서부터 사회성을 전면에 내
세우고 내용과 형식에서 파격적인 변화를 보여왔다. 드라마의 사회성에
대한 진지하고도 올곧은 그의 탐색은 그런 만큼 매우 실천적이다.

그러나 그 자신이 단지 '아낙네의 손끝'일 뿐이라고 생각하는 그의 드
라마에 우리 사회가 보인 반응은 엄청난 것이었다. 드라마의 건강성과
정직성을 강조하고, 우리 사회의 아픈 곳을 드러냄으로써 오히려 빠른
치료를 도모할 수 있다는 그의 철학은 때로는 환부를 노출당하지 않으
려는 우리 사회의 아킬레스건을 건드리는 결과로 나타나기도 했다. (…)

"이른바 사회성을 주장하는 드라마가 드물어 시청자들이 더 충격적
으로 느끼는 지도 모르겠다. 게다가 누구의 의도인지는 모르겠으나 최
근 우리 드라마에는 일종의 평준화, 획일화 경향마저 있어 그렇지 않은
드라마는 더욱 발붙일 곳이 없다."

문제와 화제를 동시에 몰고 다니는 그의 드라마에 대한 지적에 변명
처럼 그가 말한다. '아낙네의 손끝' 정도도 우리 사회에선 '악역'이 되어
야만 비로소 가능한 일일까. 그렇다면 그는 '악역'을 자처하면서까지 왜

이 일을 고집하는 것인가. (…)

여기서 이제 고석만 프로듀서를 드라마 '작가'로서 거듭나게 한 결정적인 계기인 고 김기팔 선생과의 만남을 이야기해야 한다. (…)

김기팔 선생을 만남으로써 역사의식과 시대정신을 발아시킬 수 있었던 것을 그가 행운이라고 생각하는 것은 그의 자유다. 하지만 그 이전에도, 그 이후에도 작가 김기팔과 드라마를 만든 이가 고석만 프로듀서뿐만이 아니었음을 생각하면 하나의 씨앗이 뿌리를 내리고 열매를 맺기까지 '심전(心田)'이 얼마나 중요한 것인지를 새삼 느끼게 해준다. (…)

그의 프로그램을 이끄는 한 축이 역사의식이라면 다른 한쪽의 이른바 브레히트 기법은 고석만 드라마의 특징을 구성하는 중요한 요소의 하나다.

이미 알다시피 독일의 극작가 베르톨트 브레히트는 연극을 그 자체가 목적이 아니라 사회 변화라는 목표에 도달하는 수단으로 보았다. 그러면서도 메시지를 관객 스스로 판단할 수 있도록 문제를 제시해야 한다고 주장한 사람이다. 이 브레히트의 방법론은 고석만 프로듀서에 이르러 한결 구체적이 된다. 이 땅의 드라마를 살리고 대중을 자각하게 하는 길은 브레히트 기법을 한국적으로 수용하는 데에 있다고 일찍부터 믿어온 그는 스스로 '한국형 브레히트 기법'을 추구하고 있다고 선언한다. 그는 이것이 이른바 드라마의 평준화 현상에 길든 시청자들에게 접근하는 방법이라고 믿는다. 그리하여 드라마와 시청자 사이에 간격을 만들어줌으로써 드라마의 몰입에서 빠져나오게 해야 한다는 것이다. 내레이션을 사용하는 것도 그러한 효과를 노리고 설정한 장치의 일종이다.

TV는 TV대로, 드라마는 드라마대로, 즉 TV와 드라마가 사람을 잠식하지 않고 일정한 거리를 두는 것이 TV에도 시청자에게도 유용하다는 그의 주장은 고전적인 드라마 기법에 오랫동안 길든 시청자들에게 좀 생소하다. 그러나 TV가 감동의 매체가 아니라 인식의 매체이어야 하고, 그러기 위해서 끊임없이 드라마를 단절시키고 그런 단절을 통해 시청자를 자각하게 해야 한다는 분명한 그의 방법론에는 숙연해진다.

"드라마는 시청자가 자기와의 싸움을 통해 목표에 도달하는 것이다. 땀 흘려 산을 올라 정상에 오르는 것과 같다. 몰입과 단절을 반복하며 스스로 반성하고 깨달은 뒤 마침내 인식에 도달해야 한다. 이것을 나는 감히 '고석만 기법'이라고 말하겠다."

이렇듯 한국형 브레히트 기법에 관한 그의 생각은 거의 일정한 경지에 도달한 느낌이다. 결국 역사의식이 고석만 드라마의 주제를 자리매김하는 주요한 축이라면, 브레히트 기법은 그 주제를 실어 날라서 형상화하는 방법으로서 그의 드라마를 규정하는 또다른 축임을 알 수 있다.

이렇듯 양손에 쌍칼을 휘두르며 거친 벌판을 질주하는 드라마 연출가 고석만, 그의 무기는 결코 칼만이 아니다. 손에 든 칼은 이 시대와 싸우는 유효한 수단일지 모르나 그것만으로 전쟁에 이길 수는 없다. 왜냐하면 가장 강한 적은 자신의 내부에 있기 때문이다. 내부의 적을 다스리기 위해 그는 완벽주의란 쓰디쓴 약을 수시로 복용한다.

고민하지 않으면 복잡해진다. 가장 많은 고민을 했을 때 가장 쉽게 끝난다. 가장 단순한 컷이 가장 아름답다. 콘티를 짤 때 어떤 장면이 하나 안 풀리면 미세한 대사 하나, 컷 하나로 밤을 샌다. 자신이 납득을 못 할 땐 절대로 그냥 넘겨버리지를 않는다. 드라마가 완전히 내부에 스며들면 그때엔 대본만 봐도 역할이 걸어오는 소리가 들린다. 저기 박정희가 들어온다. 저기 육영수가 들어온다…. (…)

머지않아 정통 정치드라마 「제3공화국」은 시작될 것이다. 한 손엔 역사의식, 다른 한 손엔 한국형 브레히트 기법을 들고 완벽주의란 쓴 약을 먹으며 치열하게 달려가는 고석만 프로듀서. 그의 예견력이 영험을 발휘하기를, 더이상 '아낙네의 손끝'이 '악역'이 아니기를 간절히 바란다.

5장

다큐드라마의 기치를 높이 걸고

MBC 정치드라마 「제3공화국」(1993)

「제1공화국」은 정치드라마의 문을 열었고 「제2공화국」은 정치드라마의 완성도를 꾀했다. 「제3공화국」은 '군인들의 세계'를 관통하여 우리 사회에 만연한 군사문화를 병영으로 돌려보내는 것을 첫 목표로 삼았다. 김영삼 정권은 최초의 문민정부라 칭했지만 우리 사회 곳곳에는 제3공화국의 군사문화가 여전히 살아 숨 쉬고 있었다.

「제3공화국」은 전작들과는 달리 다큐멘터리 방식을 도입하기로 했다. 오늘날은 진정성의 시대이고, 리얼의 시대이며, 소셜의 시대이다. '다큐멘터리 정신'이 필요하다.

다큐드라마라는 특징을 어떻게 살릴 것인가. 우리는 논의 끝에 드라마 속 실제 인물들의 증언을 삽입하기로 했다. 사실 이는 위험한 시도였다. 극적 몰입을 깨뜨릴 수 있기 때문이다. 또한 제3공화국 시절의 인물들이 여전히 살아 활동하고 있다. 하지만 우리는 실재했던 사건의 사실감을 증언으로 확인하고, 시청자들에게 오늘의 현실에 대한 새로운 관점을 제시해 사회적 영향력을 고조시키고자 했다. 이 증언들은 고정관념을 뛰어넘어 진실에 한 발 더 가까이 다가가게 해줄 것이다. 기록적 가치가 있음은 물론이다. 그 가치는 시간이 지날수록 더 커질 것이라 확신했다. 드라마 진행과 함께 드문드문 혹은 집중적으로 그 시대를 증언할 것이다. '발견하거나 부여하는 일' 그것이 다큐의 본령이다.

박정희가의 사람들

「제3공화국」 방송이 임박할 즈음, 이영신 작가와 함께 '박정희가의 사람들'을 만났다. 서울 도심의 잘 차려진 일식집이었다. 문을 열고 들어서니, 10·26 사건 때 유고를 발표했던 김성진 전 문화공보부장관이 첫눈에 보였다. 그때보다 좀 여윈 듯 보였지만 변함없이 근엄했다. 그가 초청자로 방의 가장 안쪽에 앉고 그의 양옆으로 약 20여 명이 주욱 자리했다. 테이블 가운데 자리에는 박정희 대통령의 둘째 딸 박근령, 그 옆에 외아들 박지만이 앉아 있었다. 우리는 그 맞은편 자리에 안내되었다. 우리 둘을 소개하자, 두 사람은 앉은 상태에서 손을 내밀어 악수를 청했다. 아랫자리를 파서 발을 뻗게 하는 일식음식점의 구조로 보아 앉았다 섰다 하기가 좀 불편했을 것이다. 박씨 남매는 떡하니 앉아서 인사를 받고 우리는 일어나 허리를 굽혀 인사하는 그 모양새는 어색했지만, 대체로 밝은 분위기에서 반갑게 인사를 나누었다. 의례적인 날씨 이야기로 대화가 시작되었다. 김성진 전 장관이 전체 분위기를 이끌었다.

몇 년 전 방송된「제2공화국」에 대한 논평이 시작되자 이영신 작가는 극도로 말수를 줄인 채 술만 마시고, 박지만도 별 말이 없었다. 그도 그럴 것이「제2공화국」은 이상현 작가의 작품이었고, 드라마가 방송될 당시 박지만은 사생활로 바쁠 때였다. 좋다는 반응보다는 불편한 기색이 역력했다. 그거야 당연한 이치 아닌가. 그때 우리 뒤로 문이 열리고 전 상공부장관이 들어왔다. 모두 반갑게 맞이했다.

"아이고, 늦어서 죄송합니다. 공주님! 학교 수업이 늦게 끝나서…"

그는 문을 닫고 들어서 우리와 김성진 장관의 뒤를 돌아 박근령 씨의 옆으로 가 무릎을 꿇었다.

"공주님! 죽을죄를 졌습니다. 당연히 일찍 와 모셔야 되는데… 공주님 죄송합니다." 박근령은 그저 고개를 끄덕이고, 그는 기어가듯 돌아가 말석에 앉았다. 조선조 사극의 한 장면 같았다.

술이 몇 순배 오고갈 때, 박지만이 이영신 작가에게 따졌다. "왜 누나에게 박근령 씨, 박근령 씨 하시죠?" 이영신 작가는 "박근령 씨니까 박근령 씨라 하죠"라고 답했다.

"육영재단 이사장이니 '이사장님'이라 해야 되잖아요?"

'공주님'과 '씨'의 차이를 극복하는 것이 '이사장님'일까? 호칭 문제가 대두되고, 급기야 이영신 작가의 큰소리가 나오며 술자리가 깨졌다. 이영신 작가가 매개가 되어 이뤄졌던 '박정희의 사람들'과의 만남은 그것이 처음이자 마지막이 되었다.

이 내용이 연재를 통해 『한겨레』에 게재되고(2018년 10월 27일자) 보름쯤 지난 11월 6일 발신인 박지만이라고 적힌 한 통의 '내용증명'을 받았다. 이상의 관련된 내용을 열거한 뒤 다음과 같이 적고 있었다.

"위의 표현이나 글의 맥락으로 보면 읽는 사람들에게 우리 집안이 아주 경우 없고 버릇없는 사람들로 보게끔 하고 있습니다. 나는 부모님으로부터 타인에 대하여 예의를 지키도록 배웠고 실천하고 있습니다. 그런데 처음 만나는, 연배도 위인 분께 불쑥 그런 언행을 했다는 것은 있을 수 없습니다. 만약 어떤 이유에서라도 그런 일이 있었다면 그것은 나에게 아주 특별한 사건이고 지금까지도 기억에 또렷이 남아 있을 겁니다. 고 사장께서 어떻게 생각하실지 모르지만 나에게는 상당히 인격적인 모욕감을 갖게 하고 억울함을 느끼게 합니다. 이런 경우 없음과 불손한 모습이 그렇게 정확하게 기억나시고 명확하신지요? 그렇지 않다면 정정보도해주실 것을 정중히 요청드립니다."

답변하지 않았다. 그 당시 상황이 녹취 또는 녹음된 자료가 있을 리가 없고, 관련 당사자(이영신 작가, 김성진 장관, 모 장관)가 모두 작고한 상태에서 쌍방의 의견만 분분할 뿐이란 걸 상대방도 잘 알고 있을 것이기 때문이었다. 술 한 잔 못하는 내가, 그것도 자료 조사차 접촉한 취재원에 대해 그의 숨소리 하나까지 잊을 수가 있겠는가? 내 기억은 분명하다. 하지만 박지만은 기억이 없다 하니 반론권 차원에서 박지만의 입장을 다시 한 번 이 책에 그대로 전한다.

그후 2개월 반이 지나 1월 7일 다시 한 번 '내용증명'이 왔다. 같은 내용이었으나 말미에서 매듭을 지었다.

"이 서신에도 답이 없으시면 위 대화의 내용이 없었던 것으로 알고 넘어가겠습니다."

사건화하지 말자는 뜻이리라. 역시 답변하지 않았다.

관계 당사자 접촉 금지 원칙

'박정희가의 사람들'과의 회동이 불유쾌하게 끝나고 한 달쯤 뒤, 「제 3공화국」 첫 회 '인간 박정희' 상(上)편이 방송된 다음 날, 박지만이 방송사로 전화를 걸어왔다. 그는 앞뒤 생략하고 다짜고짜 "아버지가 6관구 사령부 복도에서 왜 술에 취해 비틀거립니까?"라며 따졌다. 힐책성 어조였다. 나는 차분하게 답변했다. "5·16주체세력이 기술한 『한국군 사혁명사』(한국군사혁명사편찬위원회 1963)를 보시지요." 그러자 더 긴 얘 기는 오가지 않았다.

「제1공화국」 때부터 세워놓은 원칙이 있다. 관계 당사자들과의 '접 촉 금지'이다. 평소 혹은 기획 단계 때 취재와 확인을 위해 만나는 것은 당연하지만, 방송 제작이 발표되고 방송이 시작된 다음의 접촉은 위험 요소가 많다. 그럼에도 어쩔 수 없는 경우가 발생하는데 특히 미술 파 트는 고증 문제 때문에 접촉할 일이 비일비재하다. 그때 관계 당사자들 이 미술 파트 스태프를 통해 연기자들을 종종 만나는 경우들도 생긴다. 「제1공화국」의 김기팔 작가는 방송 중 접촉 금지 원칙을 잘 지켰고, 「제

2공화국」의 이상현 작가는 종종 자료를 받기는 했으나, 원고 집필 속도가 늦어 관계 당사자들을 만날 틈이 없었다. 그런데 「제3공화국」의 이영신 작가는 여야를 넘나들며 당사자들과의 접촉이 생활화되어 있었다. 이영신 작가는 정치에 직접 참여한 적도 있는데, 그때의 경험과 인맥을 바탕으로 취재원을 만나고 새로운 자료를 얻어 극작에 활용했다. 「제3공화국」의 작가를 이영신으로 결정한 데는 라디오드라마 「격동 30년」을 긴 시간 같이 해온 성우 김종성의 추천이 결정적이었다. 이영신 작가, 그는 한마디로 걸어다니는 '정치 인명사전'이었다.

다큐드라마를 위한 증언

「제3공화국」은 다큐드라마의 기치를 높이 걸었다. 1993년 문민정부라고 해도 70퍼센트 이상의 정부 고위직을 군인이 차지하고 있었다. 대통령도 어찌하지 못했던 문화가 군사문화다. 드라마는 그들의 작태를 보다 리얼하게 그려 군사문화의 폐해를 뚜렷이 인식시키고자 했다.

'다큐'의 핵은 증언이다. 기획 당시 증언을 해줄 후보로 선정된 인물은 100명 정도, 그중 섭외를 마친 인물이 80명, 인터뷰를 진행한 인물이 60명, 방송에 등장한 인물이 50명이다. 한두 명을 빼면 대체적으로 '반박정희' 정서였다. 박정희와 대립각을 세운 김영삼 정권을 의식했을 수도 있다. 박재옥, 한병기를 필두로 김점곤, 권상하, 최영택, 이영근, 석정선, 선우종원, 황용주, 최영희, 박영옥, 김재춘, 박치옥, 윤길중, 김용식,

해외에서 시마모토 겐죠, 나카소네, 최서면, 마샬 그린, 하우스먼, 그리고 장도영.

　장도영의 연락처를 알아내느라 애먹었다. 대부분은 몰랐고 몇몇은 알고 있어도 가르쳐주지 않았다. 재향군인회에서 가까스로 미국 미시간주의 자택 전화번호를 알아냈다. 질문지를 준비하고, 인터뷰를 거부할 경우도 대비했다. 미국의 시차까지 고려해 조심스럽게 전화를 걸었다. 신호가 가고 곧 전화를 받는데 뜻밖에 여자 목소리였다. 유창한 영어로 "헬로" 하는데, 내 입에서 순간적으로 나온 말이 "백형숙 여사시죠?"였다. 장도영을 공부하면서 나도 모르게 '백형숙'이 입력된 것이다. 곧바로 "네. 그런데, 누구세요?" 부드럽기 그지없는 목소리였다. 얼마 만에 들어보는 제 이름 '백형숙'인가? 엉겁결에 나온 '백형숙' 한마디에 모든 계획이 잘 풀렸다. 이렇게 해서 5·16 이후 최초로 시카고의 산골에서 '장도영과의 직격 인터뷰'가 이루어졌다. 드라마에서는 다음과 같이 담았다.

　　장도영　6·25전쟁 때 내가 박정희를 살렸다. 백선엽에게 조직을 제공,
　　　　　　 남로당계를 발본색원하였고, 남로당 활동 사실을 조사 과정
　　　　　　 에서 다 밝혀 목숨을 건졌다.
　　(내레이션　육참총장 장도영은 5·16 때 무슨 일을 하고 있었을까?)
　　장도영　여수에서 일어난 반란 때, 경장비로 포병부대를 제압했는데
　　　　　　 그때 몇 년이 걸렸으며 몇십만이 피해를 보았는가?
　　(내레이션　5·16 그날, 귀하는 국민 배신행위를 저지른 것 아닌가?)

장도영　난 그것밖에 들은 게 없어요. '이기면 관군, 지면 역적이다.'

(내레이션　그때 이한림 1군사령관은 만반의 준비를 하고 참모총장 명령만 기다리고 있었는데…)

장도영　1군사령관이 군단장에게, 다시 사단장에게 전화했다고 합시다. 출동해서 서울 오는데 몇 시간 걸릴까요? 만일 군사 동원해서 다시 돌아온다 해도 그 당시로서는 민주공화국으로 돌아오기 힘들어요. 그러나… 이것이 긴 역사적 안목으로 볼 때… 커다란 죄를 범한 거다.

1961년 주한미국대사를 지낸 마셜 그린의 증언도 담았다. 한국유물 박물관 같았던 워싱턴 저택에서 녹화했다.

마셜 그린　이한림 1군사령관에게 서울을 포위하자 했다. 윤보선은 매우 심기가 불편했다. 심지어 울기까지 했다. 미국대사 이름으로 성명을 발표했다. 학생 운동권도 아무 반응이 없고, 야권 지도자도 침묵했다. 모두들 두려워 내 성명에 귀 기울이지 않았다.

1961년 5월 18일 오전 11시. 장도영은 가르멜수녀원에 피신해 있는 장면 총리를 찾는다. 장면은 노기를 띤 목소리로 말한다. "네놈의 더러운 행위를 하늘이 알고 땅이 알고 있다. 유다만도 못한 놈!… (긴 침묵) 아니다… 모든 것이 내 탓이다… 미안하이 장장군, 중앙청으로 가서 내가 마무리 지어줄 테니…"

1961년 5월 18일 오후 4시. 정부는 쿠데타군의 계엄령을 추인한다. 성공한 쿠데타다. 육군본부에 진을 치고 있던 쿠데타군은 공포탄을 쏘아대며 환호한다. 박정희가 장도영에게 말한다. "국가재건최고회의 의장, 내각수반, 국방장관, 군사혁명위원회 의장, 계엄사령관까지 맡아주십시오." 그러자 장도영이 "내 짐이 너무 무거운 것 같소"라고 말하며 웃는다. 공포탄 소리와 장도영의 웃음소리에 섞여, '육군대장 박정희 전역식'의 한마디가 들려온다.

"나같이 불행한 군인이 이 땅에 다시는 태어나지 않기를 바라며…"

6장

고문기술자 이근안을 쫓다

「현악6중주」(1995) 기획

1995년 3월, 『한겨레』는 '‘고문기술자’ 소재 드라마 만든다'라는 제목 아래 이근안과 연출을 맡은 나의 사진을 나란히 크게 실었다.[27] 다음은 기사 내용이다.

수배 중인 전직 대공수사관을 소재로 한 드라마가 만들어진다. 마치 현재 7년째 도피 중인 고문기술자 이근안 경감을 설정한 것처럼 비쳐지는 이 드라마는 문화방송에서 6·25 특집극으로 기획 중이다.

「제3공화국」과 「땅」 등 한 시대를 풍미했던 작품을 만든 고석만 프로듀서가 제작 중인 6·25 특집 60분짜리 2부작 「현악6중주」(극본 김상열)는 수배 중인 전직 대공수사관 '유철주'라는 인물의 궤적에 초점을 맞춘다.

현실에서 이근안 경감은 죽었는지 살았는지 행방이 묘연하지만 드라마 속의 유철주는 '천형의 땅' 르완다에 있다. 르완다와 자이르의 접경 지대인 카룸바 난민촌에 웅크리고 있는 것이다. 콜레라에 걸려 탈수 증세를 보이는 58세의 한국인. 한때 사명감에 불타 '빨갱이'를 잡는 데 혁혁한 공을 세웠다는 정권 안보지상주의자가 이제는 쫓기는 몸이 되어 아프리카의 르완다라는 지구의 끝으로 흘러들어왔다.

마지막 남은 생을 정리하기 위해 킬리만자로의 표범처럼 르완다로 몸을 피해온 그는 한국인 의료봉사대원 준식과 르완다의 현장을 취재 중인 파리특파원 노기자의 눈에 띈다. 여권을 불태우는 등 신분을 철저히 감추지만 결국 정체가 탄로 난 그는 마침내 실어증에 걸린 사람처럼 침묵으로 일관한다. 여기에 그의 행적을 쫓는 두 사람의 여자가 등장한다. 어둠의 시대에 운동권 아들을 잃은 민가협 어머니 박여사와 유철주의 딸 미란이다. 서울-파리-르완다를 잇는 이들의 만남과 고통 회한 속죄 속에 전직 대공수사관은 스스로 목숨을 끊어 생을 마감한다.

시한폭탄

캐스팅을 한다면 유철주 역에 최불암을 염두에 두고 있었다. 유철주의 딸 미란 역에는 황신혜를 떠올렸다. 최불암과 황신혜, 어울리지 않을 듯 어울리는 조합이라고 생각했다. 이근안과 르완다는 6·25전쟁과 어떻게 연결되는가? 오직 반공만을 지상 최고의 가치로 삼아 인간을 파괴하고 민주주의를 유린하는 기형적 이데올로기를 청산해야 했다. 이근안은 반공지상주의가 만들어낸 대표적인 인물이었다. 그리고 이근안을 만들어낸 것은 바로 대한민국 공권력이었다. 르완다는 동족상잔의 내전이 현재진행 중인 비극의 땅이었다. 이근안과 르완다를 통해 좌우의 대립 갈등 구도를 반추해 6·25전쟁의 진정한 교훈을 찾고 싶었다. 『한겨레』의 김도형 기자는 이에 대해 기대와 우려를 피력했다.

이 드라마는 이근안을 연상시키는 전직 대공수사관이라는 파격적인 인물 설정뿐 아니라 우리나라 드라마 사상 최초의 아프리카 현지 촬영, 대사가 한마디도 없는 주인공 등 풍성한 화젯거리도 제공할 예정이다. 거기다 '고석만'이라는 이름값도 이 드라마에 대한 시청자의 기대를 높이고 있다. 그러나 수배 중인 전직 대공수사관과 르완다라는 드라마의 두 기둥이 서로 성기지 않고 어울려 소화될지 주목된다. 또 6·25 특집극이라는 형식의 한계를 뛰어넘어 이념의 허망함을 드라마 속에서 충분히 표현해낼 수 있도록 방송사 안팎의 '여건'이 보장될 수 있을지, 그리고 제작진의 의지가 제대로 발휘될 수 있을지도 관심거리다.[28]

『한겨레』의 특종기사는 바람을 타고 도하 신문에 넓고 강하게 퍼져갔다. 거의 모든 일간지에서 대서특필했다. 그에 발맞추듯 관련 기관의 관심은 MBC 수뇌부를 괴롭혔다. 그중 가장 적극적인 곳은 역시 이근안의 출신 부서인 치안본부의 후신 경찰청이었다. 「현악6중주」 기획안은 곧장 제작본부장실에서 경찰청장실에 팩스로 송부되었고, 이 사실이 MBC노조에 발각되었다. 제작본부장과 경찰청장의 학연과 친분관계가 알려졌다. 제작본부장에 대한 노조의 항의는 엄중했고, 이로써 이 '사건'은 시한폭탄처럼 내던져진 채 잠수했다. 여건 보장에 대한 『한겨레』의 우려는 정확했고, 방해는 비밀공작처럼 수면하에서 진행되고 있었다.

탄탄한 드라마트루기

실내악 현악6중주는 바이올린 두 대, 비올라 두 대, 첼로 두 대씩 총 여섯 대의 악기로 구성되어 있다. 김상열 작가가 이 드라마의 제목을 '현악6중주'라고 지은 것은 둘씩 짝이 되어 여섯 개의 시추에이션이 움직인다는 표면적인 뜻만을 취한 것은 아닐 것이다. 이름 그대로의 '앙상블'을 최고의 가치로 삼으려 한 것이 아닐까.

브람스의 '현악6중주 제1번'은 현악6중주 작품 중에서도 대표작으로 꼽힌다. 브람스 실내악의 본령이라 할 만하다. 제1악장은 교향곡풍이다. 1865년 꽃다운 나이에 꽃다운 두 여인을 위한 사랑의 곡이다. 민요풍이며 감성적인 작품이다. "아! 이런 브람스라니?"하고 감탄하게 한다. 브람스의 현악6중주 제1번의 압권은 훗날 사람들이 '브람스의 눈물'이라고 별명을 지어준, 12분간 끊기지 않고 이어지는 제4악장이다. 두 여인을 주제로 쓰고 싶었다고 전해지는 4악장은 드라마틱한 론도 악장과 행진곡풍의 분위기가 어우러져 경쾌하다. 하이든을 떠올리게 한다. 그중 마지막 3분을 드라마의 주제로 정했다. 이 향기가 드라마로 전해지기만 한다면 얼마나 좋을까…

「현악6중주」의 대본 분석에 들어갔다. 우선 6·25 특집 드라마로서 '지금, 여기서, 왜?'라는 질문을 던졌다. 그다음 균형추 역할을 충실히 하는가 냉정하게 분석했다. '천형의 땅, 르완다'라는 설정의 개연성이 가장 중요했다. 르완다는 동족상잔의 비극과 이념의 갈등이 상존하고 있어 우리의 상황과 흡사하다. 르완다 난민의 신산한 삶 속에는 이념 갈등의 피비린내가 묻어난다. 아프리카의 르완다를 설정한 것이 단순 호기심 차원인가, 아니면 소재주의인가. 즉 '신뢰 콘텐츠'의 요건을 갖추었는가 냉철하게 들여다보았다.

드라마의 주제는 합격점을 크게 웃돌았다. 다음은 시청자에게 직접적으로 제공해야 할 정보나 궁금증의 해결이었다. 그 으뜸은 '85년 김근태'와 '87년 박종철' 등 그때의 희생양들과 고문기술자의 관계성이다. 이제 그때의 진실을 얘기해야 한다. 디테일까지 폭로되어야 한다. '고문기술자'는 시대를 응축하고 있다. 「현악6중주」가 담아낼 이야기는 과거에 머무르지 않고 오늘에 살아 있는 현재진행의 현실이다. 나아가 속죄, 용서, 화해에 이르는 미래를 제시한다. 「현악6중주」는 6·25 특집으로서 탄탄한 드라마트루기(Dramaturgie, 극적 구성)를 갖추고 있다고 판단했다.

노골적인 방해공작

　수면하의 시한폭탄은 재깍거리며 돌고 있었다. 6·25 특집 드라마 예산이 이미 기획안 결재 당시에 설정되어 있었는데, 예산 파트에서 재조정하자고 연락이 왔다. 긴 시간 논의 끝에 해외촬영 예산 삭감을 들고 나왔다. 맥을 끊으려는 심산이다. 항의도 하고 설득도 해보았지만 막무가내였다. 이미 드라마 데스크와 삭감하는 것으로 협의가 끝난 상태로 보였다. 물속에 던져진 시한폭탄이 움직이고 있었다. 예산 파트와 논의하던 중에 우연히 올해의 드라마 라인업을 보게 되었다. 6·25 특집 뒤에 예정된 모든 프로그램이 연성화되고 있었다. 한구석 맑은 물이 고일 자리조차 점차 사라지고 있었다.

　권력 순응적인 연출가나 프로그램만 편성되는 방송권력 구조조정이 시작되었다. 소수가 행사하던 권력이 조직화, 체계화되고 있다. 압력 형태도 전환되었다. 지금까지는 한 명 혹은 직계라인에서 악역을 맡아 압박하고 처리하면 그만이었는데, 지금은 구조적 박해를 가해오고 있었다. 비드라마 출신이 드라마를 통제하면서 작품의 이해도가 현격히 떨어지고, 상명하달의 단계적 간부회의가 조직화되고, 통제체제로 전환되었다. 군사작전하듯 도사리고 있던 전술들이 속출했다. 무서웠다. 그러나 현실이었다. 이대로 간다면 방송사 내부의 권력도 외부권력으로 옮겨갈 것이 뻔해 보였다. 어디서부터 어디까지 경찰청의 물밑 봉쇄작전이 이뤄진 걸까? 배우 캐스팅과 스태프 조직이 멈춰 섰다. 편성 다음의 일정이 올스톱되었다. 알아서 긴 것인가?

그렇다고 여기에서 멈출 수는 없었다. 문제가 된 해외경비는 기본예산 내에서 해결하기로 작심하고, 항공사 협찬에 나섰다. 대한항공 홍보부 실무자와 협의해 캐스팅이 확정되는 대로 인기 탤런트를 항공사의 직간접 홍보에 활용하는 것으로 서울–파리 왕복은 해결이 되었다. 그러나 파리에서 르완다 왕복편은 어려웠다. 대한항공에 직항노선이 없기 때문이었다. 대한항공 측에서는 특단의 '고공플레이'면 가능하다는 귀띔을 해주었다. 마지막 카드로 예비하고 협상을 멈췄다.

그즈음 협찬사가 찾아 들어왔다. 아프리카 항공권을 전량 제공하겠다는 파격적 제안이었다. MBC 코미디언으로 활약하다가 사업가로 변신한 이규혁과의 진지한 협상이 시작되었다. 「현악6중주」 1부에 2번, 2부에 2번 간접광고 노출을 요구했다. 그는 극본을 샅샅이 검토한 뒤 노출 포인트를 정확하게 제시했는데, 숨 막히게 무더운 아프리카에서 주인공 뒤로 노출되는 간접광고가 그것이다. '카나다생수' 간판. 그다음은 생수를 마시는 장면을 넣어줄 것을 요구하고 나왔다. 나는 무리한 요구는 아니라고 판단했다. 방송위에 문의했다. 하지만 우리가 문의하기 전에 이미 내부회의에서 불가 판정을 내린 뒤였다. 우리가 움직이는 모든 동선에 정지마크가 서 있었다. 심지어 홍보라인도 서버렸다. 시한폭탄은 물밑 어디를 헤매고 있는가. 그때의 『한겨레』 특종이, 지금쯤 나왔으면 여러모로 좋았을 텐데… 신문이나 노조나 사건만 터트려놓고 후속 취재가 없다. 절박함과 절박함이 충돌할 때 '을'은 비장하고 냉철해질 수밖에 없다.

그때 실로 감동적인 움직임이 있었다. 탤런트실 간사 정태섭을 중심으로 후배들이 「현악6중주」 노 개런티 출연을 협의 중이라는 얘기를 들었다. 다만 자신들은 힘없는 조연 단역급이니, 주연급이 확정되고 흔쾌히 자신들의 뜻에 동참하면 일부 자비를 들여서라도 아프리카 촬영에 임하겠다는 뜻을 전해왔다. 참으로 고맙다. 마지막 보루다.

피디 비리 사건과 사표

그즈음 '피디 비리 사건'이 터졌다. 방송가에 태풍이 몰려왔다. 근래 보기 드문 광풍이었다. 예능 파트는 이미 초토화되었고, 드라마 파트도 두 명의 프로듀서가 잠적했다. '피디 비리 사건'은 기획작품, 표적수사란 풍문이 돌았지만 이미 담당 검사 책상 위에 투서가 쌓여 있었다고 한다. 방송사 로비에 낯선 사람들이 오갔다. 형사들이었다. 도망자를 기다리는 사람들. 이런 상황이 보름 가까이 지속되었다. 어느날 그 형사들이 바람처럼 없어지고 이틀 뒤 도망갔던 프로듀서 두 명이 겸연쩍은 얼굴로 출근했다. 많은 동료들은 진실을 알고 싶어 했다. 그때 엉뚱한 곳에서 일이 터졌다. 다음 날 잠적했다 나타난 한 명을 필두로 몇 명의 정기 승진인사가 이루어졌다. 나는 국장에게 항의했다. "범법자로 지목되어 수배됐던 사람에게 승진인사가 무엇인가? 원칙을 제시하라!" 국장은 계속 자리를 피했다. 조직이 비겁해졌다. 더이상 내가 알던 MBC가 아니었다.

그다음 날 아침 국장실 회의 때 사표를 제출했다. 1995년 3월 29일이었다.

잠수하고 있던 시한폭탄은 수면 위로 급부상하더니, 이내 폭발해버렸다. 「현악6중주」도 공중분해되어버렸다. 간부들은 '문제 연출자가 스스로 자폭하길 기다렸다'는 듯했다. 입사한 지 오래지 않은 후배 피디 한 명이 나의 사표 소식을 듣고는 얼굴을 처박고 울었다. 사무실로 돌아와 책상을 정리하니 라면 상자 두 개가 좀 넘었다. 22년을 220년처럼 보냈다. 한 점 부끄럼 없이 일했다. 오늘을 잊지 않겠다. 라면 상자 맨 위에 놓여 있던 「현악6중주」 대본을 빈 책상 위에 놓고 조용히 나왔다.

'순수했으므로 절망해야 했던, 한때의 젊은이들과 오늘의 젊은이들에게 바친다.'

로비에서 한겨레의 김도형 기자와 양성희 기자가 아무것도 모르고 날 반겼다. 순간 그들에게 지금의 결심을 기정사실화시키고 싶었다.

"드디어 광야의 한 마리 늑대가 되셨군요."

김도형 기자는 크게 놀라더니 기사를 써 다음 날 신문에 실었다.

조간을 보고 첫 번째로 전화를 한 사람이 김상열 작가였다. "극단에 오셔서 쉬세요. 자리 하나 마련해놓을게요. 우리 멈추지 말아요." 그날 받은 그 어떤 전화보다 고마웠다. '어리석은 사람은 서두르고, 영리한 사람은 기다리지만, 현명한 사람은 정원으로 간다'는 타고르의 말이 떠올랐다. 변산의 산소를 찾았다. 어머니께 큰절하고 내려오는 길의 저 장엄한 서해 노을을 잊을 수 없다. 지나가는 택시를 잡아타고, 문득 "광주 망월동으로 가주세요"라고 했다. 왜 망월동을 찾아 나섰는지 모르겠다. 그래야 할 것 같았다.

7장

역사적 실체를 밝히는 일은 계속되어야 한다

SBS 특별기획 드라마 「코리아게이트」(1995)

1995년 7월, 서울방송(SBS)은 이영신 극본, 고석만 연출의 정치드라마 「코리아게이트」기획을 전격 발표했다. 나에게는 그해 4월 6일자로 MBC를 퇴사한 뒤 프리랜서로서의 첫 작품이었다. MBC는 발끈하여 뒤늦은 대응 기획으로 「제4공화국」을 서둘러 마련했다. 양 사는 치열한 경쟁에 돌입했고, 언론에서는 두 작품을 비교하는 기사가 매일 문화면을 장식했다.

코리아게이트

「코리아게이트」는 10·26 장면을 시작으로, 유신시대부터 신군부 쿠데타와 5공독재, 이에 항거한 6월항쟁까지의 시간을 '코리아게이트' 사건을 통해 분해했다.

1976년 10월 24일『워싱턴포스트』에 '박동선 씨 등 한국인들이 한국 정부의 지시에 따라 50만 달러에서 100만 달러를 미국 의원들에게 제공해 매수공작을 벌였다, 리처드 해너 캘리포니아 의원, 오토 패스만 세출위원장, 필 오닐 하원의장 등 90여 명의 의원들이 뇌물에 연루되었다'는 내용의 기사가 대서특필되었다. 또한 '김한조가 박정희 대통령의 비밀지령을 받아 미국에서 주한미군 철수의 위험성을 환기시키는 등 여론을 조성하고, 미국 대통령의 한국 방문과 박정희 대통령의 미국 언론 인터뷰를 주선했다'고 폭로했다. 이런 사실이『워싱턴포스트』의 보도로 세상에 알려지자, 미국 내 반한 정서가 고조되고 양국관계가 경색되었다. 미 언론은 닉슨 대통령이 물러난 '워터게이트' 사건에 빗대어 '코리아게이트'라고 불렀다.

이런저런 경로로 박정희 정부의 비민주적 행태가 드러나자 미국은 한국의 인권 문제를 문제 삼으며 비판하고, 결정적으로 박정희 정부가 핵무기를 개발해 대동강까지 핵 영향력이 미치게 하는 기술을 확보하려 한다는 의혹을 제기하면서 한미 간의 갈등은 더욱 깊어져갔다. 박정희는 철저한 보도통제와 더불어 관제데모를 통해 반미감정을 조장했다. 국내에 '코리아게이트'가 첫 보도된 것은 1976년 12월 29일이었다.

박동선의 증언에 따르면, 이후락 중앙정보부장에게 연락이 와서 가보니 만나자마자 어디를 간다는 말도 없이 본인을 데리고 갔는데, 도착해보니 대통령 집무실이었단다. 박동선을 만난 박정희 대통령은 "한국

경제 문제를 해결하기 위해 원조를 늘리는 작업을 해 달라"며 그 방법도 제시했다.

"미국은 남아도는 쌀 처치 곤란으로 골머리를 앓고 있다. 미스터 박이 책임지고, 미국에서 쌀을 수입하라. 이 쌀을 수입하는 과정에서 생기는 엄청난 중계수수료를 워싱턴 정가를 움직이는 데 써라. 이 돈은 절대 공화당이나 중앙정보부나 어느 기관에서 '터치' 못하도록 해주겠다."

「코리아게이트」에서는 이 사건의 중요 관련자인 박동선과 김한조의 과거 에피소드를 섬세하게 재현하여 이들이 어떻게 이런 일을 벌일 수 있었는지를 드러내고자 했다.

박동선(유인촌 분)은 미룡상사의 막내아들로 조지타운대학 최초의 외국인 학생회장을 했던 미국의 사업가다. 박동선은 미국과 남미의 명문 가문 출신들의 인맥을 발판 삼아 '조지타운클럽'이라는 사교클럽을 만들었다. 워싱턴에 있는 조지타운대학 캠퍼스 주변의 주택가에 위치한 목조 2층 저택은 고가의 미술품과 한국의 골동품들로 치장된 품위 있는 공간으로, 거물급 정치인과 변호사들의 사교장이었다. 크고 작은 소파가 적절히 배치돼 20~30명이 옹기종기 앉아 담소를 나누기에 딱 좋은 1층 거실에서는 하루가 멀다 하고 파티가 열린다.

김한조(심양홍 분)는 미국에서 화장품 회사 '존앤비드'를 설립하여 크게 성공한 젊은 기업인이다. 그는 19년 만에 귀국해, 황재경 목사의 주선으로 박정희(독고영재 분)와 육영수(고두심 분)를 만난다. 박정희가 김한조에게 "미국사람들이 우리나라 문제에 지나치게 내정 간섭을 한다.

『뉴욕타임스』나 『워싱턴포스트』 같은 미국 언론들이 한국에 대해 너무 가혹하리만큼 비판을 한다. 김박사는 미국의 신문이나 TV에 자주 생각을 밝히니, 그때 기회를 잘 이용하라."라고 하자 옆에 있던 육영수도 한마디 건넨다. "돈도 없이 경부고속도로 잘 만들어놨지요. 주한미군 철수한다고 하니까 투자 안 해요. 내일 광복절 오후에 서울시청에서 지하철 개통식해요. 꼭 오세요. 개통식이 끝난 후 청와대에서 다시 만납시다." 그러나 이튿날인 1974년 8월 15일 육영수 여사는 불귀의 몸이 되고 만다.

시작과 끝

박정희 정부가 박동선을 통해서 로비를 시작하게 된 동기는 1969년 7월에 발표된 닉슨 독트린이었다. 1971년부터 미국 행정부가 주한미군 철수를 시작하면서 '한국군 현대화(핵개발) 계획을 위한 군사원조는 의회의 예산 승인이 있어야 가능하다'는 태도를 취하자 한국정부가 미국 의회를 설득하기 위해 뇌물을 주기로 결정한 것이다.

'인권대통령'을 표방한 카터는 1976년 대통령선거 유세 도중 주한미군 철수 공약을 발표한다. 또한 이듬해 1월 대통령 취임연설에서는 "우리는 다른 곳에서 일어나는 자유의 운명에 대해 무관심해서는 안 된다"라며 사실상 한국의 유신체제와 긴급조치로 인한 인권 문제를 비판했다. 그리고 『워싱턴포스트』 보도 이후 1977년 2월 미국 하원에서도 국제관계위원회, 즉 '프레이저위원회'가 구성되어 청문회를 시작했다.

코리아게이트의 파문이 확대되자 박정희 대통령은 이에 대응하기 위해 1977년 2월 법무부 연두순시에서 발언 수위를 높였다.

"국가 존망의 어려운 시국에 국민의 자유를 제한하는 것은 당연하지 않은가. 항간에서는 한국의 인권을 탓하지만 3,500만이 생존해야 하는 것 자체가 우리나라 최고의 인권 옹호라고 본다. 이러한 사정도 모르면서 외국인들은 함부로 왈가왈부해서는 안 된다."

하지만 1977년 3월에는 카터 대통령이 박정희 정부와의 협의 없이 주한미군 철수 계획을 발표해버렸다.

미 중앙정보국(CIA)의 청와대 도청은 '코리아게이트' 사건의 분기점이 되었다. 청와대는 도청을 눈치 채고 청와대 집무실과 거실의 벽지를 새로 교체하고 가구의 위치를 바꾸는 등 백방으로 수색했지만 근거를 잡지 못했다. 그러던 중에 우연히 사직공원 언덕에 서 있는 소형 탑차를 발견하고 덮쳤는데, 이 차량이 미 CIA 도청감지 차량으로 밝혀졌다. 직선거리로 2킬로미터 떨어진 청와대 거실 유리창에 부착한 진동감지 장치를 원격 조정하는 방식이었다.

효과가 있었을까. 카터 대통령은 주한미군 철수를 잠시 유보하고, 박동선의 송환을 요구했다. 하지만 박동선은 이미 중앙정보부와 협의하여 영국으로 피신해 있는 상태였다. 그러자 프레이저위원회는 '꿩 대신 닭'이라고 박동선을 대신하여 중앙정보부장 출신 김형욱을 청문회 자리에 앉히기로 했다. 김형욱은 1977년 6월 2일 『뉴욕타임스』와의 인터뷰에서 박정희를 강하게 비판했다. 또한 22일 프레이저청문회에 나가 자신이 중앙정보부장으로서 했던 일들을 밝히며 박정희의 지시에 의한 것이었다고 증언했다. "지금 한국정부에서는 나를 죽이려고 하고 있다. 마치 예전에 일본에 망명했다가 중국에서 살해당한 김옥균이 된 입장이다. 하지만 난 로마를 구원하기 위하여 시저를 죽인 브루투스의 용기로 임하겠다." 백악관 태스크포스팀은 김형욱의 폭로를 바탕으로 '프레이저보고서'를 만들었다. 그후 김형욱의 회고록 집필 소식은 박정희를 더욱 두려움에 떨게 만들었다.

카터 대통령은 경색된 한미관계를 해결해보겠다고 정상회담까지 했지만 박정희는 카터의 말을 듣지 않았고, 카터는 화가 날 대로 나버렸다. 하지만 박정희는 끝까지 버틸 수가 없었다. 박정희 정부의 개발독재가 한계를 드러내고 있었다. 여기에 2차 석유파동이 터지면서 한국경제는 큰 타격을 입던 시기였다. 박정희는 미국과 타협을 모색했다.

'박동선은 한국정부와 아무런 공식관계가 없는 인물이라는 사실을 확고히 하는 것, 정부의 위신을 보호하는 것, 한국인 박동선을 보호하는 것' 등을 내걸고 한미 양국은 외교 경로를 통해 문제해결을 도모했다. 박동선이 미 의회 조사위원회에서 증언하는 조건으로 합의에 이르렀다.

박동선은 1978년 2월 미국 상하원 윤리위원회에서 '32명의 의원에게 85만 달러라는 거액의 자금을 제공했다'는 사실을 밝혔다. 하지만 검사가 제시하는 증거에는 모르쇠로 일관했다. 이에 미 연방지방법원은 1979년 8월 16일 법무부의 요청에 따라 박동선에 대한 기소를 철회했다. 이 사건은 미 의회 하원에서는 1978년 9월 29일, 상원에서는 1978년

10월 16일 각각 종결되었으며, 프레이저위원회도 1978년 10월 31일 활동을 끝냈다. 그리고 1978년 12월 31일 양국은 합의 공동성명을 발표하고 이로써 박동선 사건은 공식 종결되었다.

하지만 1979년 10월 초 '김형욱 파리증발사건'이 터지면서 코리아게이트는 국내에서 재점화되었다. 김형욱 증발에 대한 의혹과 추측이 난무했다. 그중에 가장 강력한 '설'은 프랑스 파리에서 살해 후 외교 행낭에 담아와 박정희에게 확인시켰다는 설과, 파리 외곽에 있는 양계장 분쇄기에 분쇄되었다는 설이다. 김형욱 살해를 명령한 중앙정보부장은 김재규였다. 김형욱 증발 후 한 달도 못 되어 김재규는 10·26 사건을 일으켰다.

역사적 실체에 다가가기 위한 노력

「코리아게이트」는 1995년 10월 21일 첫 방송되었다. 10·26 사건으로 시작된 드라마는 김재규의 독백 "야수의 심정으로 유신의 심장을 쏘았다"라는 말로 마무리됐다. 드라마가 방영되던 기간 동안 노태우와 전두환이 차례로 구속되었다.

「코리아게이트」는 역사적 실체에 다가가고자 노력했다. 미국에 살고 있는 김형욱의 가족을 추적하기도 했고, 뒷날 곡기를 끊으며 운명한 김한조의 항변과 흑석동 독거 시절도 인터뷰로 담았다. 박동선과 김한조가 후원했던 장학생 중 지금은 고위층 저명인사가 된 사람들도 만났다.

드라마 내용 중 미국에서 벌어진 일들은 대부분 미국 현지에서 촬영했다. 미국 현지 촬영은 촬영 규모부터 촬영의 대상, 지역, 내용 등이 실로 블록버스터급이었다. 미 의회 본회의장을 비롯해 프레이저청문회장, 미 연방법원 재판정, 상하원 의원 사무실, 박동선의 클럽, 김한조의 화장품공장, 김형욱의 집 등 실제 장소를 찾아 촬영했고 로비스트들의 행적을 찾아 찍었다. 현실의 공간을 배경으로 미국 정치계의 이면을 그렸고, 로비스트들의 활동을 사실적으로 묘사했다.

미국 현지 촬영 동안에 현지의 코디네이터와 SBS 현지 직원들의 눈부신 활약이 돋보였다. 그들을 칭찬하자 "미국은 지역별 원칙에만 맞추면 무슨 일이든 잘된다"라며 겸양을 보였다.

무디타 정신

첫 회가 나갔다. 시청률 45퍼센트로 동시간대 경쟁 프로그램을 압도했다. 상대는 대본을 사전에 빼가거나 배우를 회유하기도 하고, 촬영 장소를 선점하는 등 유치한 경쟁을 해왔다. 그 과정에서 촬영 현장에서 스태프가 죽는 불상사가 일어나기도 했다. 안타까울 뿐이다. 독일어에는 '샤덴프로이데(Schadenfreude)'라는 단어가 있는데, 이는 타인의 고통을 보고 즐거워하는 사악한 쾌락, '쌤통'을 이르는 말이다. 나는 정반대의 '무디타(mudita, 상대방의 행복을 나의 행복처럼 느끼는 마음)' 정신을 견지했다. 나는 완승을 하고도 씁쓸했다.

「코리아게이트」는 36회 예정이었지만 20회로 중단되었다. 배경에는 여러 가지 정치적 함수가 읽힌다. MBC의 「제4공화국」도 비슷한 시기에 종료되었다. SBS 간부는 정중하게 중단을 통보했고 제작진은 그대로 받아들였다. SBS 입장으로서는 소기의 목적을 다했다고 생각했을 것이다.

「코리아게이트」의 성공 요인은 그간의 편년체 정치드라마에서 탈피해 사건 중심으로 구성한 것에 있다고 본다. 한미교류사는 신미양요에서부터 미소정상회담, 해방 이후 '하지 시대'의 통역정치와 피를 부른 6·25전쟁, 그리고 코리아게이트를 거쳐 오늘의 '핵무기 시대'에 이르렀다. 「코리아게이트」는 말한다. '그때 무엇이 옳았는가를 증명하는 실험은 계속될 것이다.'

뒷날 미국피디협회로부터 초청을 받았을 때, 관계자는 나를 이렇게 소개했다. "한국에서 드라마를 통하여 두 명의 대통령을 감옥에 보낸 피디를 소개합니다."

8장

세상을 바꿀 EBS 십년대계

EBS 사장 취임(2003)

"지금 이 순간부터 시청률표 배포를 금지하시오."

2003년 EBS 사장에 취임한 나의 제일성(第一聲)이었다. 회사 전체에 시청률표 배포를 중단하고 시청률 조사 자료의 진입을 차단하겠다고 선언했다. 취임식에 참석한 800명 직원들은 순간 '멘붕'에 빠진 듯했다. 그때나 지금이나 방송에 종사하는 사람들에게 시청률표는 모든 가치의 기준이다. 프로듀서들은 물론이고 프로그램 관계자 모두에게 충격이었을 것이다.

"시청률 조사는 객관성도 과학성도 없는 잘못된 자료다. 기본조사의 단초가 모호하므로 기준으로 삼을 수 없는 대표성 없는 자료다."

나는 피플미터의 근거가 부족하며, 표본의 부정확성은 방송의 질은 물론이고 문화현상, 사회현상을 왜곡하고 변질시켜 끝내 되돌릴 수 없는 협곡으로 빠질 수 있다고 그 이유를 밝혔다. 또한 3·1운동의 참상, 두 줄 기사에 감화된 천두슈가 쓴 격문과 이어진 중국의 5·4혁명, 박정희 독재와 월남 파병 비판 등을 언급하며 언론의 역할을 강조했다. 사장의 취임사로는 좀 과격했으리라.

사실 사장 면접시험 자리부터 과격했을지도 모른다. 양휘부 방송위원이 나에게 질문했다. "콘텐츠는 무엇으로 할 것인가?" 나는 거침없이 답변했다. "구조가 중요합니다. 구조와 기본 철학이 단단하면, 콘텐츠는 하룻밤에 100개라도 만들어낼 수 있습니다." 그 생각은 지금도 변함이 없다. 심사위원장을 맡은 이효성 방송위 부위원장은 "오늘의 교육, 문제점이 무엇인가?"라고 물었고, 나는 "십년, 백년대계도 중요하지만 오늘날 사교육의 범람이 문제입니다"라고 답했다. 심사위원들 중 EBS 사원대표로 온 김병수 피디는 현재 EBS의 당면과제를 물었다. 나의 대답은 이랬다. "EBS의 정체성을 확보하고, 소득과 분배로 민주주의의 토양을 가꾸는 데 일조하는 것이라고 생각합니다."

방송위원회는 방송위원 9명으로 구성되어 있다. 노성대 위원장, 이효성 부위원장, 성유보, 류숙렬, 조용환, 양휘부, 박준영, 윤종보, 민병준. 방송위원회의 진지한 토론이 있었다는 것은 뒷날 전해들었다. 최종 후보자가 두 명이었는데, 토론에서 한 명으로 압축하고 찬반 투표, 재투표 끝에 나를 사장으로 선임했다. 2003년 7월이었다.

그로부터 15년 후인 2018년 EBS 신사옥 개관 및 창립기념 행사장에서 이효성 방송통신위원회 위원장을 다시 만났다. 그는 당시를 회고하며 "객관적이었죠. 참 객관적인 선임이었어요."라며 감회에 젖었다. 정치적 입김과 용단이 작용하지 않을 수 없었다는 얘기다. 이어서 "참 일 많이 하셨죠. 수능, 스페이스 공감, 다큐영화제, 그중에 수능은 우리가 처음 기획했잖아요?"

본격 이러닝 시대를 열다

수능방송이 처음 거론된 것은 사장에 취임한 지 한 달쯤 뒤, 조선호텔 미팅룸에서였다. 이효성 부위원장과 설동근 부산교육감, 김영식 교육부 기획관리실장, 이수일 교육부 학교정책실장, 정진곤 한양대 교수 그리고 EBS의 김준한 기획실장과 이승훈 피디가 주축이었다.

EBS는 부산교육청의 인터넷 교육프로그램 요청에서 힌트를 얻었다. 부산은 교육청에 컴퓨터 10여 대를 두고 입시생들의 '방과 후 교육'을 권장했다고 한다. 학원에 못 가는 입시생들이 좋아했는데, 콘텐츠가 태부족이라는 것이다. EBS의 콘텐츠가 절대적으로 필요하다! EBS는 인터넷 콘텐츠와 수능의 연결을 당면 핵심과제로 세워놓았다.

첫 모임부터 분야별로 의견들이 넘쳐났다. 첫 모임 후 우리 기획팀은 부산을 방문해 교육청의 인터넷 교육프로그램을 살펴보고 기획안의 기본 구상을 완료했다. 콘텐츠의 생산과 유통, 콘텐츠와 수능의 연계, 그리고 콘텐츠의 신뢰도 상승 방안을 기획안에 녹여넣도록 했다. 취임 초부터 강조했던 강의 프로그램의 고품질화, 유능한 강사 초청 특강, EBS플러스의 수능채널 특화 계획, 특히 소외지역과 소외계층의 교육 평등을 강조했다. 하지만 기본 기획안에 대한 교육부의 반응은 미온적이었다.

서울을 시작으로 전국을 순회하는 공청회를 열었다. 특히 산간벽지, 즉 교육 소외지역의 반응은 뜨거웠다. 그럴 즈음 안병영 교육부총리가 취임하면서 수능 프로그램에 대한 교육부의 관심이 선회했다. 청와대에도 기획안을 보내고, 국회에 예산도 신청했다. 이제 궤도에 오르는 듯했다. 그런데 교육부에서 작성한 250면짜리 '2004년 교육부 청사진'에는 '교육방송과 수능 연계' 기획안이 76면 한 면에만 게재되어 볼품 없는 프로젝트가 되어 있었다. 크게 실망한 우리는 인터넷 방송은 포기하고 EBS플러스 강의를 고급화시키는 데에만 심혈을 기울이자고 의견을 모았다.

그때 EBS 활용 수업의 긍정적 효과를 조명한 실화 다큐멘터리 「대구 영신고의 꼴찌 탈출기」가 방송되었다. 이 방송이 화제가 되고, 이 사례가 『TV를 켜면 서울대가 보인다』라는 책에서도 소개되면서 다시 바람이 불기 시작했다. 당시 야당의 최병렬 대표가 국회 기조연설에서 '사교육 망국론'을 역설하며 정국의 관심사항이 되었다. 당시 EBS 김준한 기획실장과 나는 겨울비 내리는 국회 예산결산특별위원회 심의실 앞 처마 밑에서 밤새 낙숫물을 맞으며 예산 확보에 정성을 쏟았다. 진인사대천명, 무려 200억 원! 획기적인 예산을 따냈다. 이변이었다. 청와대에서는 숨어 있는 프로젝트를 발견하여 부각시켰다. 교육부의 '2004 교육부 청사진' 76면에 숨겨져 있던 '수능 연계 프로젝트'가 확대되어 첫 장에 실리게 된 것이다. 안병영 부총리와 'EBS―수능 연계'를 발표하는 기자회견을 했다. 전국적 화제가 되었다. '2·17사교육대책'이 그것이다. 기대와 우려가 교차했다. EBS는 과열된 사교육의 소방수를 자처했다. 특히 사교육비의 냉각화와 산간벽지 소외층을 위한 교육 민주화 정신이 눈에 띄었다.

이제 문제는 '인터넷 송출'과 '동시접속'이었다. 정보통신부의 적극적인 협조가 관건이었다. 하드웨어 스트리밍, 인터넷 대란, 동시접속량 측정, 최초 10만 추가 회선 증설, 최고 100만 대 동시접속, CDN 장비 2배 증설, 서버 용량 확대, 침투 방지, 추가 인력 확보 등 산 넘어 산이었다. 미지수와의 싸움이었다.

노무현 대통령은 관계자들을 청와대로 초청해 진대제 정보통신부 장관과 나를 민관 방송통신 융합의 본보기라며 독려했다. 대통령은 아울러 수능방송과 수능시험 출제율을 90퍼센트대까지 연계하도록 지시했다. 파격이었다. 학기제를 면밀히 분석하여 디데이를 2004년 4월 1일로 잡았다.

인터넷 설비 용역을 맡은 LG CNS는 미국과 멕시코에 직원을 상주시키며 초읽기에 돌입했다. 멕시코 과달라하라 공장에서 부속품 제작이 완료된 것이 3월 27일이었다. 28일 부속품들을 헬기를 동원하여 산호세로 이동시켜 조립한 후 29일 샌프란시스코 비행장까지 이동해야 했다. 결국 시간을 맞추지 못해 급기야 비행기를 붙잡아두고 30분 지연시키는 소동을 치렀다. 교육부와 건설교통부 간의 긴밀한 협조가 이뤄졌다. 인천공항도 빠른 통관을 위해 비상이 걸렸다. 수송과 설치의 책임을 맡은 EBS의 배종대 국장과 이대섭 부장은 조립에 최소 24시간을 주어야 한다고 우겼다. 시차 덕분에 30일 극적으로 성남 KT와 EBS 본사에 기계가 무사히 당도했다. 31일 기계 세팅이 시작되었고, 방송 카운트다운에 들어갔다.

디데이 4월 1일 자정, EBS상황실에 교육부총리, 정통부장관 등 100여 명이 모여 숙의한 끝에, '스니크 인(sneak in, 서서히 증가해가는 것)' 작전으로 급선회했다. 동시접속으로 인한 폭주를 막자는 것이었다. 예고된 자정을 2시간 넘긴 새벽 2시, 조심스레 개통했다. 아무런 장애도 발생하지 않았다. 세계 유례가 없는 100만 회선 동시접속에 성공했다! 이 땅에 명실공히 이러닝(e-learning) 시대를 열었다.

창의적 문화 공간 'EBS 스페이스'

2004년 4월 1일 전국적으로 수능방송이 시작된 날, 도곡동에 있는 EBS 사옥에는 새로운 공간이 생겼다. 기술적 장치와 기능적 예술정신을 가치로 삼은 'EBS 스페이스'가 문을 열었다. 이곳에 마련한 'EBS 스페이스 공감' 공연은 언더그라운드 아티스트를 위한 작은 무대였다. 그들은 지상파 방송사의 출연 제안을 받아본 적이 없는 무명의 예술가들이었다. 관객들은 인터넷으로 예약하면 무료로 입장해 공연을 즐길 수 있었다. 별다른 장치가 없는 무대, 179석이라는 작은 공간, 객석과의 거리는 아티스트의 침이 튈 정도로 가까워 숨소리까지 들렸다. 우리의 마당놀이 관극 형태에, 뉴욕의 재즈클럽 '블루노트'의 음악성으로 꼭 채운 기획이었다.

잘 알다시피 뉴욕의 블루노트는 브로드웨이를 벗어나고, 오프 브로드웨이도 지나, 오프, 오프 뒤쪽 공장길에 황량하게 서 있는 2층집이다. 외부 벽에는 '블루노트'를 알리는 2층 크기의 푸른 깃발이 늘어져 있을 뿐이다. 그 건물의 문을 열고 들어서면 묘한 한기가 느껴진다. 온통 검은 벽 장식, 어깨가 닿을 만큼 빼곡히 놓여 있는 간이의자에 앉은 관객들. 세계 최고의 재즈공연이 시작되면, 200여 명의 관객들은 한 호흡이 된다. 블루노트의 음향은 세계 최고다. 제2차 세계대전 직후 독일의 아티스트들이 패전의 아픔을 담아 미국에 뿌리내린 음향 시스템이다. 또한 블루노트만큼 검증된 무대는 미국에 없다. 한국 땅에 이보다 좋은 공연장을 만들고, 이보다 좋은 아티스트들을 키워내고 싶었다.

'EBS 스페이스 공감' 공연은 예상 밖의 큰 호응을 얻어, 관람 신청을 하고 2주 이상 기다려야 할 정도로 예약이 밀렸다. 매일 밤 공연하고, 토요일과 일요일에 「스페이스 공감」으로 방송되는 새로운 온오프 체제가 빛을 발휘했다. 안팎에서 김준성 피디가 열심히 뛰었다. 아티스트는 무대와 TV가 있어 좋고, 마니아 층은 상시 공연 체제가 생겨나 즐겁다. 「스페이스 공감」은 이름 없는 음악인들의 눈물겨운 무대였고, 이 땅에 장르를 초월하는 '오프 문화'를 꾸려냈다.

나는 사장 취임식이 열린 강당에 들어설 때부터 '문화적 스페이스'를 구상하기 시작했다. 취임식 강당은 덩그러니 서 있는 직사각형 공간으로 공공기관의 잔재 그대로였다. 차광막 역할을 하는 붉고 검은 긴 커튼은 을씨년스럽고, 접이식 철제 의자의 쇳소리가 날카로웠다. 다목적이란 용도가 무색했다. 새 술을 새 부대에 담고 싶었다.

관계자들을 모아놓고 공간 개조를 역설했다. 리모델링에 대해서는 모두가 찬성했다. 그런데 '스페이스'의 아이디어를 내놓자 한결같이 반대하고 나섰다. 마당극 형태를 제시하자, 세로 모양의 극장 구조에 익숙한 프로시니엄 아치(proscenium arch) 무대 형태를 고집했다. 음향 문제로 시비가 걸렸다. 카메라워크도 문제로 제기되었다. 관객들이 마주보는 것도 어색하다고 했다. 심지어 대학교수들을 동원하여 이론적으로 부당함을 강조하고 나왔다. 고정관념과 편견에 가득 찬 태업이다. 그들에게는 희생과 숙명의 미학이 없다. 훗날 우리가 옳았음을 증명하는 실험을 해보자 했다. 그래도 꼼짝하지 않았다. 이 세상에 고칠 수 없는 법은 없다. 이제 사장 직권뿐이었다.

우리는 성장하는 동안 교도소를 개조한 듯한 학교에서 획일적 교육을 받고 자랐지 않은가. 어릴 때부터 뛰고 놀아야 한다. 산비탈에서 뛰며 놀아본 어린이의 공간감과 시간감은 다르다. 그들의 비인지능력이 세상을 바꾼다. 'EBS 스페이스'는 우리나라 어디서도 볼 수 없는 창의적 문화 공간이 되었다. 이제 떳떳하게 독립을 소리치고, 다른 세상을 향해 자유의 날개를 푸드덕 거려라!

다큐로 세상을 바꾸자

2004년 4월 1일 이후 EBS 모든 직원은 광폭 행보를 해야 했다. 칸 영

화제에서 양휘부 방송위원을 만났다. 잘 모셨다. 그가 말했다. "왜 나한
테 이렇게 잘해줘요? 난 당신 사장될 때 반대했던 사람인데…" 바로 답
변했다. "그러니까 잘해드리죠."

그 자리에서 사장 선임 비하인드 스토리를 들었다. 함께 있었던 이강
택 한국피디연합회 회장도 즐겁게 웃었다. 분위기가 좋았다. 그때 나는
메모장을 꺼내 'EBS국제다큐영화제' 구상을 밝혔다. 다큐멘터리 프로
그램이 본령인 EBS가 가장 잘해낼 수 있는 프로젝트이고, 꼭 해야 할
프로젝트 아닌가? 세계적인 다큐멘터리를 엄선하여 방송을 통해 발표
하고, 다큐 작가들끼리 경연도 하고 친목도 다져보자는 취지였다. 이강
택은 크게 놀랐다. EBS 사장 비서실장 김현은 졸면서도 나의 구상을 다
들었다. 이 기획에 매진하는 형건 피디와 정민아 프로그래머에게 일렀
다. "다큐멘터리 작가를 존경하는 EBS의 자세로 임하라."

2004년 8월 24일 제1회 EBS국제다큐영화제(EIDF)가 막을 올렸다. 첫
회의 주제는 '변혁의 아시아'였다. 주제에 집중하되 초청 범위를 확대
해 세계 67개국에서 120편이 출품되었다. 국제적인 다큐멘터리 작가들
과 함께하는 아주 색다른 개막식이 펼쳐졌다. 모두가 놀란 것은 일주일
간 매일 17시간씩 다큐멘터리가 전국에 지상파로 방송된다는 사실이
었다. 세계 어디에도 유례가 없는 EBS만의 쾌거였다. EBS에서 뽑아온
수준 높은 다큐멘터리는 매 편, 여러 장르에서 빛났다. 온-오프로 상영
되고, 세계적인 다큐 작가들과의 GV(영화 시작 전이나 후, 영화 관계자가 참
석해 영화에 대해 관객과 대화하는 일)도 계속되었다. 우리는 '다큐를 통해
세상을 바꿔보자'며 기획했다. EBS의 '십년대계'였다.

9장

명동을 모르고 이 땅의 문화를 얘기하지 말라

EBS 문화사 시리즈 「명동백작」(2004)

해방 전후 우리 현대사에는 찬란하게 문화를 꽃피우며 시대를 뜨겁게 풍미한, '명동시대'라 불리던 시절이 있었다. 그 한복판에 극장 '시공관(市公館)'이 있다. 시공관 무대에 이수일과 심순애의 신파극이 펼쳐졌다. "김중배의 그 다이아몬드 반지에 눈이 멀었단 마~아~리~인~가!" 관객들이 눈물을 빼고 있을 때, 시공관 밖 골목에서는 종로 쪽에서 위풍당당하게 밀고 오는 김두한 패거리와 퇴계로 쪽 골목을 막고 선 신상사파 일행이 대치하고 있었다. 명동성당 내리막길에는 이화룡 일파가 신상사파를 지원하고 나섰다. 주먹세계의 보혁(保革) 대결이다.

해방공간을 뒤로 하며 명동시대의 예술과 문화는 새롭게 생성되고 있었다. 그 시대를 그리고 싶었다. 나의 오랜 과제였다. 정하연 작가를 모셨다.

정하연 작가는 어린 시절 명동에서 일하는 엄마를 쫓아 명동거리를 누비고 다녔다. 용산고를 졸업하고, 연세대에 들어가 연극에 빠져 오화섭을 만나고, 명동의 시공관에 진출하여 본격적으로 연극에 심취했다. 정하연 작가만큼 명동을 아는 사람은 드물다. 그는 첫 제안에 흔쾌하게 응했다. 드라마를 하기에는 나쁜 조건인 EBS를 끌어안아주었다. 그가 내놓은 역작이 「명동백작」 24부작이다. 2004년 9월 5일 첫 방송되었다.

폐허가 된 명동

드라마는 한국전쟁 중인 1951년 3월 어두운 밤, 도강증 없이 한강을 숨죽여 건너는 나룻배의 일행과 이봉구를 그리며 시작한다. 카메라는 이봉구를 따라간다. "애인보다도 더 보고 싶고 그리운 존재, 서울 떠나고 나서 하루도 꿈에 안 나타난 적이 없는 명동, 아, 명동." 그러나 그가 찾은 명동거리는 폭격으로 폐허가 되어 있다. 무너진 건물 여기저기에 얼기설기 엮은 움막들. 그 사이로 굶주린 어린아이 하나가 이봉구를 빤히 쳐다본다. 이봉구는 눈물이 왈칵 솟는 것을 삼킨다. 그 순간 부서진 벽돌더미 사이로 어느 시신의 발이 솟아나온 것이 보인다. 그 자리에 주저앉는 이봉구. 소리 없는 오열. "이게 명동이란 말이냐!" 이윽고 땅을 치며 통곡하는 이봉구.

명동은 한국전쟁으로 거의 다 부서졌다. 집과 거리만 폐허가 되어버린 것이 아니었다. 명동을 가득 메우고 넘치던 사람들, 특히 이 땅의 꿈

많은 예술인들… 고독과 인내, 지조와 양심, 청춘과 낭만 속에서 때로는 울분에 쌓이고, 때로는 탄식하고, 때로는 삶의 환희를 노래하던 수많은 예술가들이 명동을 떠나버렸다.

1951년 3월의 명동은 마치 두 얼굴의 사나이와 같은 모습으로 누워 있다. 부감으로 내려다보면, 시공관 자리부터 미도파 백화점이 있던 큰길의 북쪽은 다행히 폭격을 면해 전쟁 전의 모습을 유지하고 있다. 하지만 시공관에서 진고개에 이르는 지역은 폭격으로 잿더미가 되어버렸다. 그 바람에 폭격을 면한 저쪽 언덕 위 명동성당만이 하늘을 찌를 듯이 우뚝 솟아 있다. 불 꺼진 골목마다 모퉁이마다 슬픔과 애처로움이 흐느끼는 상실의 거리다.

이봉구는 어둠 속에서도 또렷한 시공관 간판을 본다. "(부들부들 떨더니) 야… 너는 살아 있었구나. 너만은 멀쩡히 살아 있었어." 시공관 간판을 쓰다듬으며 기쁨의 웃음을 터뜨리는 이봉구. "반갑다. 너마저 폭격을 맞아 쓰러져버렸으면 난 한강에 투신해버렸을 것이다."

명동 한복판에 자리 잡은 시공관은 우리 문화의 중심지였다. 예술단체들이 앞다투어 대관 신청을 하는 바람에 시공관은 하루도 쉴 날이 없었다. 가령 오늘까지는 극단 신협이 유치진의 「원술랑」을 공연하는데 그 마지막 공연이 끝나기 무섭게 무대를 철거하고 내일부터 시작하는 오페라의 무대장치를 세웠다. 그리고 며칠 뒤에는 「백조의 호수」를 무대에 올릴 예정이다. 빠듯한 스케줄에 무대장치 설치뿐이 아니라, 공연 연습을 하기도 어려웠다. 낮 공연이 시작되기에 앞서 빈 시간에 다음 공연팀이 무대 연습을 해야 했다. 그러니까 「원술랑」 세트 앞에서 백조들이 춤을 추는 거다.

　내레이션　이봉구, 주로 기자생활을 많이 했던 소설가입니다. 1950~60년
대 명동의 선술집과 다방 그리고 그곳에 드나들었던 예술가들을 주인공
으로 한 에세이 형식의 사소설을 많이 썼지요. 20년 가까이 하루도 빠짐
없이 명동이라는 성에 나가서 지키고 앉아 있던 이봉구. 그래서 사람들
은 그를 '명동백작'이라 불렀습니다.

「명동백작」의 내레이션은 배우 정보석이 맡았다. 정보석은 직전까지
정하연 작가와 드라마 「신돈」을 같이 했다. 그래서 출연료 탓하지 않고
우정출연 했으리라.

　전쟁 전, 평범한 서민들은 주말이면 아이들 손을 잡고 전차나 버스를
타고 명동에 와서 미도파백화점에서 눈요기를 하고, 번화가를 스치며
청동다방, 돌체다방, 갈채다방, 나일구다방, 송옥양장점 앞을 지나 한일
관이나 삼오정에서 갈비탕을 먹었다. 재수 좋은 날은 가수 현인이나 남
인수도 볼 수 있었다. 아름다운 우리의 '명동시대'였다.

　(이봉구의 회상. 어두운 밤. 김수영의 집 앞. 이봉구와 김수영)
　이봉구　며칠 전에 김기림이 서울사대 교수회의를 마치고 집으로 가
　　　　　는데 을지로 입구에서 웬 청년들이 불문곡직 지프차에 태워
　　　　　가지고 끌어갔다는 거야. 그리고 정지용, 박계주, 박영준도 문
　　　　　학가동맹 지시로 정치보위부로 자수하러 갔다가 그 자리서

구속됐대. 몸조심해.

(안에서 김현경 배가 불룩해서 나온다. 이봉구는 손 내젓고 사라진다.)

김수영 빨갱이들이 날뛰기 시작했다는군.

들어가는 김수영(이진우 분). 김현경(김성령 분).

그후 거제도포로수용소에서 김수영을 발견할 때까지 그를 보았다는 사람이 없다.

「명동백작」은 오늘의 평론가 권영민, 김병욱, 정석주 등의 증언도 삽입했다.

내레이션 한국전쟁 당시 한반도에 떨어진 폭탄이 제2차 세계대전 때 사용한 폭탄보다도 더 많다고 합니다. 북한에는 건물의 벽 하나도 남은 것이 없다는데… 남한이라고 해서 그 폭탄 세례를 피해갈 수는 없었을 것입니다. 우리는 우리가 이해할 수 없는 전쟁으로 인해 철저히 부서져 버렸습니다. 죽음에 대한 공포, 하루아침에 잃어버린 가족, 분열과 이별 과 삶에 지친 수많은 의심들, 집은 다시 짓고 끊어진 다리는 다시 이어주 면 그만이지만 우리의 황폐해진 정신은 무엇으로 다시 일으켜 세울 수 있을까요?

「명동백작」에서 끊임없이 추적할 핵심 주제였다.

명동시대는 끝났다

드라마 속 이봉구는 "이 명동이 왜 중요하냐 하면, 이 명동은 영혼의 양식을 공급하는 곡창지대다, 그 말입니다"라며 명동시대의 의의를 전한다. 이봉구의 외상술값도 갚아주던 이화룡(최상훈 분)은 부하들에게 말한다. "너희들 같은 깡패나 장사꾼만 들끓으면 명동 바닥이 천해진단 말이다. 사람 냄새가 나야지."

이화룡의 뒷돈은 요정 청운각의 마담인 친누이(김자옥 분)가 대줬다. 최불암의 실제 어머니 이명숙이 운영하던 술집 '은성'. 어머니가 세상을 떠난 후, 외상장부만 가득한데 모두가 주인만 아는 부호로 되어 있어 다른 사람은 알 길이 없었다. 명동의 인심이 눈물겹다. '명동을 모르고 이 땅의 문화를 얘기하지 말라.'

김수영은 의용군에 끌려갔고, 이후 전사했다는 소식이 들린다. 아내 김현경은 슬픔에 빠지고, 위로하던 이종구와 동거에 들어간다. 이종구는 김수영과 김현경을 맺어준 사람이다. 김수영은 전투 중 북한군으로 오인되어 포로가 되었다. 거제도수용소에서 미군장교가 영어할 줄 아는 사람 있냐고 해서 손을 들었더니 아는 영어 다 해보라고 해서, 엘리엇의 시 한편을 영어로 읊어주었더니 까무러치듯 놀라며 대우를 했단다.

거제도수용소 13만 명의 포로들은 친공포로와 반공포로로 나뉘어 싸웠다. 김수영은 거제도수용소에서 이데올로기라는 미명하에 인간이 짐승보다 못한 추악한 존재로 타락해가는 모습을 보았다. 토막 난 시체가 변소에 버려지는 것을 보았다. 도대체 인간은 어디까지 타락할 수 있는가. 얼마나 더 잔인해져야 이데올로기의 벽을 넘을 수 있는가. 갈기갈기 찢겨진 시인의 영혼 속에 50년대가 흘러가고 있었다.

휴전이 되고 50년대 후반을 맞으며, 사람들이 하나둘씩 명동을 다시 찾아온다. 공초 오상순은 그의 허무를 담배연기 속에 내뿜어 대고, 이중섭은 그 담뱃갑 은박지에 슬픔을 새기고 있다. 저기 무용학원에서 발레를 추고 있는 송범도 보이고, 부채춤을 추고 있는 김백봉도 보이고, 피아노 반주에 맞춰 노래 연습하는 임만섭도 보이고, 김동원이 햄릿의 독백을 읊고 있고, 임춘앵과 김진진이 신나게 춤을 추고, 자유영혼 전혜린이 "여성존중"을 주창하고, 천상병이 '가난해서 찬란하게 빛나는 시인'을 노래할 때, 박인환은 기염을 토하고 있다.

"풍성한 목덜미의 아름다운 여인이다 / 애정의 손톱자국도, 화류계의 독소도 모두/ 화강암 살결에선 미끄러지고 무너진다"

비단 보들레르의 탐욕이 흘러넘치는 시가 아니더라도, 윤동주의 뼛속까지 스미는 외로움과 슬픔이 아니더라도, 명동은 본래의 모습을 찾아가고 있었다.

내레이션 김수영은 혼란을 통해서 자유가 온다고 했습니다. 4·19혁명 이후의 1년 남짓한 혼란을 참지 못하는 그들은 어쩌면 자유를 누릴 자격이 없나봅니다.

그들은 5·16을 일으켰다. 김수영은 오들오들 떨며 벽장 속으로 들어간다. "반공한대. 군인들이 반공하겠다고 땡클 몰고 들어왔대잖아. 반공은 이념이 아니다. 민주주의가 이념이다. 반공은 사상이 아니다. 자유가 사상이다. 어떤 종류의 폭력이든 폭력이 자유를 억압할 수 없다. 자유는 인간에 대한 사랑이다!" 그리고 김수영은 한동안 행방을 감춘다. 김현경이 남편 김수영의 사고 소식을 듣자, 10년간의 말 못할 아픔이 터져 나온다. "편하라고 사람 태우고 다니는 게 버스잖아요. 그런데 그게 왜 사람 다니는 길로 뛰어들어, 그냥 앉아 있는 사람을 죽여요?"

5·16쿠데타가 딱 그 형국이다. 5·16쿠데타, '명동시대'는 끝났다. 5·16쿠데타, 이 땅의 예술은 말살 당했다. 정하연 작가와 이창용·남내원 연출이 열정과 눈물로 그려낸 EBS의 「명동백작」도 그렇게 막을 내렸다.

그러나 명동을 누비고 다니던 수많은 예술가들, 그들의 정신과 슬픔과 꿈과 미래가 아직도 우리의 어딘가에 남아서 같이 숨 쉬고 있으리라 믿는다.

10장

3·3·3 전략

백남준 선생 쪽에서 연락이 왔다.

"백남준 선생이 당신에게 유언을 하겠다 한다."

가능한 빨리 뉴욕으로 오란다. 나는 백남준 선생과 공식적인 자리에서 두 번 인사를 나눈 적이 있고, 뉴욕 곰탕집에서 같이 곰탕을 한 번 먹은 정도의 인연이었다. 그런데 왜 내게 유언을 하신다는 말인가? 이모저모 생각할 때, 그것은 EBS에 남기고 싶은 이야기가 있다는 뜻이리라. 곧 뉴욕으로 가겠다고 답신을 보낸 뒤, 백남준 선생에 대해 틈나는 대로 공부했다. 너무 바빠 두 달이 지나도록 뉴욕에 가지 못하자 백남준 선생 쪽은 일정을 재촉해왔고, 결국 신작 발표를 겸한 기자회견으로 전환하겠다고 통보해왔다. 2004년 10월이었다. 그분이 이 세상을 떠나시기 꼭 1년 3개월 전이다.

뉴욕 맨해튼의 '백남준 스튜디오'. 창고를 개조한 듯 거친 목조건물에 50여 명 정도의 기자와 예술계 관계자들이 꽉 찼다. 선생의 친조카이자 매니저 격인 켄의 말에 의하면 76개국에서 150명이 왔다고 했다. 이윽고 백남준 선생이 켄과 나를 중심에 불러 세우더니 1970년대 선보였던 풍금을 넘어트려 부수고 페인트를 붓는 퍼포먼스가 펼쳐졌다. 내양복 위에 붉은색과 노란색 페인트가 뿌려졌다. 켄에게는 머리 위에 뿌렸다. 당황스러웠다. 퍼포먼스가 진행되는 동안 나는 뒤편에서 양복의페인트를 닦아내고 있었다. 이때 50대의 키 큰 큐레이터가 오더니 나를힐책했다.

"그 옷을 마네킹에 입히면 가격이 얼마나 나갈지 모르는데 무슨 짓이냐?"

"출장 왔기 때문에 내일 당장 입을 옷이 없다."

그 꼴을 고양이가 이층 난간에서 지켜보고 있었다.

백남준 선생과의 인터뷰

다음 날 백남준 선생은 우리에게 하루 종일을 할애했다. 선생의 휠체어를 밀어주는 사람과 부인 구보타 시게코, 켄, 그리고 켄의 아들까지동행하며 뉴욕에 있는 스튜디오 네 곳을 다 돌았다. 켄의 아들이 기록을 위한 촬영을 도맡았다. 스튜디오에는 선생님의 작품이 활동 연대별로 채워져 있었다. 설명은 주로 켄이 하고 백남준 선생은 고개를 끄덕이며 확인하고 간혹 거들었다. 이때 이미 모든 저작권은 켄에게 양도한 듯 보였다. 켄과 구보타 시게코 사이에 냉기류가 느껴졌다. 백남준 선생은 "예술은 사유재산이 아니다"라고 말했다.

투어의 마지막, 석양빛이 깊게 드리우던 그곳을 '제4스튜디오'라고 불렀다. 규모는 작지만 초창기 작품이 모아져 있어 정감이 넘쳤다. 선생께 마지막 인터뷰를 하겠노라며 자리를 잡았다. "우매한 질문 같습니다만, 선생님의 일생을 뭐라고 하시겠습니까?" 선생은 의외의 질문에 잠시 멈칫하더니 "내 일생? 내 일생? 나는… 나는, (절규) 나는 바보야~" 그때 카메라로 선생의 얼굴을 줌인하고 싶어 사인을 주려고 옆 카메라를 보니 이미 하고 있었다. 고개를 뒤로 반쯤 젖히며 기성(奇聲)에 가깝게 '바보야~'를 길게 내뱉는 그는 이미 연출자였다. '백남준 다큐'의 마지막 장면을 예비하고 있었던 것이다.

백남준이 활약하던 유럽의 1960년대는 황폐했다. 백남준은 존 케이지, 요제프 보이스 등과 함께 움직이는 미술, 변화하는 미술, 플럭서스 운동을 주창했다. 무대에서 미술과 퍼포먼스가 이뤄지고, 비디오아트가 창안되었다. 현대미술은 형태의 빈곤과 관념의 과잉이지만, '현대인'은 지성의 빈약과 물질의 과잉이었다. 예술이란 세상을 내 시각, 내 철학으로 보고 이미지화하는 것이 아니겠는가.

백남준은 나아가 물리학에서 '프랙털'을 끌어들여 파도 같은 프랙털 아트(fractal art)를 창안해냈다. 인간과 기계가 만나는 '제3의 공간' 속에서 무한한 상상력이 발현되었다. 물리학에서 차용한 프랙털 아트(fractal art)가 '터틀십(turtle ship)'이라는 작품을 만들어냈다. 그때 이미 백남준

은 주창했다. '기술의 발전이 예술을 구원한다.'

오늘날 '키네틱 아트(kinetic art)'가 눈부시게 발전하고 있다. 헤드라이트를 수십 개 모아 소형차만 하게 만든 다음, 그 속에 IT기술을 접목하면 괴물체가 형형색색으로 변하며 움직인다. 최우람의 작품이다. 미래는 생각보다 훨씬 빨리 다가온다. 1960년대의 백남준 선생은 오늘을 내다보고 있었다. 그 융합정신을 오늘에 가져와 EBS에서 꽃 피우고 싶었다.

EBS의 빛나는 프로그램들

3·3·3 전략이 무엇인가? 아이디어는 끙끙댄다고 나오는 것이 아니라 번뜩이는 것이다. 그러려면 철학이 뚜렷해야 하고 트렌드를 읽는 안목이 확실해야 한다. 아이디어 내는 데 3일, 그 아이디어는 3주 안에 기획이 정립되어야 하고, 3개월 안에 첫 삽을 뜰 수 있어야 한다. 그것이 이른바 '3·3·3 전략'이다.

EBS 직원들에게 그런 번뜩이는 순간을 만들어주고 싶었다. 사내문화를 바꾸자. 회사에 들어서는 순간 새로운 세상이 왔음을 체감하게 하자. EBS에는 문화예술 전반에 대한 정보를 전달하는 「문화, 문화인」이라는 프로그램이 있었다. 이 프로그램과 회사 로비 공간을 적절하게 연결시키는 기획을 했다. 월 2회 정도 미술 분야의 예술가를 출연시키고 그의 작품을 특색 있게 전시하는 것이다. 「문화, 문화인」을 중심에 놓고 전시 기간은 2주를 넘지 않게, 장르는 가급적 다양하게, 일반인들도 와서 볼 수 있게, 사내 행사나 노조 행사까지도 열 수 있게 했다.

어느 월요일 아침 직원들이 출근을 하면, 입구가 막혀 있고 다른 옆문이 열리며 다양한 터널이 되어 2층으로 올랐다가 자기 사무실에 가기도 하는 경이로움을 맛보게 했다. 매일 여행을 떠난다. 다른 인간의 영혼을 만난다.

간디가 '독립보다 더 중요한 것이 화장실'이라고 하지 않았던가. EBS는 작은 공간이지만 신비롭게 변해가고 있었다. 일류가 되어가고 있었다. '스페이스 공감' 공연을 관람하러 오는 젊은 관객들도 놀라워했다. 이 땅의 청년문화가 새롭게 쓰이고 있었다.

3·3·3 전략은 또 있었다. 취임 제일성 '시청률표 배포 금지령'에 피디들은 어찌해야 할지 몰랐다. 삶의 기준이 없는 것은 혼돈스럽지만 잘못된 기준을 따르는 것보다는 낫다. 한 3개월간은 금단현상에 시달렸을지도 모른다. 손이 떨리고 안절부절못하고, 서점에 어떤 책을 사러갔다가 둘러보다 그냥 돌아오거나, 쓸데없는 책만 여러 권 사들고 오는 그런 일들 말이다. 금단현상 기간을 침착하게 극복하는 데 3개월, 시행착오의 시간이 또 3개월, 그 다음에는 잠재되어 있던 실력이 나온다. 이것이 3·3·3 전략이다. 이 단순함은 치명적이다. 그때 빛나는 프로그램들이 나왔다. 「부모 60분」 「하나뿐인 지구」 「극한직업」 「지식채널 e」, 프로그램과 프로그램 사이의 광고시간을 활용한 스폿(SPOT) 다큐, 예고편의 다양화 등.

앞서 설명한 EBS의 드라마 「명동백작」은 다른 의미에서 빛나는 프로그램이었다. 많은 사람들이 이 프로그램을 보고 격려해주었다. 한번은 국정감사 때문에 국회에 출석했는데 독설이 심한 어느 다선 의원이 나를 연단으로 불러 세웠다. 그 의원은 주어진 7분 중 6분 50초가량을 「명동백작」을 칭찬하더니 10초 시간을 주며 감회를 이야기하라고 했다. 나는 고맙다고 말했다. 진심으로 고마웠다.

「명동백작」은 EBS 문화사 시리즈로 이어졌다. 문화사 시리즈 2편은 「100인의 증언, 1960년대 문화를 말한다」로, 인터뷰를 통해 1960년대의 문화를 증언했다. 4편 「100인의 증언, 1970-80년대 문화를 말한다」는 1970~80년대를 말하는 '문화 증언'을 드라마와 교차 편집했다. 시대 배경과 드라마의 조합. 교육방송다운 신선한 구성이었다.

문화사시리즈 3편 「지금도 마로니에는」은 '절망 끝에서 희망을 노래하는 시인' 김지하, 『무진기행』의 김승옥, '의식의 힘'을 보여주었던 김중태, 이들 3명을 중심으로 1960년대 대학가의 치열한 청년정신을 그렸다. 참혹했던 「명동시대」는 밝고 맑은 데 비해, 「지금도 마로니에는」 1960~70년대 무겁고 암울한 회색의 빛이었다. 자연스럽게 군사문화의 폐해가 그려졌다.

승승장구 시대

「스페이스 공감」 공연장은 늘 관객들로 꽉 찼다. 개막 당시 2주일 예약이 밀리더니, 6개월이 지나자 3개월의 예약이 밀리는 기염을 토했다.

3개월 대기는 최고 기록이었다. 이 땅의 언더그라운드 문화를 끌어내어 청년문화의 다양성을 추구하자는 뜻이 있었다. 「스페이스 공감」은 텐트폴(tent pole) 효과로 EBS를 일으켜 세웠다. 「스페이스 공감」 팀에게 "목표 달성에 과도하게 매달리지 말고 과정 자체를 아름답고 자부심 있게, 그 자체를 즐겁게 만들자. 우리끼리 더불어 작은 숲을 꾸미자."라고 했다. 179석의 작은 숲은 아름다웠다.

이러닝에 대한 동남아 쪽의 관심은 가히 폭발적이었다. 교육 교재 수출은 국가적 사업이 되었다. 교재를 요청하는 나라들은 비교적 후진국들이었다. 교육부와 협의하고 내부 숙의를 거친 끝에 국회의원 사절단을 구성했다. 황우여, 정봉주 의원 등 국회교육위원회 의원 4명과 교육방송팀이 베트남, 인도네시아, 캄보디아 등을 답사했다. 모두가 컴퓨터를 켜면 부팅하는데 30분쯤 걸리는 나라들이다. 그럼에도 그들은 우리의 이러닝 시스템과 콘텐츠를 절박하게 요구했다. 답사는 효과적이었다. 국가적 차원에서 국회가 지원을 약속했다. 'EBS동남아교육벨트' 구상이 그때 나왔다.

EBS국제다큐영화제는 국제적으로 화제였다. 다큐 작가들은 가난하다. 그러나 말발은 세다. 다큐 작가들의 요청으로 덴마크의 국영 라디오방송국 개축식(改築式)에 귀빈 초청을 받았다. 개축의 핵심은 세계 최고의 음향스튜디오 건립이다. 최신 장비의 콘서트홀은 웅장하다 못해 신비로웠다. 사양산업인 라디오가 최고의 스튜디오를 꿈꾸는 이유는 무엇인가? 무엇이 그들에게 최고를 꿈꾸게 하는가? 최고의 예술이 일상화되었을 때 문화가 된다.

유럽은 지금 '키즈 콘텐츠'에 열광하고 있다.『해리포터』를 만들어 낸 유럽이다. 영국의 경제를 흔들었던『해리포터』의 작가 조앤 롤링은 지금도 하루에 최소 1억 원을 번다. 문화와 산업 둘 다 잡은 모범 콘텐츠다. 미국의 산업 중 무기 장사 다음의 산업은 문화콘텐츠 산업이다. 20년 후의 미래 먹거리, 문화는 미래 산업이다.

EBS에 뽀로로가 찾아왔다. 어느날 오콘의 김일호 사장이 뽀로로 스케치 몇 장을 들고 왔다. 뽀로로, 그놈 참 예뻤다. 김일호 사장은 다음 날 제대로 준비해 170장에 달하는 뽀로로 스케치를 사장실부터 접견실까지 주욱 늘어놓았다. 나는 "사람마다 기업마다 특성이 따로 있다. 독식하면 체한다. 분야별로 합리적 컨소시엄을 하자."라고 제안했다. "네 군데에서 정확히 25퍼센트씩, 권리와 의무를 균등하게, 갑질 못하게 배분하여 각자 역할을 다하자. 절대독식 금지. 오콘은 원 소스 창안자로 역할을 다하고, EBS는 2차 저작권을 포기하겠다. OSMU를 자유롭게 창안할 수 있는 마케팅과 투자자를 찾자." 하나로에서 투자하고, 아이코닉스 최정호가 국내와 해외 마케팅을 책임지는 균등배치가 구체적으로 논의되었다. 그리고 오콘과 10년을 계약했다. 그런 장치가 북한과의 OEM 방식도 가능하게 했다. 문화가 산업으로 자리 잡아가는 험난한 역경에 한 가닥 지혜를 EBS가 펼쳐보였다. 뽀로로는 대성공을 거뒀다.

취임 때 나는 '소득과 분배'를 약속했었다. 출판은 수능연계율과 직결되어 있다. 이러닝으로 수능교재 출판 수입이 생겼고 '소득과 분배' 약속을 이행했다. KBS 대비 54퍼센트 수준이던 봉급을 1년 사이 90퍼센트대로 끌어올렸다. 전광석화처럼 이뤄졌다. 이사회에서 발끈하고 나왔다. 급기야 청와대에서 EBS 김준한 기획실장을 호출했다. 사막에서 물을 떠올 만큼 기개가 있는 사람인데도 머리가 뽑히는 듯한 수모를 당했다고 한다. 우리의 위기를 막아준 것은 '교육방송 시청자위원회'였다. 시청자위원회는 회의 전체를 녹화하여 전국에 방송했다. 자율기구인 시청자위원회는 우리를 엄중 모니터하는 동시에 어젠다를 제시했고, 밖에서 쳐들어오는 적을 철통같이 막아주었다.

수면 아래 문제점

EBS의 원천적인 고민은 자금줄이었다. KBS는 TV수신료 인상 캠페인을 할 때면 EBS의 동참을 요구했다. 불편하지만 참여했다. 20여 년 전 KBS 3TV가 교육방송으로 독립할 때, KBS 예산의 3퍼센트를 EBS가 가져가는 배분율이 아직도 작동하고 있다. 겨우 3퍼센트뿐이다. 다른 돌파구를 찾아 나섰다. MBC의 대주주인 방송문화진흥회(방문진)의 이상희 이사장을 만나 진지한 협조를 구했다. MBC의 설립목적과 EBS의 설립목적에는 공통적으로 '교육'이 있다. '교육'에 공식 지원을 요청했고 긍정적인 반응이 나왔다.

그즈음 해묵은 MBC와 EBS의 통합론이 다시 거론되어 방송가에 회자되었다. 찬성의견과 반대의견이 비등했다. 이런 때 나를 MBC 차기 사장으로 추대하려는 움직임이 나를 갈등에 빠지게 했다. 방문진 이사

김형태 변호사가 가장 적극적이었다. 이수호 이사와 뜻을 같이하는 방문진 이사 5명의 요청으로 비밀회동을 하기도 했다. 심하게 흔들렸다. 그때 알게 모르게 정치적, 정치 외적 움직임이 포착되었다. 결국 나는 2005년 2월 EBS 사장직 사의를 표명했다. 내 생애 최악의 패착이었다. 지금 고개 숙여 EBS의 후배들에게 참회록을 바친다.

"밖의 황금을 쫓는 자는 그 빛에 눈이 멀고, 안의 황금을 캐는 자는 그 빛에 눈을 뜬다."

11장

MBC로 돌아온 탕자

MBC 제작본부장(2005)

2005년의 MBC, 10년 만의 귀향이었다.

정문에 들어서자 현관 쪽에서 쿠데타군이 쏟아져 나온다. 그들은 '혁명군' 완장을 차고 카빈총을 들고 있다. 20여 명이 우르르 나와 뒤쪽으로 내달리더니 다시 10명은 현관 옆 마당에 있는 탱크에 오른다. 지휘관은 절도 있게 군사들을 분산배치시킨다. 또 30여 명이 나와 버스 쪽으로 내달린다. 출근하던 직원들이 놀란다. '또 쿠데타가 일어난 건가.' 하지만 이내 촬영 출동임을 안다.

MBC 정문에 들어서자 「제2공화국」 '5·16쿠데타' 촬영 날이 떠올랐다. 「제3공화국」 10·26 때도, 「제1공화국」 김구 장례식 때도, 「억새풀」 때도 많은 인파가 쏟아져 나왔다. 직원들은 놀랐지만 출연자들은 신이 났다. 우리는 사실주의에 입각한 현장 촬영을 기본으로 지켰다. 중앙청도 빌려서 찍고 서울시청 앞도, 명동도 막고 찍었다. 10년 전에는 리얼리즘이 가치 서열의 맨 앞에 서 있었다.

떠오르는 기억들

C 스튜디오에 들어서니 낯선 사람들이 카메라 한 대로 드라마를 촬영하고 있었다. 외주에 맡긴 것이다. 여유 있어 보였다. MBC의 드라마 녹화 속도를 쫓아올 방송사는 없었다. KBS 3분의 1 수준의 스튜디오 규모라는 악조건을 극복하는 방법은 집중력이었다. 거의 생방송 수준으로 해냈었다. 그때의 연기는 생명력이 있고 리듬감이 있었다. '만나면 좋은 친구!' 그 친구는 10년 사이 많이 변해 있었다. 자사 출신 사장 선출이 정착되며 자율성을 획득했지만, 노조 방송이라는 비난의 소리도 높았다. 겉늙어 마치 백악기 공룡을 보는 듯했다. 지진의 전조인 예진 같았다.

사옥 전체의 많은 부분을 세트실이 차지하고 있었다. 좁은 미술세트 창고가 뚫고 뚫고 올라가 5층 높이까지 밀고 갔다. 경영 차원에서는 불합리해보였으리라. 이제 제작은 대부분 외주로 이루어진다. 방송사가 제작사가 아니라 발주사가 되었다. 진정한 제작은 밖에서 다 해서 들고 오는데, MBC는 그들과 동료애를 갖기보다 점차 '갑질' 체질로 바뀌고 있었다.

미술부의 세트 파트는 3일에 한 번씩 날밤을 새우는 극한직업이다.

내 작품의 세트가 세워지는 새벽에 막걸리라도 3병쯤 사 갖고 들어가 나눠주면 스태프들은 감동받는다. 세트의 니쥬(にじゅう, 이중二重이라는 뜻의 일본식 용어로 세트를 세우기 위해 사용되는 무대 깔판)라도 같이 들어주면 그들은 울고 만다. 작품에 전우애가 싹텄었다.

32년 전, 입사 첫날이 떠올랐다. 연수를 마치고 제작부에 배속되어 부장에게 신고할 때 음악반장의 첫마디가 "야 임마, 넥타이 풀어!"였다. 제작부, 특히 드라마 파트의 호칭은 "형" 아니면 "야"였다. 처음에는 어색했지만 시간이 지나면서 참 좋았다. 이런 동지애가 프로그램을 빛나게 했다고 확신한다. 어디에서도 보기 힘든 혈육 같은 결속감이었다. MBC만의 독특한 끈적거림이 있었다.

드라마 파트만의 특유의 기질이 있다. 파업과 무관했던 드라마 만드는 사람들. 보도국의 시경 출입기자가 「수사반장」의 자문을 해주던 최중락 형사에게 무례하게 대했다고 드라마 스태프들이 6층과 3층을 오르내리며 보도국 기자들과 패싸움을 했다. 회사와의 싸움 끝에 원수 같던 출퇴근기록기를 때려 부수고 뒷날 자율출근제를 쟁취했을 때는 "형! 이겼다!" 하고 소리쳤다. 그런데 지금 "형!"하고 부를 사람이 없다.

다시 돌아온 MBC에 있는 전체 사원 중에 3분의 1은 반갑게 악수하고, 3분의 1은 눈인사 정도, 또 3분의 1은 생면부지인 듯했다. 탤런트실 로비도 낯선 연예인들의 놀이터가 되어버렸다. 그들 뒤에는 기획사의 매니저들뿐이다. 싸구려 돈가방을 휘두르고 다니는 사람들이 여기저기 득실거린다. 조폭 사무실 분위기였다. 10년 사이 권력의 지각변동이 일어났다.

저기 동문 앞 작은 광장에서 고 김기팔 선생의 노제가 초라하게 열리고 있었다. 50여 명의 프로듀서와 간부들이 헌화를 했다. 선생은 쉰 중반에 세상을 떠나며 무슨 생각을 했을까? 그의 죽음은 이 땅에서 거대한 서사극의 종말을 예견하고 있었다.

「땅」의 부활을 네 명의 사장들에게 직간접으로 타진했으나 아무도 허락하지 않았다. 이유가 무엇일까. 허망한 마음은 또 있다. 「야망의 25시」 도중하차의 공소시효를 눈앞에 두고 범인의 그림자를 밟았지만, 그들은 꼼짝도 하지 않았다. 최초 명령자는 누구이고 부역자는 누구인가. 문득 10층 옥상이 보인다. 그때 나는 저 옥상에서 뛰어내려 이 사회에 경종을 울리려 하지 않았던가. 지금 김기팔 선생의 노제에는 슬픈 음악만 흐를 뿐이다. 14년이 지나갔다. "살아서, 절대 살아서 한을 풀어야 한다."

용서는 나에게 상처를 준 사람에 대한 종속적인 관계를 끊어버리는, 능동적으로 자기 자신을 해방시키는 행위다. 내가 용서하지 못하면, 나는 나에게 상처를 준 사람에게 지속적으로 지배당하며 그의 통제를 받게 된다. 용서는 피보다 진하다. 지옥은 인간이 스스로 걸어 들어가는 것이다.

복귀 스토리

MBC 복귀 첫날은 혼란스러웠다. EBS의 임기를 다 마치지 못하고

MBC로 옮긴 것은 일생일대 패착이었다. 돌이켜보면, 나는 EBS 취임 첫날부터 모든 지혜를 쏟아냈다. 짧지만 한없이, 폭포처럼 쏟아냈다. 낙차 폭만큼 MBC와 주변은 나를 유혹했고, 나는 그만큼 흔들렸다. 그들은 사탄이 아니다. 고향 회귀본능을 자극했다. 지금, EBS 후배들에게 통회의 참회록을 쓴다. MBC 진입 과정을 말하지 않을 수 없다.

'학은 날갯죽지가 끊어지는 한이 있더라도 소나무가 아니면 앉지 않는다.'

방송문화진흥회(방문진) 이상희 이사장에게 교육자금 지원 요청, MBC와 EBS의 합병 파문, 방문진 이사 김형태 변호사의 MBC 사장 출마 제의, 주변 우호세력의 전화 쇄도, 사장 공모 응모 결심, 엄기영 이사에게 최문순 불출마 의사 타진, 이수호 이사와 뜻을 같이하는 5명의 방문진 이사와 비밀회동, EBS노조의 반발, '내일 아침부터 고석만 사장 출근 저지 투쟁 선언!' 그때 EBS 노조원들을 내몰지 않고 손을 잡았어야 했다.

방송위 노성대 위원장에게 전화로 EBS 사의 표명, 최문순 출마설 회자, 청와대의 EBS 사의 철회 촉구, 전국언론노동조합연맹 신학림 전화로 사의 확인, 노성대 위원장의 사의 반려 종용, 청와대 386과 재야의 간극, 김형태 변호사의 EBS 사의 만류, 최문순의 장기 계획 포착, EBS 후배들 자택 방문 사의 반려 설득, 다음 날 방문진 정례회의, 방문진 복도 MBC노조 피켓시위, '청와대 근무한 고석만 반대', 1차회의에서 '컷오프'.

다음 날 보따리를 꾸리고 미국행 비행기표를 샀다. 목적지는 샌프란

시스코에 있는 막내딸의 신혼집이었다. 그때 최문순 일행이 집으로 찾아왔다. 최문순 일행을 집에 들이지 않고 근처 갤러리아백화점 커피숍에서 만났다. 이쪽저쪽 다른 테이블에서 참모들이 지켜보고 있다. 최문순은 특유의 겸손과 웃음으로 인사하며 "부사장을 맡아주십시오"라고 했다. 내가 한마디로 거절하자 다시 "회장을 해주십시오"라며 다른 제안을 했다. 직제에도 없는 회장은 무언가? 또 거절했다. 다음에는 "NHK 모델의 경영위원회를 만들겠습니다. 위원장을 맡아 독립적으로 운영해주십시오."라고 또 새로운 제안을 해왔다. 모두 정중하게 거절하고 미국으로 향했다.

최문순 주변의 사람들이 끝없이 국제전화를 했다. 시차적응이 어려워 미국에서의 첫날 밤을 꼬박 새웠다. 아침이 되어 나를 돌아봤다. 그 많은 전화를 받지도 않으면서 전화를 끄지도 못하는 못난 미련이 부끄럽기 짝이 없었다. 그제야 휴대전화의 전원을 꺼버렸다. 이것은 여행도 도피도 아니다. 그길로 서울행 비행기표를 샀다.

샌프란시스코공항에 배웅 나온 막내딸이 손에 조그만 봉투를 쥐어주었다. 비행기에 탑승해 아내와 함께 봉투를 열어보았다. '사랑한다'는 말과 꼬깃꼬깃 접힌 500달러가 들어 있었다. 시집간 딸에게 받는 최초의 선물이다. 아내는 그동안의 괴로움을 더는 참지 못하고 비행기에서 소리 내어 한참을 울었다. 서울까지 오는 동안 긴 시간 가슴이 먹먹했다. 아내에게는 그때 폐에 암이 침투했을 것이다. 아내를 위해 이사 때마다 짐스러웠던 먼지 덩어리 대본 1,800권을 모두 없애버렸다. 가볍게 나를 버리기로 했다. 내가 찾아 헤맨 길은 나에게 없다. 이제 나를 찾는 길을 찾기로 했다.

　인천공항에 도착한 시간은 오후 8시쯤, 비행기에서 내리자마자 습관적으로 휴대전화를 켜니 문자 메시지가 수십 개나 와 있었다. 최문순 주변 사람들의 회유성 메시지였다. 어떤 사람은 20통 가까이 해왔다. 입국수속을 마치고 문을 나서자 최문순을 비롯한 7~8명이 영접라인에 도열해 있는 것 아닌가. 놀랄 수밖에 없었다. 전화가 연결되지 않아 항공사마다 연락해 체크했단다. 이 정도로 용의주도하면 무슨 일인들 못하랴 싶었다. 최문순은 다시 한 번 간곡하게 동참을 호소했다. 제작본부장을 제안했고 그 자리에서 받아들였다. 2005년 3월 1일이었다.

제작본부장의 포부

　이제 지나간 10년을 돌아보며, 새로운 10년을 그려나가야 했다. 드라마는 호흡이 길다. 2년 앞을 기획해야 한다. 우선 조정래의 『태백산맥』 원작을 3억 원에 샀다. 최문순 사장은 드라마화를 크게 기대한다고 힘주어 말했다. 곧 제작에 착수하자 했다. 드라마의 호흡을 설명하며 1년 기획, 1년 촬영, 대선 1년 전에 방송을 시작하자고 큰 그림을 그렸다. 그런 한편, 그간 통일신라 중심의 '삼한지'를 준비했던 최완규, 정형수 작가를 설득하여 우리의 장구한 고대사를 그리자며 「주몽」을 출범시켰다. 예능에서는 「무한도전」이 시작되었다.

　한학수 피디가 찾아와 장기출장을 상신하며 황우석 사건의 진실을 토로했다. 제작본부장 직권으로 미국 6개월 출장을 결재했다. 황우석 사건은 우리 사회 초미의 관심사였다. MBC는 소리쳤고, 사장은 외풍에 시달렸지만 잘 버텼다. 이때쯤 MBC를 급진으로 낙인찍는 보수들의 질긴 사냥감이 되었다.

최문순 사장의 지인 이덕유와 방북 일정이 계획되었다. 드라마 「광개토대왕」의 시놉시스를 완성하고, 손정도 목사 다큐와 함께 남북합작의 청사진을 그렸다. 방북은 전격적으로 이뤄졌고, 북한 역사학회의 주선으로 김영남, 김기남 등을 만났다. '아리랑' 공연도 특별 관람했다. 최문순 사장은 북한 측과 만난 자리에서 일제강점기 경성축구단과 평양축구단의 친선경기 '경평축구'를 언급했다. 방송의 남북교류를 끈질기게 요구하며 평양에 MBC 지사 설립을 제안했다. 시대를 너무 앞질러 간 기획이었다. 하지만 언젠가 꼭 이루어질 거라 확신한다.

귀국 후 '상주 압사사건'이 터졌다. 우리의 공개방송을 보러온 시민 11명이 공연장 앞 운동장 입구에서 압사당했다. 최종 수사 결과 포장마차 상인들과 상주시장의 유착 때문인 것으로 밝혀졌다. 수습을 마치고 귀경했을 때는 허리가 부러져 입원했다. 병문안 온 최문순 사장은 부사장 자리를 제안했다. 보름 후 퇴원하니 특임이사로 발령이 나 있다. 영문을 모르겠다. 특임이사는 손발이 끊긴 식물이사다. 무슨 배경인지 묻지 않았다.

조정래 작가의 『태백산맥』을 해야 할 때가 되었다. 최문순 사장은 이제는 미동도 않는다. 계약 3년차가 되었다. 조정래 작가와 5년 계약한 작품이다. 준비부터 방송까지 최소 2년은 걸린다. 5년이 지나면 계약은 백지가 된다. 『태백산맥』 작품의 주제와 방송 의미는 지금이 적기라고 말하고 있다. 보혁대결 구도의 2007년 대통령선거가 다가오고 있잖은가. 지금 착수해도 바쁘다. 발 빠르게 직접 연출하는 방안도 강구해보았다. 조정래 작가를 두세 차례 만나 사장을 설득해주길 요청했다. 조정래 작가는 큰 스케줄에 합의하고 MBC 사장실에 들어갔다. 아래층 방에서 한참을 기다렸지만 조정래 작가는 끝내 연락이 없었다. 그후에도 소식이 없고 2년이 지났다. 계약기간이 지나버린 '태백산맥'을 방송하지 못하는 MBC의 미래가 미루어 짐작된다.

대통령선거를 1년 앞두고 있었다. MBC 상암동 부지 허가를 놓고 이명박 서울시장은 출마 직전까지 결정을 미루며 담금질을 하고 있었다. 이명박의 정치적 계략은 어떤 것이고, 끌려다니던 MBC의 정치적 함수는 무엇이었나. 부지는 확보했지만 잃어버린 것은 무엇인가. 지금 상암에 있는 MBC 건물의 위용을 올려다본다.

가장 급진적인 혁명가일수록 가장 보수적으로 돌변한다. 이 시대의 폴리페서, 폴리널리스트, 그들의 권력과 진실은 무엇인가.

12장

BTS와 백남준

한국문화콘텐츠진흥원장(2007)
여수엑스포 총감독(2010~2012)

대선 회오리가 거세게 불고 있던 2007년 10월, MBC 임기 종료를 4개월 앞두고 나는 헤드헌터에게 즐겁게 포획되었다. 까다로운 심사를 마치고 한국문화콘텐츠진흥원장에 취임했다. 취임식에서 나는 100년 수명의 콘텐츠를 만들자 제안했다. 임기 동안 실무 경험을 바탕으로 진흥과 현장의 접목을 시도했다. 한류의 기초를 다지고 중국, 일본, 미국에 전진기지를 구축했다. 중국의 SARFT(중국광전총국)를 집중공략하고, 미국의 윌리엄모리스사와 MOU를 맺었다. 기획에서 실행으로 입증되는 실용주의 행정의 표본을 보였다.

2007년 12월 이명박이 대통령에 당선되고 인수위원회가 활동을 시작했다. 인수위에서 나를 불러 현재 문화콘텐츠 세계 랭킹 9위를 5년 안에 5위까지 올려놓으라고 했다. 내가 어렵다고 하자 대뜸 그럼 당장 그만두라는 말이 돌아왔다.

예술가들을 보호하자

진흥원장 재직 시절 나는 여러 번 문화인의 복지 문제에 접근, 국회에 '복지기금', 즉 판매되는 전자기기의 0.001퍼센트를 문화복지기금으로 하자는 제안과, '음반저작권의 균등 배분', 즉 현행 85 대 10 대 5를 30 대 30 대 30으로 배분하여 5퍼센트밖에 되지 않는 실연자의 배당을 균등하게 조정하자는 주장을 했다. 선진국에서는 이미 실행되고 있는 예술가들을 위한 기초적인 생계수단 장치 아닌가? 음반제작사와 전자기기 제작사의 집요한 로비는 국회 상임위원회 상정조차 막은 지 오래였다.

2010년 정인(JI) 프로덕션의 이지나 대표가 목숨을 끊어 충격을 줬다. 2004년 SBS 대하드라마 「토지」를 제작 방송한 뒤 파산 지경에 이른 이지나 대표는 재기를 꿈꾸며 자금 모으기에 혈안이 되어 있었다. 백방으로 자금줄을 찾아 헤매다 정치권과 연결이 되었다. 마지막 타결 단계에서 전 국회의원의 무리한 리베이트를 요구 받았다. 그 의원은 60퍼센트의 리베이트를 요구했고, 일주일 후 30퍼센트까지 조정하기로 했다던 그다음 날, 그녀는 자택 욕실에서 목매달아 자살했다. 2011년에는 옥탑방에 살던 유능한 시나리오작가 최고은이 죽었다.

이명박 정부의 블랙리스트가 문화계를 휩쓸었다. 문화부 산하 기관

장들 십수 명의 명단이 돌았다. 작성자도 추측되고 실행 수법도 알려져 왔다. 야밤에 진흥원장 사무실 문을 부수고 들어온 3명, 온 방을 다 뒤지고 툭툭 털어 아수라장을 만든 뒤 '국무총리실 ○○○' 명함 한 장 던져놓고 가며 한마디 했다고 한다. "이 자는 골프도 안 하고 술도 안 마셔?" 다음 날 아침, 숙직했던 간부의 보고는 눈물을 머금고 있었다. 선을 대어 한승수 총리에게 항의하니 모르는 일이라 잡아뗐다.

인연 깊은 직계 후배가 문화부장관이 되었다. 믿었던 그가 내 등에 칼을 꽂았다. 그는 블랙리스트의 기획자인가, 단순 실행자인가? 의병장 신돌석은 적이 아니라 현상금에 눈먼 후배에게 독살 당했다.

만신창이가 되어 수십 길 계곡에 처박혀 헉헉대고 있을 때 바람이 말해주었다. "너는, 데뷔작 어린이 드라마「엄마를 찾아서」연출 이후 40년을 어머니를 쫓아 맴돌았다. 사랑을 쫓아 맴돌았다. 진정한 사랑, 인류의 구원을 쫓아 맴돌고 있었다. 너는…" 긴 여정이었다.

여수엑스포 총감독

강동석 여수엑스포 조직위원장이 여수엑스포 총감독으로 나를 선임했다. 그런데 이유 없이 발령을 견제당했다. 또 블랙리스트인가. 총감독 선임안 결재를 상신한 문해남 여수엑스포 조직위원회 기획본부장은 다른 사람을 찾는 대신 1년 이상을 버텼다. 그리고 2010년 6월 야당이 지자체 선거에서 압승한 다음 날, 문화부장관의 갑질을 박차고 발령을 냈다.

강동석 위원장과의 첫 대면에서, 고집스럽게 버티며 나를 선임한 이유를 물었다. "방송에서의 성공 확률, 그 보편타당성, 불특정 대다수 원칙을 높이 샀다." 그는 민주주의 신봉자이다. 엑스포는 '민주주의 미래'를 추구하고 있었다.

엑스포는 그 시대, 그 나라의 문화 결정체가 아닌가. 떨리고 흥분됐다. 조직위원회는 2010 상하이엑스포를 반면교사로 삼을 수 있게 배려해줬다. 이미 승선하고 있던 박광수 감독도, 한국관 연출을 맡기로 했던 임권택 감독도 동행하여 진지하게 분석하고 토론했다.

'바다'를 주제로 한 2012 여수엑스포는 SOC포함 2조 원의 예산이 빠듯했다. 통 전시로 전환했다. 백화점식 전시를 지양하고 주제별 콘텐츠에 집중했다. 93일의 일상성, 104개국의 참여, 세계의 미래를 바다의 미래에서 찾아냈다.

킬러콘텐츠 BigO와 주제관, 부제관, 한국관 그리고 100개의 사이트, 18명 감독단의 조화가 아름다웠다. 한긍수 감독, 조수동 감독, 장혜영 팀장, 그리고 최경실 교수의 탁월한 미적 감각이 눈부셨다. 거기에 여수시민, 옛 항구마을의 삶까지 동참을 이끌어낸 것은 여수엑스포만이 만들어낼 수 있었던 보편적 민주주의 완성이었다. 이 보편성은 그후 내가 맡았던 전주국제영화제, 국제전기통신연합(ITU)전권회의, 세계친환경박람회, 고양국제꽃박람회까지 다양한 행사의 총감독으로서의 원칙과 철학이 되었다. EBS 때부터 강조했던 '목표 달성에 과도하게 의미부여하지 말고, 과정 자체를 아름답고 자부심 있게, 즐겁게 만들어야 한다. 우리끼리 더불어 작은 숲을 가꾸어 가자.'는 다짐을 지켜 일관되게 집행했다.

크루즈 선박 부두에 급조한 공연장에서 열린 '여수엑스포 팝 페스티벌'은 매머드급 군중을 리드하는 빅 이벤트였다. 엑스포 초반 초대권 금지 시행착오를 극복하고, 관객의 균형배치와 콘텐츠의 다양성을 확보한 쾌거였다. 매일 밤 2~3만 명 관중의 스탠딩 공연은 문화를 선도했다. 군 복무 중이던 가수 비를 시작으로 한국 최고의 가수들이 보여준 수준 높은 총 54번의 콘서트에 100만여 명이 열광했다. 최광일 감독은 이 행사로 기네스북에 올랐다. '팝 페스티벌'은 전국 각지에서 몰려든 팬들은 물론 여수 인근 주민들의 일상이 되었다. 모두 즐거워했다.

엑스포 막바지에 가수 싸이를 배치했다. 싸이는 신곡 「강남스타일」을 엑스포 팝페스티벌 무대에서 최초공개하기로 했다. "강남스타일~" 관객들은 신이 나서 춤추며 영상을 찍어댔다. 그후 싸이의 '강남스타일'은 프로급 편집을 거쳐 각 나라별로 특색 있게 유튜브에 올라갔고 순식간에 세계로 퍼져나갔다. 여수엑스포의 힘이었다. 그대로 '세계적 강남스타일'이 되었다. 대성공이다. 만방의 사람들이 '강남스타일'에 매료되고 있었다. 본격적인 한류바람을 탄 것이다. 사람들이 여기저기 몰려들었다. 그 힘을 받아 방탄소년단(BTS)이 나왔다. 이제 방탄소년단은 싸이를 뛰어넘어 세계를 날고 있다.

나의 꿈

뉴욕이 전철을 늘렸다. BTS의 팬클럽 아미(ARMY)는 "자신을 사랑하라"고 소리 지른다. 꿈이 인생을 모방하는 것이 아니라, 인생이 꿈을 모방하는 것이다.

'BTS와 백남준이 만났다.' 이것은 내가 꿈꾸는 또하나의 기획이다. 그들은 DNA가 같다. BTS와 백남준이 오늘에 만나 '미래'의 이름으로 새롭게 창조하는 융합의 세계는 어떨까? 컬처(Culture)라는 말은 라틴어 쿨트라(Cultura)로부터 왔다. '재배하다, 가꾸다'가 어원이다. 문화는 농부의 자세로, 때맞춰 씨 뿌리고, 물 주고, 햇볕과 바람을 맞게 하여 가꿔야한다.

70년 전 백범 김구의 「나의 소원」이 들려온다.

"나는 우리나라가 세계에서 가장 아름다운 나라가 되기를 원한다. 가장 부강한 나라가 되기를 원하는 것은 아니다. (…) 오직 한없이 가지고 싶은 것은 높은 문화의 힘이다."

고석만 PD 주요연출작

1976   MBC 어린이 드라마 「엄마를 찾아서」 「철이의 모험」 「달려라 삼총사」

1977   MBC 화요주간단막극 「제3교실」

1978~1979   MBC 일요주간단막극 「수사반장」

1980   MBC 6·25 특집 드라마 「아베의 가족」

1981~1982   MBC 정치드라마 「제1공화국」

1981   MBC 8·15 특집 드라마 「가장 긴 여름」

1982~1983   MBC 월화드라마 「거부실록」

1982   MBC 8·15 특집 드라마 「한」

1982   MBC 창사 특집 드라마 「부의 조건」

1982   MBC 3·1절 특집 드라마 「신돌석」

1983   MBC 월화드라마 「야망의 25시」

1983   MBC 8·15 특집 드라마 「엄복동」

1983~1984   MBC 일일연속극 「간난이」

1984   MBC 연말 특집 드라마 「농무」

1985   MBC 한국인 재발견 시리즈 제6회 「백선행」

1985   MBC 대하드라마 「억새풀」

1986   MBC 주말연속극 「풀잎마다 이슬」

1986   MBC 한강종합개발 준공기념 특집 드라마 「갈매기」

1987   MBC 금요단막극 「금요극장」

1988   MBC 8·15 특집 드라마 「동방의 북소리」

1989   MBC 백범 서거 40주기 특집 드라마 「백범일지」

1989~1990	MBC 정치드라마 「제2공화국」
1991	MBC 대하드라마 「땅」
1991	MBC 중국 옌벤 조선족 자치주 성립 39주년 교포 위문공연
1993	MBC 정치드라마 「제3공화국」
1994	MBC 3·1절 특집 드라마 「맞수」
1995	SBS 창사 5주년 기념 특별기획 드라마 「코리아게이트」
1998	SBS 주말 특별기획 드라마 「삼김시대」

주

1) 『동아일보』 1991년 1월 29일자.

2) 『한겨레』 1991년 2월 2일자.

3) 『국민일보』 1991년 4월 27일자.

4) 『조선일보』 1991년 4월 21일자.

5) 『한겨레』 1991년 4월 20일자, 24일자, 27일자 기사 재구성.

6) 『한겨레』 1991년 4월 24일자.

7) 『한겨레』 1991년 5월 9일자.

8) 님 웨일스·김산 『아리랑』, 송영인 옮김, 동녘 2005, 27면.

9) 같은 책, 60면.

10) 『경향신문』 1981년 4월 4일자.

11) 『조선일보』 1981년 4월 7일자.

12) 『동아일보』 1982년 5월 4일자.

13) 『한국일보』 1983년 4월 19일자.

14) 『조선일보』 1983년 4월 20일자.

15) 『한겨레』 2017년 9월 16일자.

17) 같은 글.

18) 『미디어오늘』 2016년 7월 4일자에서 재인용.

19) 최불암 『인생은 연극이고 인간은 배우라는 오래된 대사에 관하여』, 샘터 2007, 68~69면.

20) 『한국일보』 1983년 9월 6일자.

21) 신채호 「낭객의 신년만필」, 『동아일보』 1925년 1월 2일자.

22) 『동아일보』 1983년 8월 11일자 재인용.

23) 백낙청 「시집 『농무』의 발간에 부쳐」, 신경림 『농무』, 창비 1973.

24) 신경림 「책 뒤에」, 같은 책.

25) 김구 『백범일지』, 도진순 주해, 돌베개 2002, 290면.

26) 김기협 「진면목을 찾은 김구 "삼천리 동포에게 고함"」, 『프레시안』 2013년 2월 11일자에서 재인용.

27) 『한겨레』 1995년 3월 15일자.

28) 같은 기사.

나는 드라마로 시대를 기록했다
고석만 PD 비망록

초판 1쇄 발행 / 2019년 10월 30일

지은이 / 고석만
펴낸이 / 강일우
책임편집 / 이하늘 홍지연
조판 / 신혜원
펴낸곳 / (주)창비
등록 / 1986년 8월 5일 제85호
주소 / 10881 경기도 파주시 회동길 184
전화 / 031-955-3333
팩시밀리 / 영업 031-955-3399 편집 031-955-3400
홈페이지 / www.changbi.com
전자우편 / nonfic@changbi.com

ⓒ 고석만 2019
ISBN 978-89-364-8646-4 03680